恩歌博尔教育
Angel bell

　　Angel bell 音译为"恩歌博尔",中文直译为"天使钟",这里取"天使的声音"之意。在"恩歌博尔"(Angel bell)的logo中,徽章外形代表学术权威和宏大的影响力,徽章上的天使图像简洁生动,象征一位快乐的天使正带来教育的美丽和魅力,即知识、智慧、思想及广大教师和整个教育的美好蓝天!

GAO XIAO SHI DE PEI YANG YI SHU SHI JIAN

高效师德培养艺术实践

贾会彦　高　佳◎主编

凤凰出版传媒集团　江苏美术出版社
全国百佳图书出版单位

图书在版编目(CIP)数据

高效师德培养艺术实践/贾会彦，高佳编. —南京：江苏美术出版社，2011.5

ISBN 978-7-5344-3695-6

Ⅰ.①高… Ⅱ.①贾… ②高… Ⅲ.①中小学–教师–职业道德 Ⅳ.①G635.16

中国版本图书馆 CIP 数据核字(2011)第 080458 号

出 品 人	周海歌
总 策 划	樊 达　程 森
项目统筹	程继贤
市场统筹	段 炼　刘晓东
责任编辑	李 黎　陆鸿雁　朱 彦
特邀编辑	祝 霞
装帧设计	江 姜
插图设计	黄如驹
责任校对	赵 菁
责任监印	周建民

书　　名	高效师德培养艺术实践
出版发行	凤凰出版传媒集团
	江苏美术出版社（南京中央路165号　邮编210009）
集团网址	凤凰出版传媒网 http://www.ppm.cn
经　　销	江苏新华发行集团有限公司
印　　刷	河北三河市祥达印装厂
开　　本	920mm×1300mm　1/16
印　　张	16
版　　次	2011年6月第1版　2011年6月第1次印刷
标准书号	ISBN 978-7-5344-3695-6
定　　价	28.00 元

营销部电话　025-68155666　68155667　营销部地址　南京市中央路165号5楼
江苏美术出版社图书凡印装错误可向承印厂调换

前　言

古人云："师有百行，以德为首。"可见，德是教师的灵魂，是教师的生命，"无德不成师，德高才为范"。作为一名教师，不仅要具有渊博的知识、精湛的技艺，更重要的是要有高尚的师德，因为我们面对的是人类的未来与希望——青少年儿童。因此，教师职业道德建设直接关系到教育的成败；直接关系到整个社会的精神文明建设；直接关系到民族与国运的兴衰。所以，教育领域要建设一支素质精良的教师队伍，就必须把师德建设放在一个重要的位置。

基于师德内涵与基础发展的需要。师德，不是简单的说教，而是一种精神涵养的体现，是一种深厚的知识内涵和文化品位的体现。师德应该是随着时代的发展而不断发展的。新世纪的师德，应该有新的内涵，它应该包含政治的敏感性和坚定性，正确处理好个人、集体和国家的关系，具有创新精神，有动态的、不断优化的知识结构，要掌握现代化教学技术和手段，有健康进步的文化观和强烈的爱心与责任感。

目前，国内师德内涵式发展研究整体上尚没有达到需要完善的高度，这是理论程度上的欠缺。这些研究要么是突出师德规范，注重伦理规范本身的说教，没有真正把师德新理论融入教师职业生活的事实之中；要么是注意了教师劳动的特点，再把传统伦理的要求渗透进去，但又未能从整体上把教师职业生活上升到内涵式发展的高度。

由此可见，师德修养的目标具有明显的时代性和层次性。要把师德修养内涵式发展与教师职业生活本身很好地融合起来，才能真正彰显教师职业内在的伦理要求与精神品质，又表明现代教育本身的教育内涵与教育品质。我们也只有加强师德修养，才能担负起教书育人的神圣使命。因此，根据自身的道德修养现状和实际情况，我们要确立切实可行的道德修养目标，并在此基础上努力提高教师道德修养的水平，不断实现自身师德从现有层次向更高境界的提升。这也是我们编写此书的初衷。

本书由河南科技学院的贾会彦老师和高佳老师共同编著。其中，第一章和第三章由贾会彦老师编写；第二章和第四章以及附录由高佳老师编写。

本书在编写过程中参阅了大量的资料，在此一并向所有曾经帮助过本书编写和出版的朋友们表示诚挚的谢意！由于时间仓促没来得及与原编著者联系，请相关作者看到后及时与我联系。

编　者

目　录

第一章　教师师德修养概述 …………………………………… (1)
　　第一节　师德的新含义 ………………………………………… (1)
　　第二节　教师职业倦怠与师德创建 …………………………… (8)
　　第三节　目前中小学师德中的问题与对策 …………………… (11)
　　第四节　职业道德修养的重要性 ……………………………… (17)
　　第五节　教师素质的修养研究 ………………………………… (34)

第二章　教师必备的职业道德 ………………………………… (50)
　　第一节　爱岗敬业 ……………………………………………… (50)
　　第二节　为人师表 ……………………………………………… (73)
　　第三节　奉献精神 ……………………………………………… (91)
　　第四节　表率精神 ……………………………………………… (100)
　　第五节　创新精神 ……………………………………………… (114)

第三章　在师生交往中体现师德 ……………………………… (132)
　　第一节　学生是师德的基础 …………………………………… (132)
　　第二节　在师生交往中体现师德 ……………………………… (132)
　　第三节　尊重学生　公平对待 ………………………………… (135)
　　第四节　严慈相济　良师益友 ………………………………… (140)
　　第五节　保护学生　维护权益 ………………………………… (146)

第六节　在师生交往中体现师德的案例分析 ……………（149）

第四章　教师师德的自我修炼 ……………………………（175）
　　第一节　师德在课堂教学中的养成 …………………………（175）
　　第二节　教师的心理健康与师德密不可分 …………………（193）
　　第三节　各类关系中的道德规范 ……………………………（219）

附录： ……………………………………………………………（225）
　　师德修养案例鉴赏 ……………………………………………（225）

第一章　教师师德修养概述

教师职业道德，简称师德，既是一个老生常谈的话题，又是一个魅力不衰的话题，这是因为教师职业道德具有永恒性、时代性，时代不断地赋予它新的内涵。

"爱生·奉献"是教师职业道德的精髓。教师职业道德的精髓是永恒的，因为它是由教育这个专门培养人的职业固有的本质属性和本体功能所决定的。教育又具有为社会服务的工具功能，教师为所属社会担负着培养特定要求的人的责任，因此教师职业道德的内涵也随着社会的变迁而发展，随着教育性质及培养目标的变化体现出时代性。当我们谈论新时期教师道德的含义时，不仅涵盖了师德的永恒内涵，也注入了具有时代特征的新师德观念——"以人为本"的师德内涵。同时我们还必须清醒地认识到，师德在教师身上不是孤立的成分，它是教师整体素养的组成部分。师德的修炼同教师的外部环境、教师自身的多方面因素息息相关，因此我们在把教师作为整体的人来看待，并倡导师德的同时，也关注教师的尊严与发展，揭示师德的健康心理基础。我们的师德不是可望而不可及的"空中楼阁"，而是就在教师身边，可以走进教师的心里和生活里。

第一节　师德的新含义

一、"爱生·奉献"——师德的永恒性

在社会分工中，教师承担的是传承文化知识、促进学生发展的专门职

责，也就是从事培养人的专门活动。自从人类社会进步到有学校作为培养人的专门场所，教育活动就从"妈妈的膝盖下"、"大人的唠叨中"成为"专家设计下"的专业活动。教师就是这个有目的、有计划、有系统的教育人和培养人的专家。

"爱生·奉献"是师德之魂，是师德永恒的主题。古今中外都无一例外地要求为人师者必须具有对学生、对教育事业的一种甘愿付出的情怀。功利至上与教师职业很难共处，而学生是教师所从事职业的直接作用对象，一旦身为人师，教师就与学生结下了不解之缘。学生不仅是教师履行职责的客体，在他们身上还寄托着教师的希望和期待，承载着教师的责任与信念。学生身上发生的每一个变化，都凝集着对教师付出的回报，闪烁着教师的价值。因此教师与学生总是被难分难解地"捆绑"在一起，他们相互拥有着、相互回报着，同时又相互冲突着、相互隔阂着。因为他们毕竟角色、地位不同，目标、价值观不同，特别是他们分别处在人生旅程的不同阶段，有着不同的情趣、不同的心理特征，而每个学生又都是有着独特个性的独立生命体。

自古以来，如何去协调与学生的关系；以什么样的态度对待学生；如何规范自己的行为，对于作为教育职责的承担者——教师来说，是必须面临的挑战和无法回避的问题。因此，"教师对学生"已成为教师行为规范中的一个重要维度，而"爱生·奉献"也正成为几千年来为人师者永恒的道德信条，古今中外，概莫例外。陶行知先生的"不带半棵草去"不只是对他个人价值观念的概括，更是从古今中外教师的道德规范中浓缩出来的精华。

孔子、鲁迅这些伟大的教育家都是爱生的典范。孔子的学生冉伯牛患了恶疾，别人不敢去看望他，孔子不但去了，还握着他的手安慰他；孔子的另一个学生子路被政敌砍死了，孔子把锅里的肉倒了，怕因此想起子路而更痛心；鲁迅先生在"四·一二"白色恐怖中，为了营救被国民党逮捕的学生，当面怒斥国民党特务，后因营救无效，愤然辞去教务主任和系主任的职务。

师德领域这个千古课题告诉我们：

"爱生·奉献"意味着教师职业不期待"收支平衡"，因为你对学生的付出无法测量，你的成果很难量化。

"爱生·奉献"意味着教师职业不期待"立竿见影"，因为你所从事的是"百年树人"的职业，你付出的结果如何，不是一时可以见分晓的。这如同苏联教育家苏霍姆林斯基所说的："你所做的、所说的和使儿童接受的一切，有时要过5年、10年才能显示出来。"

"爱生·奉献"意味着教师职业不期待"掌声、鲜花"，因为这是一个平凡的职业，你的劳动不直接创造财富，你是借助学生的劳动成果来体现自己的社会价值的。

"爱生·奉献"只意味着对学生的理解、尊重和爱心。因为这是一个触及孩子心灵的职业，你的劳动和付出是在这个基础上见成效的，不论是为了丰收学业还是完善人格，这是最为可靠的、不可或缺的前提。正如苏联的捷尔任斯基说过的："谁不爱孩子，谁就无法教育好他。"

理解是一种认知因素。苏联的赞可夫说："了解儿童，了解他们的爱好和才能，了解他们的精神世界，了解他们的欢乐和忧愁，恐怕没有比这一点更重要的事了。"；陶行知先生说："我们必须会变小孩子，才配做小孩子的先生。"这些强调的都是对学生的理解。这并不是一件容易的事，因为成人与儿童的心理差异甚大，如果不把自己变成小孩子，就永远不会对小孩子达到陶行知先生所描述的那种细腻而透彻的理解程度。

尊重是一个态度因素，态度是教师行为的决定因素。尊重你的教育对象，你必须放下做教师的架子，不仅仅是弯下腰看学生、蹲下身与学生说话，更重要的是你要把他当作有尊严的人，甚至是比大人还需要自尊心的人。例如，一个教师没有当众揭穿一个学生拿了别人东西的行为，而是巧妙地通过策划一个游戏使孩子把东西物归原主。教师如此费尽心机是在呵护着什么呢？就是孩子的自尊！教师就是为了让每一个孩子能够抬起头来健康快乐地成长。

爱心是一个情感因素，所谓爱是一种为之付出而备感欣慰的幸福体验。乌申斯基认为师爱在学校中是："任何东西都不可取代的最有用的阳光"，因为它是一种激励学生个性和谐发展的无可取代的教育力量。教育是以生命去培植生命,当你的生命融入另一群生命的时候,便使教育获得了生机,从而产生强大的力量,而这力量的源泉就是爱。用爱装点的空间,才是最美的空间;用爱装点的生活,才是最美的生活。

"言必行,行必果",行动胜于说教。师德,不是简单的说教,而是一种精神体现,一种深厚的知识内涵和文化品位的体现。

如果说理解和尊重含有较多的理性成分,爱则是情意成分。可见,教师的爱既是一种天然的情感,又是理性升华的产物。因为它是在理解和尊重之上建立起来的,是情理相融的,其中包含着教师所坚持的教育原则和坚定的教育信念以及追求的教育目标。然而,教师的原则、信念和目标,隐藏在自然的交往、轻松的情境、愉快的谈话、关切的询问、活泼的活动、智慧的创作、公平的处理事件和积极的解决问题之中……这就是教师爱的特征,它既纯真又充满智慧与创造。

爱心永恒,处处闪光。植根于爱,德育之花便可常开。以爱心灿烂德育的蓝天,用爱心建设孩子的事业,是良好师德的体现。有了爱并创造爱,是从根本上打开了道德教育的通道。让我们用爱心诠释师德的真正内涵!

二、以人为本——师德的时代性

教师的永恒性是由教师职业永恒的专门职责、职业特点、劳动对象的特点决定的。师爱是教师魂中之魂,无论哪个历史时期、哪个时代,"爱生·奉献"都是为人师者永远不变的道德规范。但是,教师道德的要求也要随着时代的变迁而有所变化,这是由教师这一职业作为社会工具的功能所决定的,也是由教师的社会责任决定的。

对于教师作为服务社会的工具价值的理解,其深刻程度莫过于我国古人了。古人甚至把"师"与"天、地、君、亲"平起平坐地列为"五圣",就是出于对教师工具价值的深刻认识。为什么这样"高抬"教师?因为教师与国家的盛衰、法度的建立紧密地联系在一起。

教师要通过"教书育人"实现自己的社会责任。然而,由于对教育的工具功能与工具价值的强调,育人的落脚点并不在人,而在社会。教育的目的主要是通过培养出特定的人为特定社会的发展服务。一方面为发展社会生产力、为发展社会经济服务；另一方面利用任何教学都具有教育性的特征，传递社会意识形态和社会价值观，为维护和巩固统治阶级的利益服务。自古以来，凸显工具功能、忽略本体功能，形成了教育的基本特征，这严重影响了教师"以人为本"师德观的形成。

（一）通过教育"政治人"为古代社会服务

在古代社会，教育从属于某一阶层或阶级，成为阶级斗争的工具，教育的目的是培养"政治人"、"卫道士"。说是"教书育人"，其实"人"远未处于教育发展的中心位置。教师是名副其实的教书匠，培养出来的学生个体得不到尊重，主体性并没有得到充分的张扬，常常表现为一种无个性的工具型人格：崇尚权威，追随君王，缺乏自我思想意识，他们可能成为可怜的"忠臣"、痛苦的"隐士"或悲哀的"奴才"。

（二）通过教育"经济人"为现代社会服务

近代工业文明以来，科技的发展和理性的高扬把人类全面推向改造自然、征服自然的道路，各国强调教育的国家功利主义价值，整个教育成为庞大的人才"加工厂"。教育功利性、工具化的追求对教育内在的育人目的重视不够，使受教育者生活在极大的压力之下，生活失去欢乐，童年不堪回忆，人生缺少色彩。

（三）通过"全人"教育创建"以人为本"的和谐社会

人类教育发展的总趋势，是从牺牲人来为社会服务到发展人来实现和谐社会。教育的功能与价值，也随之从只凸显其外在工具功能向教育内在本体功能全面并充分发挥的方向发展。这个发展趋势是教育现代化的趋势。教师职业道德的内涵也必然随之发生变化，形成了以培养发展全面的人为价值取向的以人为本的师德观。

马克思向来把人全面发展的实现与人类社会向着理想社会的发展紧密联系在一起。杜威也曾经指出，一切政治制度的最高标准，应该是不问种族、性别、阶级或经济地位，要解放和发展每个人的能力，要对社会每个成员的全面发展做出贡献。因此，人的自由全面发展应该成为教育现代化的最终价值取向。教育是否"为了一切人的发展和全面发展"，是衡量教育是否现代化或走向现代化的重要标尺。这样的教育是真正以人为本的教育，它体现了素质教育的要求，是教育现代化的真正内涵，也是当今教师职业道德所要体现的新内涵。

三、尊严发展——师德的新含义

过去，人们习惯把教师比做"蜡烛"、"人梯"或"春蚕"，其积极意义在于它是教师职业道德中奉献和自我牺牲精神的形象解读，表达着人们对于该职业神圣性的理解和对于从事该职业的教师高期望的表达。但是，同时也传递着消极的信息：教师忽略了对自己的关注，失去了自豪感，丧失了幸福感，也牺牲了自身的发展，这恰恰与教师道德的新含义相违背。

（一）遗失了自豪感

蜡烛只照亮别人，这意味着照亮他人的同时自己失去了光彩。难道教师只需要照亮别人，自己不应当光彩照人吗？我们的回答是"不"。那么，教师的光彩从何而来？

首先，因为教师是人才。晏阳初在谈到一般人才的标准时提出了六个条件：一是劳动者的体力；二是专家的职能；三是教育者的态度；四是科学家的头脑；五是创造者的气魄；六是宗教家的精神。这些条件其实对于教师来说，都是最为基本的。可以说一个人一旦选择了教师一这职业，就意味着走上了成"才"之路，而且这个"才"是德才兼备之"才"，其中的"德"权重更大。也正因为师德的崇高性，教师职业才更具魅力，成为"太阳底下最为光辉的职业"。

其次，光彩来自智慧。教师的工作是一个充满挑战性的工作，其挑战性在于——教师每时每刻都可能面临困境。他的期待、目标经常与现实之间出现障碍、发生冲突和产生距离。教师不仅仅要不遗余力地"每天挖山不止"，从而"感动了上帝"，使自己超越这一切去实现预期。还需要充满智慧，不仅遵循教育规律和学生的身心特点科学地工作，更要借助技巧，艺术性地或创造性地解决问题。有时还要凭借直觉，机智巧妙地、迂回隐蔽地实现教育的预期和目标。

再次，光彩来自专业。《教师法》第一次明确界定教师职业是一个

"专业"。在我国，这是对于教师职业认识上的一个质的飞跃，也是一个突破。它意味着那种将教师职业等同于一般职业，"扒拉个脑袋，都可以当老师"、"干不了别的，就去考师范"等贬低、扭曲教师职业的时代结束了，取而代之的是教师职业辉煌时代的来临。作为一个"专业"，就必然具备一些基本条件：如必须有专业理论知识作依据，有专门的技能作保证；属于公共事业，要遵守职业道德；在本行业内，具有专业自主权，等等。这样一来，没有接受过专门的培训，没有教师专业资格证书，就甭想当教师。教师的门槛高了，当教师的才会有光荣感。

第四，光彩来自创造。自主性是创造性的前提，没有自主就无法创造，教师具有了专业自主权，就有了创造的可能。课程改革扩大了教师教学的自主权，素质教育以发展学生的创新精神和实践能力为重点，这意味着教师自身必须具有创造性。叶澜说过，"一个墨守成规的教师对于学生创造性的发展，无疑是一种近乎灾难的障碍"。

（二）丢失了幸福感

蜡烛的燃尽、春蚕的吐丝，尽管是悲壮的，但也是令人寒心的。教师不是不食人间烟火的圣人，他们同样有人类共有的需求和情感。工作之余，他们需要交友、休闲、健康和娱乐，他们在投身事业的同时需要兼顾家庭、生活、长辈和子女。当他们统统抛弃了这一切时，内疚感和愧疚感就会伴随自己，甚至折磨自己，从而失去了幸福感，损伤了身心。

在一个培训班上，一个英国专家要求大家发言，说说学校里让自己感受最深的事。当一个学员谈起一个教师身患重病，坚持"不下火线"的事迹时，专家连连摇头，大声疾呼："No，No，No……"他感到不可思议的是：难道还有比生命与健康更为重要的吗？在我们周围的确不乏英年早逝的范例，其实不关注自己、不珍惜自己的健康、不珍惜自己的生命，会给家庭、学生、教育和社会带来无法估量的损失。还有，不关注自己的家庭，失去生活的乐趣，导致婚姻破裂，子女受伤害；会找不到自我，造成自己的心理障碍。

在教师道德的新含义中，教师情愿献身的职业不仅有"桃李满天下"的满足感，更充满专家的成就感、成才的光荣感、创新超越的自豪感。

第二节 教师职业倦怠与师德创建

一、师德中存在建设的威胁

《法制晚报》与新浪教育频道联手推出了"老师，您累吗"在线调查。"在线调查"便是源自许教授设计的《职业倦怠》问卷。截止于当天上午10时，共有5621人参与调查，93.7%的人是教师。其实各行各业都可能存在职业倦怠问题，为什么唯独教师对职业倦怠的调查反映如此强烈？让我们先了解一下什么是职业倦怠？患有职业倦怠的人呈现出什么样的症状。

职业倦怠指个体无法应付外界超出个人能量和资源的过度要求而产生的身心耗竭状态。

许教授是这样界定职业倦怠的："职业倦怠是一种在工作的重压之下身心俱疲的状态，是身心能量被工作耗尽的感觉。"由此可见，职业倦怠的起因是过重的工作压力或其他外部压力，而这种压力转化成了个体生理上与心理上的不适与失衡，最终出现了种种症状。在教师身上可能出现的症状有：

（一）教师的躯体症状

1. 感到自己经常疲惫不堪
2. 对疾病抵抗力下降，容易患感冒或其他流行疾病
3. 出现失眠、头痛、背痛、肠胃不适等症状

（二）教师的智力症状

1. 脑子一片空白，知识好似被掏空了一样
2. 讲课讲不出新意，讲的东西自己都不感兴趣

（三）教师的心理——情绪症状

1. 出现对他人不信任，多疑
2. 师生关系不融洽，摩擦增多
3. 以一种消极的、否定的态度看待同事，人际关系恶化

4. 以麻木不仁和冷漠的情绪去对待自己周围的人,内心充满孤独感

（四）教师的行为症状

1. 对学生不闻不问,爱理不理
2. 对他人的攻击性行为加剧
3. 对学生态度粗暴、谩骂、羞辱,实施体罚或变相体罚
4. 甚至出现自伤行为

职业倦怠重症时,会感觉所有的事情都是对自我的威胁。生理症状变得经常性,个体的自信心完全降低,对工作极度冷漠,知觉混乱,社会关系非常紧张,强烈要求改变或逃避。

许教授指出:"职业倦怠已成为教育领域的职业病。"职业倦怠就像当年的 SARS、近年来的禽流感一样在教育领域蔓延,来到了我们教师的身边,成为我们师德建设的潜在威胁。

二、职业倦怠与师德

学生一个小小的失误,可能成为大发雷霆的导火索；一个差生取得了可喜的进步,也没能引起你的兴奋和激动；在教学中,老教案一遍又一遍地重复用着；在讲台上,头脑中一阵阵地出现空白；讲完课后,内心一阵阵地感到空虚；学校的会议中,你专找一个紧靠着门的最后一排的座位坐着；当学校讨论某项教学改革措施时,你居然像是一位局外人,一言不发；一向健康的你,身无大病却浑身难受,或小病不断；那么,很可能职业倦怠在困扰着你。

很显然,职业倦怠已成为破坏教师职业道德的隐患。当教师在处理自己与学生、与事业以及与自身人格修养的关系中出现违背道德规范的现象时,其背后一般都可以找到职业倦怠这个心理疾患。无论是在对待自己的学生、自己的工作和自我修养上,职业倦怠患者反映出的消极感受都倾向于极端和机械,使师德失去了积极的心理基础。如对待学生,本来学生好比是未装满瓶的水,在心理健康的教师那里,更多地看到的是那半瓶水是满的,用积极的心态、正面的评价对待学生,学生因此得到激励,师生关系融洽。在对待自己的职业上,心理健康者在付出中体验自身的价值,感

受其中的乐趣，享受自我实现的满足；职业倦怠患者以消极的心境和态度对待工作，把自己当做知识的搬运工，当一天和尚撞一天钟，工作没有起色，或是从早到晚、校内家里忙忙碌碌，没有目标，工作不讲成效。症状可以广泛地波及整个人的人格修养的方方面面。在认知上，无论是知觉、记忆、思维都处于非激活状态，显得迟钝、机械、极端，对自己、对他人、对事物的分析及综合判断和推理能力降低；在情绪情感上，对于挫折、不利、身体的不适等体验强烈，容易产生消极的情绪和情感；在意志上，体现盲目、武断、怯懦、妥协等特征，这一切都严重地阻碍着教师自身的师德修养。

三、教师职业倦怠的标本兼治

职业倦怠现象提配我们，提高教师的职业道德修养，不能忽略教师的心理健康问题，教师心理健康是教师职业道德形成与发展的心理基础。为了防止和克服职业倦怠，做到标本兼治，就要为教师提供良好的外部环境，同时引导教师提高自身的心理自调能力。

（一）外界环境

1. **职业声望**：在媒体的宣传中要避免"晕轮效应"，要把个别教师或个别教师的个别问题扩展成整个教师队伍的问题，关注教师社会地位的提高。

2. **待遇不公**：评价教师的劳动价值，教师社会地位的提高要伴随着经济待遇的提高。要使教师经济待遇与公务员相当或略高于公务员水平。

3. **工作负荷**：减轻教师工作负担，不要任意占用教师下班后和休假的时间。教师工作时间的安排要留有余地，特别要为教师的继续教育空出一定的时间。

4. **社会期待**：不要过高地要求教师，因为教师也是自然人，也有自己的情感和爱好，也需要照顾自己的生活和家庭，要给教师一些私人生活的空间。

5. **工作环境**：学校领导要创设宽松、舒适、整洁、明亮的工作环境，要整顿好学校和班级的秩序，要创设良好的人际关系，营造和谐、愉快、合作的组织气氛。

（二）自我调节

1. 人格特征：情感上，教师要变冷漠为热情；态度上，变偏见为公正；意志上，变专制为民主；理智上，变因循守旧为开拓创新。这一切有利于克服倦怠。

2. 心理调适：压力虽然来自外部，但是对于压力的感受，每个人却大不相同。在文化大革命时期，同样被关进了牛棚，有的人承受不了压力，走上绝路；有的人却对牛弹琴，自我解嘲，乐观地活着。同样对待不公，有的人越计较，越痛苦；有的人却认为难得糊涂，比上不足，比下有余，其乐融融。负荷过大，有的人硬撑着，终于倒下；有的人调整目标，分轻重缓急，有取有舍，好自为之。总之，在外部压力面前，要学会调节自己的心理感受，保持积极、乐观、向上的心态，可以克服倦怠。

3. 体验创造：因循守旧、重复机械地工作容易导致倦怠。教师要善于突破常规，异想天开，超越自己、超越过去、超越书本、超越他人，在超越与挑战中体验创造的快乐，有利于克服倦怠。

第三节　目前中小学师德中的问题与对策

一、关键问题

教书育人是教师的主要职责，因此，我国中小学教师职业道德问题主要是在教书育人中体现出来的问题。当前这些问题的表现形式多样，归根结底是树立"以人为本"的信念问题，另外还有倡导在师德中体现智慧讲求艺术的问题。

（一）建立"以人为本"的信念

1. 以人为本的信念，就是要以人为中心，强调人的发展，突出人的需要。对于教师来说，教师所做的一切都必须把学生放在首位。

2. 以人为本的信念，就是要始终关注学生的幸福、自主和尊严，把培养身心健康、全面发展的人作为根本的目标。

3. 以人为本的信念，就是要充分体现人文的关怀和道德的情感，把学生的冷暖苦乐放在心上。

总之，在行动中要体现以人为本的信念，就要遵循这个原则：在处理学生与其他事物的关系时，遵照"学生为先"的原则；在处理人与人的关系时，要坚持平等待人的原则。

（二）师德中比喻体现智慧、讲求艺术

当大力倡导奉献精神的时候，我们深感引进"智慧"的必要。智慧是师德的科学基础，是保障教师的奉献产生最大功效的关键。我们常说，要苦干加巧干，在教师为教育工作呕心沥血地付出时，要倡导教师开动脑筋，创造性地、道德地、经济有效地解决问题，科学而艺术地开展工作。

我们的许多教师处理问题时，常常表现出"有心无术"，甚至责任心强却适得其反的现象，这与我们在称赞教师精神可嘉时却忽略了功效有关。以为教师不论效果如何，付出越多就越先进。这种价值取向的偏颇，使我们的一些教师，比付出不比效率；讲奉献不讲智慧；顾责任不顾后果；管事实不管影响。

有这样一个故事，主人公是一个后背留着两道深深的手术伤痕的男孩。

一天上体育课，他脱下上衣时，被其他同学看见了，"好可怕呀，怎么回事呀？"、"你不会是个怪物吧？"、"真恶心，像两只大虫！"……

老师们想想看，如果你遇到了这个情况会有什么反应？

让我们看看故事中的老师是怎么做的？

老师慢慢地走向小男孩，露出诧异的表情："大家说的是真的吗？你让老师想起一个美丽的传说，同学们想不想知道？"

大家一致点头，围在老师身边。

老师指着小男孩背上的伤痕说："你们知道吗？每个小朋友都是天上的小天使变成的。天使变成小孩时，得把他们美丽的翅膀脱落下来。可有的小天使动作稍微慢一点，来不及完全脱下翅膀，这个时候，那个天使变成的孩子，就会在背上留下两道疤痕。"

"那这就是天使的翅膀吗？"孩子们望着小男孩的背，又惊奇又感叹。

"对呀!"老师脸上露出温柔又神秘的笑容。

突然,一个孩子天真地说:"老师,我们可以摸一下天使的翅膀吗?"

"这就要问小天使肯不肯了。"老师微笑着向小男孩眨眨眼睛。

小男孩停止了流泪,羞怯地点了点头。

那个孩子轻轻地摸了摸男孩背上的疤痕,高兴地说:"我摸到天使的翅膀了。"这么一来,其他的小朋友也都拼命喊:"我也想摸一下小天使的翅膀。"

后来,男孩长大了,他深深感谢这位让他重振信心的老师。高中时还参加全市的游泳比赛,得了亚军。他勇敢地选择了游泳,是因为他相信,自己背上的伤疤,是被老师的爱心所祝福的"天使的翅膀"。

我们从这个故事中看到了一个对学生充满爱心,又富于智慧的教师的师德范例。

二、一般的对策

(一)师德与体验同在

以往的师德教育总是把师德规范作为师德教育的出发点或着力点,实际上就是把对师德规范的理解当做中心任务去投入,大量地讲道理、作报告,于是忽略了主攻方向,结果收效甚微。那么,什么是主攻方向呢?师德的情感领域应当是师德教育的中心领域。师德情感的培养应当是师德的重点任务,而师德情感的发展更多的不是靠明理而是靠感化;更需要动心而不是动脑;更要求触及心灵而不是嵌入人脑;更强调求善求美(幸福感)而不是求知求能的。它使教师在优化的物质和人际环境之中,在有意义的活动中,体验着并潜移默化地内化着师德规范。

例如,和谐自然的校园环境和明亮舒适的教室环境可能陶冶教师的性情,激发其美感,使其热爱学校、热爱知识、热爱教育、热爱生活。良好的人际环境,师生间、教师员工间、教师与学校领导之间,需要相互尊重、相互理解、相互承认、相互帮助,和谐、亲密、友好而合作,彼此思想认同、保持情感相容、力争行为相近,有利于促进教师关心爱护学生,发扬教育民主,鼓励学生上进。

总之，由于隐性师德教育具有广泛的渗透性，具有潜在的影响力，具有无意识的教育价值，可以使教师在不知不觉中受到影响与感化。我们应当改变过去将师德教育大量的人力、物力放在明传言教上，而忽略了反映师德教育自身特点的"情感体验"上的策略，而应该主张在优化环境中下工夫，实施一种"不是师德教育的师德教育"，相信会有意外的效果，因为：如果教师生活在自然和谐的校园环境中，他/她就会热爱教育，爱岗敬业；如果教师生活在互助接纳的人际环境中，他/她就会善待学生，善于合作；如果教师走进明亮有序的教室之中，他/她就会精神抖擞，情绪饱满；如果教师在宽容公平的制度下工作，他/她就会自主创造，大度正义。

(二) 师德与智慧同在

通过情感体验酿造出来的教师爱岗敬业、热爱学生等，还需要配以教师的智慧才能保证在其外化过程中，在施教过程中产生积极的成效。这里的智慧意味着教师要科学而艺术地开展工作、处理问题，要掌握好人际沟通的技术、问题解决的技能，等等。

幼儿园有个叫杰克的孩子，他每天早上都睡不醒，要妈妈叫他好几遍才起床，因此他没有时间吃早餐。课间他总是很饿，他打开一个小朋友的午餐盒，吃掉了其中一半的三明治，没有人发现他这样做；第二天他又打开另一个小朋友的午餐盒，又吃掉人家的半盒午餐；第三天，又换一个……孩子们回家都抱怨妈妈给自己带的午餐太少了吃不饱，妈妈们都感到很惊讶。但是他们很快发现了问题，有人偷吃了孩子们的午餐。于是，他们向老师反映情况。有一天，老师看见杰克从别人的餐盒里拿出一根香蕉，她对杰克说："我看见你拿了舟舟的香蕉。"杰克说："我饿。""你问过舟舟同意你拿吗？""没有。""那让我们去问问舟舟吧。"老师向他提出建议，她说："你问他：'舟舟，我能要你的香蕉吗？'"后来，杰克照老师的话去做了。舟舟说："你可以吃两口，剩下的我午饭时要吃。"事后，老师问杰克："你是不是没有问过其他小朋友就吃了他们的食物？""是，我很饿，我早上来不及吃早饭。"老师说："对，我看到你的问题了。你愿意跟大家说说你的问题吗？"杰克说："好。"

在小组会上,老师说:"杰克有个问题,他早上起得太晚,来不及吃早餐,所以从你们的午餐中拿吃的当早餐。你们有什么想法?"

"我不喜欢你吃我的午餐。"

杰克说:"可是我上午就很饿呀!"

"那我的午餐少了也很饿呀!"

老师说:"那我们怎样来帮助杰克解决他的问题?"

"我们写个条子给杰克的妈妈,让她早一点叫杰克起床,他就可以在家吃早餐了。"

"或者我们自己装一些点心给杰克课间吃,他就不用吃我们的午餐了。"

"我还有个好主意,我们大家为什么不多带点东西给杰克当早点呢?"

……

孩子们提出许多很棒的主意。

……

就这样"偷吃食物"事件在老师的引导下,成为一个帮助朋友解决问题的活动。大家都学会积极地思考,理解别人,体验帮助别人和解决问题时的快乐。杰克在感受别人对自己的帮助时,也一定学到了许多,感受了许多。

其实在小学和中学也经常会出现这样、那样的问题和摩擦,只要出现问题,多数老师就要亲自出面直接处理。其实,有智慧的老师会把问题交给学生,通过鼓励他们出主意、想办法自主解决问题。例如,学生的所谓"早恋"问题,让学生用它作为主题,开展研究性学习和问题解决活动,效果会比教师的说教好得多。

(三)师德与发展同步

师德教育从其根本旨趣来说,是对教师生命中善与幸福的追求,它要关注教师的生存,促进教师的发展。

发展必须是自主的发展、建构的发展。在师德教育中,我们必须看到教师们不是一张白纸,他们在自己的教育教学实践中都积累了一些师德经验或认识。师德教育的任务是让他们在这些经验或认识的基础上,建立起已有经验或认识与新要求的联系，对自己的经验或认识系统进行调整、扩充和重组。否认了这个自我建构的过程，也就否认了学员在师德教育中的主体地位和主动性。为了保证学员的自我建构替代教师的灌输说教，要以案例引发反思、用问题引发思考、用冲突引发辩论、用隐喻引发理解，尽可能调动学员参与的积极性，使他们真正成为师德教育的主人。

在引导中，从教师的现状、理解水平和实际出发，不回避矛盾，引导大家发表看法，不直接评论是与非，只是把道德底线亮出来、把发展方向点出来、把前因后果摆出来，引导教师在讨论中、在思考中建立理想，调整思路，开辟视角，完善自我，发展自我。

例如，我们安排有关"廉洁从教"的讨论，老师们对是否可以接受学生教师节送来的鲜花发表自己的看法。这样，教师的师德判断水平从"接受与不接受学生礼物"的简单判断中，建构了"以学生的心理反应"、"学生的健康成长"为准则的高层次价值标准，提升了其师德水平。

三、师德在互动中的构建

依据社会建构的观点，教师职业道德的建构，不应是孤家寡人闭门思过，而应当通过师生、生生之间的交流与合作，在寻求共识的讨论与互动中调整与重构自己的职业品德认识。因此，师德学习应当是讨论的、交流的、互动的。师德教育要通过组织讨论，提供实际案例，设计两难问题，激发学员开动脑筋，思想碰撞，相互启发，寻求答案。在讨论中，从抱怨现在学生的脆弱到反思教师忽略学生的感受，缺乏一种"人际"智能，大家在不同观点的碰撞和相互启示中，认识到教师的爱心和责任感也要伴随着智慧和技巧。否则，有时不但不能发挥教师职业道德的教育效能，解决不了问题，还会酿成悲剧。

师德在互动中的构建，需要回归生命，才能感受到生命的存在与力量：追求真实生命的成长，才能发现学校教育所蕴涵的生命资源。学校是一个家园，一个教师与学生生命共同成长的家园。在这个家园里，我们每个教师、每个学生都应该生活得很幸福、很快乐。作为一个教师要付出更多的努力，积极地投入到自己的生命实践中，去构建这样一个师生互动共生的精神家园，使我们每一个人都成长为能够主动创造发展的人。

第四节　职业道德修养的重要性

一、正视教师职业道德修养的重要性

教师的职业道德修养是一个十分沉重的话题。可以说，从来没有像今天这样对教师的职业道德修养问题如此重视。

古人云："一年之计，莫如树谷；十年之计，莫如树木；百年之计，莫如树人。"教师是树人的人，作为传递和传播人类文明的专业人员，是学校教育教学职能的主要实施者。欲加强教育的内涵建设，就必须加强素质教育，重视教师职业道德修养的重要性。

是不是对教师的职业道德修养引起重视了就能解决问题呢？恐怕也未必。如果我们仅仅从外部环境寻求解决教师职业道德修养的途径，那也是不现实的。

作为一名教师，从选择这一行业的那天起，就意味着这一生必定是奉献多于索取。许多付出都不是用金钱可以衡量的，许多细致、繁杂的工作都是不为人知的。但是，当我们的学生学业有成、思想进步时；当我们的劳动得到社会、家长、学生的认可时，我们所付出的一切都显得那么值得。所以，正确认识自己的价值是非常重要的，必须要培养良好的师德形象。只有这样，才会在不断提高自身修养的过程中，实现自己的人生价值。

从某种角度讲，教师的职业道德修养既事关教育事业的发展，又事关教师队伍的形象，还关乎教师的自我成长。在很大的程度上，教师的职业修养需要做到内外兼修，一方面需要外部的环境加以约束、加以促进；另一方面也需要教师自己给自己定位，给自己寻找目标，由自己来完成。因此，教师职业道德的自我修养成了一个至关重要的课题。

我国有两千万教师，如果这两千万教师增强了职业道德修养，必将对两亿多青少年学生的思想品德产生十分巨大的影响。而全国学校的道德风

尚就会变化，也势必影响13亿人民，推动社会伦理的发展，促进良好社会风气的形成，对党中央提出的以人为本、以德治国、建设有中国特色的社会主义精神文明建设将起到无与伦比的促进和推动作用。因此，加强教师的职业道德修养是一件大事，具有深远的历史意义，势在必行，且不可等闲视之。

总之，教师教育的永恒主题就是为学生服务。只有具备良好的师德，才能把爱的阳光洒向所有学生。也只有不断提高自身的道德修养，才能真正加快教育的内涵建设，为国家培养更多有用的人才。

二、案例分析

案例 1

设计得最久的一课

◉ 背景材料

她是一名普通教师，起点仅是中等师范。但在15年平凡而忙碌的教学生涯中，她在三尺讲台上演绎出了令人惊异的绚烂！她的名字叫毕淑娟。

1990年，品学兼优的毕淑娟永远不会忘记第一天到山村中学报到时那神圣而温馨的一幕：白发苍苍的老校长端坐在办公桌旁，金色的阳光映照着桌上两样水果——桃和李子。那一刻，她脑海里跳动的是老校长"桃李满天下"的希冀，也正是在那一刻，"一辈子当一名教师"的誓言在她内心深深地扎下了根。

当时，有朋友多次劝她参加记者招聘、干部招考，甚至还为她报了名。有的单位听说她在校时是文学社社长，发表了不少作品，就主动调她去当秘书……这些都无法改变她的初衷。她在日记中写道："我觉得，我的心灵只适合于教学。我的世界里不能没有学生，我的生命已经和讲台连在了一起……"

不论在哪所学校任教，人们都惊讶地发现，毕淑娟浑身有使不完的劲儿。刚毕业那年，学校在课程安排上遇到了难题：初一、初三各7个班，必须有一个人跨级部任课。是她，主动挑起了这副重担。同行的人都知道，跨级部任课，工作量差不多是别人的两倍，更何况是刚刚走上讲台的她!

那一年的每一个夜晚,毕淑娟宿舍的灯光几乎都是校园里最后一个熄灭的,她累得整整瘦了一圈。一篇《孔乙己》,她足足备了三个晚上的课,教案写了20多页。

2001年11月,毕淑娟应邀到河南讲课,课文是世界短篇小说代表作——《窗》。

课堂上,她新颖独特的课件制作;出人意料的教学设计;激情飞扬的课文诵读,博得了阵阵掌声。

课刚讲完,听课的老师就把她团团围住,向她要教案;《中学语文教学参考》副主编葛老师紧握着她的手说:"我从未见过像你这样讲起课来如此投入的老师。你改编的《最后一片藤叶》真是太美了,你的朗读把我感动得哭了。"

有一位教师这样问毕淑娟:"这节课,你准备了多长时间?"她笑了笑,用教育家苏霍姆林斯基的一句话做了回答:"这节课,我准备了一辈子……"

● 引发思考

苏联著名教育家苏霍姆林斯基讲过这么一件事:一位有30年教龄的历史教师上了一节公开课。课上得非常出色,听课的人都入了迷,凝神屏息,竟然连做记录也忘记了。课后,有人问这位教师花了多少时间来备这节课。他回答说:"对这节课,我准备了一辈子。而且,总的来说,对每一节课,我都是用终生的时间来备的。"

读了上面的案例,你知道教师是怎样炼成的了吗?

教师并不都是天生的,教师也不可能是天生的。任何一位成熟的、优秀的教师,有他成功的外在因素,但更为主要的是他自身的自我激励、自我奋斗。正是他自己的不懈努力,促使他一步步走向成功。

作为一名人民教师,当你手执教鞭的那一刻,你的内心世界是怎样的?

作为人民教师,当我们手执教鞭走向讲台的那一刻,我们的内心一定百感交集。事实上,每一位教师也都是这样走过来的。

高效师德培养艺术实践

当我们走向讲台的那一刻，我们一定会充满了热情；充满了新奇；充满了对于新生世界的好感。

但是当我们在自己的工作中遇到挫折时，我们也毫不例外地遇到各种各样的困惑。有金钱的诱惑；有地位的诱惑；有各种遭遇的悲悯；也有各种失败的打击。然而，作为教师，我们总是有一种不到黄河心不死的意志准备！

在你的职业生涯中，你将用怎样的心绪来对待你所面临的一切？

要想成为有成就的教师，没有一位不是经过一番涅槃的。一般的情况都是：一旦我们自己拥有了成功的欲望，又经过了自己百折不回的努力，就会用我们自己的沉着与镇定、用我们自己的拼搏与努力，最终取得相应的成果。

● 案例回放

1993年11月，参加工作仅3年的毕淑娟以其优异的成绩捧回了中学语文教学"十佳"的奖杯。但是，在新的起点上，她所承受的压力也更大了。为了练就一口标准的普通话，她对着镜子一遍遍练习发音，一个音节一个音节地纠正；为练一手漂亮的粉笔字，她自制了一块小黑板，写了又擦，擦了又写。凭着一股"勤"劲儿，她记下了80多万字的阅读笔记；凭着一股"恒"劲儿，她写下了20多万字的教学后记，完成了100多篇课文的板书；凭着一股"韧"劲儿，她剖析了50多名特级教师的成功秘诀，聆听了无数节课……她在如饥似渴地完善自己，如痴如狂地超越自己。

毕淑娟在锻造自我的同时，也在铸造着她的学生，尤其是在完善学生健全的人格上。

作文课上，学生们正在谈论他们心目中的偶像。"我最崇拜希特勒，因为他能称霸世界！"这石破天惊的一句话，使毕淑娟的心情一下子沉重起来，她明显地意识到了问题的严重性。于是，她从"日本细菌战"讲到"南京大屠杀"、从"德国纳粹集中营"讲到"犹太人种族灭绝"，讲到动情处，她激情飞扬；讲到痛心时，她扼腕叹息……

课后，毕淑娟一直在思考：作为一名教师，除了教给学生知识，还应该用什么去塑造学生的灵魂呢？

一个大胆的设想在冥思苦想中形成了——实施"四名工程"，即"诵名诗；读名著；赏名曲；学名人"。让学生们走近名人，感悟经典，与历史交流、与高尚对话，吸吮精神营养，丰厚人文底蕴，心灵里充满阳光！

毕淑娟的辛勤努力和良苦用心，赢得了学生的尊敬与爱戴，她收获着一种"以心灵感受心灵，以感情赢得感情"的快乐。

毕淑娟心底珍藏着这样一件事：从农村中学调入花园学校的第五天，她收到了一封特殊的信——一颗大大的红心里，签着全班56名学生的名字，下面写着一句话："老师，回来吧！再给我们上课，哪怕只有一节！"每当想起这句话，毕淑娟都泪如泉涌。

"要做就做最好的，做一名优秀的学者型教师。"这是毕淑娟执著不懈的内心追求。

广博的知识，坚实的功底，为毕淑娟再次超越自我打下了坚实基础，她开始向更高层次的教研教改迈进了。

毕淑娟先后主持并参与了"目标教学"、"双轨教学"、"创新写作"、"以学为主"等课题的实验与研究，均取得突破性进展和重大理论成果。实验中，她大胆地将布鲁纳的"发现教学法"引入布卢姆的"目标教学"中去，摸索总结出了一整套"单元教学"的新模式，以此执教的公开课《从宜宾到重庆》，获全国一等奖，她也因此被评为山东省优秀实验教师。

为适应新课改的要求，她又探索出了"以学为主，自主创新"五步教学法，即"提出问题，激疑诱趣—自读交流，整体感知—品味欣赏，感悟积累—质疑问难，求异创新—归纳概括，拓展延伸"。在"山东省教学能手大赛"中，她以此执教的《我的老师》博得满堂喝彩，受到省教研室的高度评价和教育界的广泛关注；她撰写的教研论文，两次获山东省教科研成果一等奖。

教学之余，毕淑娟在各类报刊杂志上发表了40多篇教研论文，主编或参编十多本教学指导用书。同时，她还先后为全国、省、市、区提供公开课、观摩课100余节。由于在语文教学方面的突出业绩，毕淑娟被评为"全国优秀语文教师"。

◉ **案例分析**

在现代社会，职业的分工已经成为了一个普遍被认可的事实。在比较专业的教育论著里，我们已经能看到教师是专业中比较典型的专业人员的论述。这就是说，作为教师，如何对待自己职业的态度，这已经不是一个简单的职业规范问题，而是一个职业的自我认同的问题。一旦这个职业的自我认同比率高了，爱岗敬业才会有实现的保证。

作为一名专业人员，光有敬业的精神显然是不够的。敬业精神只是他从事好工作的一个理论上和精神上的起点，但还不足以为他的工作提供保证。而要完成好自己的工作，还必须进行更加艰苦的努力。

俗语说得好，"要给学生一碗水，自己要有一桶水"，又说，"没有金钢钻，别揽磁器活"。优秀教师的修养究竟包含哪些内容？不用说，有两个方面的内容都是必不可少的：其一是自身的专业文化知识的修养；其二是教师的思想品行、精神世界或者说政治觉悟方面的修养，当然还有其他方面的修养。

本案例中的主人公毕淑娟老师，仅仅是中师毕业，但她时时刻刻都没有放弃自己的追求。她在承担繁重教学任务的同时，报名参加了山东师大的高等自学考试。经过5个寒来暑往的辛勤努力，最终如愿取得专科和本科毕业证书。为了练就一口标准的普通话，她对着镜子一遍遍练习发音，一个音节一个音节地纠正；为练一手漂亮的粉笔字，她自制了一块小黑板，写了又擦，擦了又写。凭着一股"勤"劲儿，她记下了80多万字的阅读笔记；凭着一股"恒"劲儿，她写下了20多万字的教学后记，完成了100多篇课文的板书；凭着一股"韧"劲儿，她剖析了50多名特级教师的成功秘诀，聆听了无数节课……她在如饥似渴地完善自己，如痴如狂地超越自己。

正是有这样不懈的追求，毕老师才能在她的三尺讲台上抒写了属于她自己的壮丽诗篇。有了毕老师这样的教师，我们的教育何愁不兴！

有人说，课堂是传播知识的阵地；有人说，课堂是学生成长的摇篮；也有人说，课堂是教师耕耘的土壤。一所有生命的学校，正是由一个一个的课堂组成的，而教师却是学校生命的保证。

教师的敬业精神、知识层次、业务素养、教育技术所达到的较高水平，往往决定着学生的成长水平。而学生在教师或学校的双重引导之下，无疑会健康地成长，从而推动社会文明的进步。

教师的不懈追求，教师职业实现由职业型向事业型的转变，往往也决定着学校的进步和发展。

同时，我们还必须要注意的一个细节是，在类似这样的案例中，我们发现无论主人公是谁，他们的修养都是在自我砥砺的过程中得以完善的。

案例 2

用心打开学生的心灵之窗

◉ 背景资料

王老师，男，1942年12月出生，满族。1967年毕业于北京师范学院地理系；1970年9月分配到某市郊中学任教师；1984年6月入党；现任某市教育学院分院地理教研室教研员。他先后荣获首都"五一"劳动奖章、市先进工作者、市师德标兵、区优秀共产党员、十佳教师和教育系统优秀共产党员标兵、师德楷模等荣誉称号。

王老师曾经家世显赫。他从小不喜欢历史，喜欢自然。由于爱大自然，最终使他报考大学时选择了地理专业。在这里，他遇到了一位好校长，放手让他编写市县地理。

王老师果然自己动手编，这需要去跑市县的山川河流、田野森林，28岁的乡村教师的生活中突然充满了山花麦穗的气息、水库的倒影、牛羊的叫声……

1981年，王老师调到某市中学时已经39岁。第二年秋，他从初一年级开始尝试一种新的教学方法。

中学地理教材在编排体例上可表述为"总—分—总"。王老师细致地讲解了前一个"总"，中间的八大分区他就不讲了，他把八大章变成八个大问题，让学生运用前一个"总"里讲过的常识去解这八个题。

比如，讲黄土高原，他只给出一个问题：黄土高原怎么改造？

"让我们说黄土高原怎么改造？"学生问。

"是呀，为什么你们不能考虑？"

学生要解答问题就必须认真去看；去分析；去使用书里的材料。王老师又让学生自由组合成一个个学习小组，然后分头准备，每个组都可以提出自认为最好的"解决方案"，比一比谁的方案更好，这激发了竞争意识，而"小组"又保证了合作意识的培养。小组里还可以形成讨论，碰撞产生智慧的火花。学习小组实际上已是一个探究性学习组织。

大课发表见解是在学生的期待中到来的。他们比成年人敢想，带着大人也想不到的方案到课堂上去发表，你可以想象那是学生们多么愿意上的课，这里有他们极大的兴趣和快乐。

随着地理课的推进，王老师给出一个又一个题目，学生都如同要去攻克一个又一个堡垒，解题水平也在迅速提高。

王老师发现："探讨性学习必然使学生的目光和兴趣越出书本。"由此引入校外实践活动。

有次，参加校外活动爬山的学生回来说："我们爬到了山顶，发现山顶有一口井，用50米的皮尺缀着石块去量，到不了底。从岩层看，那是岩石构成的山，在岩石上凿那么深的井，怎么凿？谁凿的？"

这是一个挺大的谜。王老师跟学生去看了，果然有一口深井。学生们又在杂树丛中发现了这儿有过建筑的遗迹，还找到几块残破的碑石，拼对起来拍照。拿到文物部门去请教，被鉴定为这碑和井都是明代的，山顶曾经有个寺庙，井是和尚打的。

同学们仍想知道那井到底有多深，于是王老师教他们用物体的自由落体回声原理去测算。这是高一课本的知识，学生学会了，测出井深是146米。他们惊讶不已，至今也不明白那些明代的和尚是怎么凿出这口井的。

他们写了一篇文章《山上的古井》，报纸登了，广播和电台也播了，这一组同学说："太幸福了！"

涉足了那么多课外活动和课外知识，课本上那些将来中考、高考要考的知识到底有没有学到呢？王老师从课本里出了100道难度颇大的考题，要求1小时做完。他权衡实验班的学生现在信心颇足，也担心他们麻痹大意，有心难一难他们。如果考得不好，也好敲个警钟。结果，全班平均96

分，最低88分。相同的卷子给"比较班"考试，大部分同学却不及格。这印证了：学生们要解答那些大问题，早把课本翻来覆去地琢磨遍了，课本知识掌握得相当牢固。

但还有问题，一天，一位同学的母亲在路上遇着王老师说："王老师，您地理教得太好了。但是，我们孩子将来长大了不考地理系……"还有的家长说："王老师，您要教数学多好呀！可是，我的孩子现在弄地理比数学还有兴趣，这怎么办？求求您别这么使劲教了。"还有的家长向学校提出，王老师教的地理"喧宾夺主"了。

1985年的市地理教育学会年会就是以王老师教改试验为主题的年会，年会对王老师的试验教学给予高度评价。

地理当时是高考必考科目之一，若能在地理科目拿到高分，就能提升高考总分。区教育系统开始推广王老师的教学经验，王老师由此也逐渐成为不少地理老师的"老师"。

1994年，王老师被调到市区教育分院做专职培训教师，开始了他一生中又一个新阶段，这一年他52岁。

● **引发思考**

（1）王老师具有很高的教师职业道德修养，你认为王老师为什么能够具有如此高的教师职业道德修养？

（2）传统师德的内涵是什么？怎样在当前发挥它应有的作用？

（3）现代师德的内涵如何界定？它是如何与时俱进的？

（4）在教师的职业发展中，如何确保师德修养的完善？

（5）怎样促进师德修养的体系建设？并使它产生应有的效果？

（6）对于当前我国的师德状况你是如何看待的？如何分析当前我国教师职业道德修养中存在的问题？

● **案例回放**

一天，有个男孩儿来对王老师说："我一人一个组行吗？"

男孩儿是郑某，功课不好，爱打架，人称"个子大，拳头硬"。王老师明白了，其他同学不大乐意与他组合。

"好吧！你打算选什么题目？"

"我就画对面街道的平面图。"

那是一片将要拆迁的街道，歪歪斜斜，如此没有规则的建筑是最难画的。"你打算画多大面积？"学生说，他把那一片都画出来。"好吧！比例尺、方位、美观，我都不要求。你只要把轮廓勾出来，就是满分。"王老师说，"我当时不是降低要求，我知道要画出那片非常复杂的建筑的平面图，班上最好的学生也很难哪！"

郑同学果真画出来了，一米见方。当然不能用"精确"去评价，但一眼看去，像那么回事，也比较美观，大大超出王老师的预料。可是他看到有一个院落没有画出门的方位，就指出："你这里漏画了个门。"

"王老师，那就是没有门的。"

"你画的这张图不错，应该得满分，我不会说了不算数。但你这里漏了一笔，别不承认。"

"王老师，那就是没有门的。"郑同学再次说。

"怎么可能一个四面都有墙的院落没有门呢？"

"真的，我带你去看！"

学生学习知识固然重要，但做人更重要！做人首先要诚实！

王老师觉得郑同学不诚实。有一点疏漏只是个小错误，不诚实就是个大缺陷。王老师跟在学生后面去了现场，等到了那里，他自己也困惑了——他确实看到这个院落四面都有墙，就是没有门。

"你怎么进去的？"王老师问，因为他看到学生在图上还画出了院落里面的树。

"我爬进去的。"郑同学说着蹲下来，让老师踩着他爬上去看看。王老师找了一棵树爬上去，看到果然是个死院，院子里有破砖头和树。师生二人站在那墙上，王老师问："你那图怎么画的？"郑同学说："草图我就是骑在墙上画的。在那边的一道墙上，我爬了一百多米。"

站在那高高的破墙上，望着这一片将要拆迁的荒凉、零乱的景象，王老师心里非常感动，也产生了深深的自责。他知道郑同学成绩不好，在班上受歧视，自己作为老师是有责任的。可郑同学却为了改变自己在别人心目中的形象而不惜代价，竟如此投入。我不仅要给他满分，还要在班上充分赞扬他，热烈而真诚的掌声在郑同学的耳畔响起。从那以后，郑同学变了……

王老师再一次体会到，学生在哪里有成功的体验，自信心就在哪里萌芽。而老师要做的就是不断为学生创造探究的空间，让他们在探究中体验成功，树立自信。这也就更坚定了王老师进行"新常规课"教学的决心。

● 案例分析

王老师靠什么获得了成功？

他成功的因素不外乎是：一位优秀人民教师自身的综合修养。

根据我们对名师成功因素的了解，一般来说，名师成才之路既与历史条件和社会时代紧密联系，又与个人的主观愿望和主观努力密不可分，通常他们都体现出一定的特色：

1. 紧紧把握时代的需求，提出独到的教育主张

王老师从教几十年，我们感受到他对教育的理解既有执著的一面，又有着不变的本色，同时他对教育的理解也一点都不过时。他对人才培养的核心内容始终是先进的。

2. 顺应时代发展，改革教育现状

名师往往具有改革家的角色。他们针对当时教育的不合理现象或弊端，走在时代的前面，运用先进的教育思想，提出积极有效的教育主张，改革教育现状，使教育事业的发展更顺应时代的发展。

3. 探求时代规律，撰写教育专著

名师在教育实践的基础上，往往擅长探求教育发展规律，反映时代脉搏。同时总结自己的教育经验，并把它们上升为教育理论，用以指导后人的教育实践活动。教育活动也就在一代又一代名师的教育理论指导下，逐步迈向专业化、科学化，从而促进了教育的发展。

4. 参与教育实践，广植杰出人才

名师们往往都乐于积极投身于教育实践，在实践中寻找、总结、论证着自己的思想或理论，反过来又用其思想或理论指导教育实践。在教育实践中，他们充当"园丁"，辛勤培育着一批又一批莘莘学子，许多学子在

他们的培育和熏陶下成为杰出人才。

另据我们了解，专家型的教师往往都具有高尚的教师职业道德。他们既具有良好的政治思想素质，同时还具有献身教育、教书育人、热爱学生、尊重学生、严谨治学、精心施教等一系列的高尚师德。此外，他们还对社会有着强烈而深厚的情感，对自己的理想世界有着不懈的追求，并且愿意为之奋斗终身。在他们身上，我们无不感受到他们充盈的理想主义色彩。特别是他们能很巧妙地将自身的品德修养与专业修养结合得十分融洽，这是一般人不容易做到的。

案例3

创新型教师的人格魅力

● **背景材料**

一位刚参加工作的男舞蹈老师，个性极强，特别反感参加开会、学习等集体活动。但他教学极为认真，甚至每天早晨带领学生出早功，学生非常崇拜他。他很尊重老教师，包括门卫师傅，但被管理者看来，他似乎有些蔑视权威，挑战纪律。

经过细心了解，他有一段很特殊的经历。作为一个贫困地区的孩子，他从小喜欢舞蹈，高中毕业时在父母的极力反对声中，孤身一人到省会学习舞蹈专业，并和以乞讨为生的一个侏儒同租一间房子，两人互帮互助。他说从弱势群体的一员身上学到了什么是真正的理解、什么是真正的自尊。所以当他真正从大学毕业后，视专业如生命。

后来，管理者通过与他交朋友，给他任务，逐步引导并培养他，既使他融入了集体，又使他保持了自己的个性。为了组织一场大型的演出，他接连两夜睡在舞蹈房。作为一位个性十足的班主任，他有独特的工作方式：一名学生因看望患急病的母亲，未来得及请假便返回了百里之外的老家一周，学生回来后他什么也没说，也没有批评这个学生，而是在得知情况后悄悄给学生的母亲写了一封信："大娘，我为您有这样一个懂事的女儿高兴，懂得孝敬老人的学生是好学生，顺便寄去一张健身光盘，也许会对您恢复健康有好处……"那个心里忐忑不安"等待"着班主任批评的学生,一周后收到了母亲的来信,得知了老师的态度。自己对老师充满了感激,各方面进步很快。

这个老师说:"有时,我们说得太多,而且也都知道是怎么回事,我们为什么要用一种定势去对待不同的学生呢?为什么我们就不能适应学生呢?尊重学生,培养个性,将来的人群才会是丰富多彩的,每个人的一生才会是多滋多味的,我们不能去简单地克隆学生性格。"

● 引发思考

什么是新时代教师的修养?

很显然,我们现在所说的教师修养与传统的教师修养是有很大差别的。在很多情况下,我们都不能用单一的纪律观来处理教师的修养问题了。

(1)从上面的案例中,你将如何看待该教师的组织纪律观问题

从世俗的眼光或从现代管理学的意识来看,我们要承认一个现代员工的组织纪律观在团队中所起的作用是相当巨大的,没有组织的团队不会有很好的效益。但是,现代管理学也提出,团队作用的发挥也是要由个体来保证的。作为组织,也应当为员工个体提供一定的个人空间,并不一定要求员工一味地牺牲自我。

在传统的教师道德观中,我们一直都是以教师是蜡烛来要求教师的。只要求教师牺牲自我,几乎很少为教师的个体空间考虑,实际上这样做的结果也并不利于教师的自我发展。而教师失去了自我发展的机会,无疑也是剥夺了教育更为广阔的空间。

当然,在现代社会中,我们也不是支持教师单一个体化的乃至偏执型的教师人格,只是更希望教师个体和组织之间形成一种更为和谐的关系而已。而这个问题是需要二者来协调的,在这个过程中,假如我们的教师主动一些,可能结果会更好一点。

(2)从上面的案例中,你将如何看待该教师的专业态度问题

应该说教师在自己的专业态度上具有一定的偏执精神,这是一种很好的内驱动力,我们是不应当给予不适当的非议的。只是在传统的人事关系中,人们对于这种态度多有不恰当的看法,只要我们教师在其他方面不至

过于超凡脱俗就可以了。一方面学校要给予教师一定的自我空间；另一方面希望教师也多从互助与协作的角度去考虑问题，教师尽量克服自己的一些不良言行，两相结合才会有更好的结果。

（3）在上面的案例中，你将如何看待该教师的学生观问题

实际上，一旦教师选择了教师这个职业，他对于教师的内涵就有了一定的理解了，但这种理解可能还暂时处于游离之中。对于学校来讲，可能对于青年教师还需要进行更加全面的帮助，以激发教师的内在力为出发点激发教师的内在精神。一旦教师的内在精神激发出来了，他的职业观可能就会更加巩固了。而且，可能会创造更大的工作业绩。

（4）在上面的案例中，你将如何评价该教师的综合修养问题

如果我们简单地看这位教师，那么我们很容易得出这个教师不太合格的结论。但这个教师的潜力无疑也是巨大的，只是他的职业修养方面还存在或多或少的缺陷而已。这时，我们对这位教师的宽容和帮助就显得十分重要了。

（5）在上面的案例中，你将如何评价这个案例

在这个案例中，我们还是可以很容易得到各种启发的。比如就教师个体而言，在开始时，显然该教师存在这样或那样的修养方面的缺点。但同时，我们也会发现该教师具有较大的优势，只是这种优势与不足呈现的时机不当，可能就给该教师带来不利的影响。从学校的角度来说，如何关注一位教师的成长也是一个十分重要的课题，尤其是对于那些有着较好专业修养的教师来说。可能他们的个性较为张扬一些，这就需要我们给予不同方式或方法的处理，而不能一刀切，否则就达不到培养教师的目的了。

● **案例分析**

从上述案例中，我们看到，教师的综合修养当然是一个十分重要的问题，不仅有外在的要求，更要有内在的自我约束；不仅要有专业修养，还要有品行修养。只有当二者能得到较好体现的时候，教师的修养才体现得最充分。

可以说，教师的专业修养是当代教师质量的集中表现。正因为教师职业具有专业性，所以教师的职业不是一般人能够替代的。专业性越强的职

业，其价值作用越明显。

就目前我国教育改革的趋势来看，对教师的专业修养要求也是非常高的。其内容大致有以下诸多方面：

（1）教师要具备与时代相通的教育理念
（2）教师要具备爱生的情怀
（3）教师必须要有广博的知识
（4）教师要有高超的专业技能
（5）教师要有现代技术的修养，包括理论思维和技术方面的修养
（6）教师要有管理人的才华
（7）教师要有协同工作的胸怀
（8）教师要有自我反省的气魄
……

从以上的教师专业修养中不难看到，老师的专业修养绝不仅仅是一个方面，它往往将业务修养与品行精神或政治方面的修养融合到一起。正是有这样的融合，教师的教学才显现出它综合性的特点，这就是我们常说的"既教书，又育人"。有了教书的本事，又有育人的意识，这样才算是符合现代教育的理念。

相对来说，由于现代社会的纷繁发展，学生们所面临的问题更加复杂了，教师的专业问题有被分化的倾向。这样的结果便是：教师的师德修养有提高的趋势，对于教师的职业道德方面的修养要求也就更高了。

如果我们对这种修养进行归类，则大致又可归为以下诸个类别：

（一）教师的道德修养

孔子说："道之以德，齐之以礼，有耻且格。"（《论语·为政》）为人师表，言传身教，学而不厌，诲人不倦，严于律己，率先垂范，这样才能培养出合格的人才。教师要生产出"合格产品"，仅有上述条件还不行，因为教师生产"合格产品"的道德法码是不可省的。一名教师除了要有过硬的专业知识外，还必须有较高的道德修养，这包括教师的政治修养等方面的内容，今天的教师必须用新时期的社会主义道德标准要求自己，锻造自己，教育学生。

有人说教师职业是"太阳底下最神圣、最光辉的事业"既然人们把这一桂冠送给我们教师,那么无论是才学上,还是道德修养上,我们都不应该辜负这一称号,因为这句话不仅仅是对我们事业的赞美,更多的是对我们人格内涵的一种企盼,也就是向我们提出了作为从事教育事业的人应该最起码具备的道德修养,这也是一个优秀教师必须具有的良好师德。

师德是教师在从事教育工作中逐步形成的道德观念、道德情操、道德行为和道德意志,是教师从事教育工作时所遵循的行为规范和必备的品质,它体现着社会和人民对教师的希望和要求。教师师德高尚,学生才能"亲其师,信其道",传道授业才能收到事半功倍的效果。

教师道德修养不仅是一个理论问题,也是一个实践的问题。要使教师道德原则和规范成为教师行为的准则和教师的人格品质,必须依靠自己在教育实践中长期不懈的努力,自觉地进行修养和锻炼。因此,掌握正确的师德修养的途径、方法是十分重要的,也是十分必要的。

综上所述,教师道德修养是教师职业道德要求的根本要求和内容,教师应该积极地进行道德修养。通过自身的修炼和外界客观因素的影响,日积月累,经过长期的磨练,就能够成为具有良好教师道德修养的教师。

(二)教师的文化修养

教师的文化修养,是一个优秀教师的基础素质。可以说,一个优秀教师的人格结构和文化底蕴,是其事业成功必备的、元素级的基底,因为这直接关系到教师的气质、风度、行为方式和感染力。知识是可以在较短时间内突击学习和提高的,而文化博大精深、漫无边际,只能经过长时间的积累才可能达到一定的造诣和功力。

文化修养,包括教师的理论修养、知识修养、艺术修养等。教师应树立科学的世界观、人生观、价值观,加强知识修养、艺术修养,提高业务素质。一个文化修养差的教师,将直接影响教学的效果。一个文化修养高的教师,其素质应趋近于生命的根本成长。因为"教育的生命即生命的教育",只有我们的教育行为和教育方法贴近或融入学生的生命成长,才能真正有助于学生的全面发展,才能具有长久的生命力,也只有达到了这种境界,才是真正意义的"优质教育"。而要实现这一切,要求教师永远保持健康向上的蓬勃朝气、奋发进取的顽强意志、科学严谨的治学风格和锲而不舍的学术精神,并籍以成就自己高水准的文化素养。

(三)教师的业务修养

没有高水平的教师就没有高质量的学生,教师只有知识渊博、基本功扎实、综合能力强,才能适应当今教书育人的要求,才能培养出高质量的人才。求知若渴、精益求精是教师终身追求的目标。加强自身业务修养,必须要学好创新教育方面的内容、现代教育学和心理学,参考和借鉴国外的一些有益于我们创新教育发展的经验或模式,随时随地注意留心观察生活和社会的发展。具备比较精深的专业知识,比较广博的自然社会知识,用教育理论充实自己,练好基本功,这是教师应具备的业务修养,是不容忽视的。

(四)外语修养

现代化的社会离不开与其他各国的联系和交往。而教师肩负着吸收、理解国外有关先进技术和理论,并如实传授给学生的重任。所以,教师特别是青年教师应当趁年轻力壮,为胜任 21 世纪的教师工作,抓紧学习外语,做到精通一两门外语。

(五)信息技术方面的修养

现代社会是一个信息技术通行的社会,可以说正是信息技术改变了人类社会发展的速度与方式。作为教师,如果不具备这样的修养,显然我们离世界的距离又似乎有些远了。

但同时我们也要注意一个事实,即创造性的教育教学活动,离不开教师的独立思考、自主意识和怀疑精神。没有独立性,就没有个性发展,也就无从谈起教育创新,教师只有具备创新的个性倾向才能产生创新意识与行动。[1]

---

① 简论教师的自我修养 [J]. 桂林航天工业高等专科学校学报,2000 (1).

第五节 教师素质的修养研究

一、职业特点中体现出的教师素质修养

从教师的职业特点来看教师素质的修养,归纳起来有以下几点:

(一)道德修养

首先,教师是社会道德的代言人,是相对于学生而言的道德"成熟者"。学生由于身心发展及道德观尚未成熟,因而是道德规范的接受者、被熏陶者。其次,劳动手段的特殊性。教师的劳动最重要的是依赖于自身的道德修养和人格。所以,古人云:"学高为师,身正为范。"其三,道德影响的特殊性。教师肩负的道义比历史上任何时候都更为沉重,这既表明教师职业的艰辛,也显示了人类灵魂工程师的伟大。

(二)文化素养

教师的文化知识结构一般可概括为三类:专业知识、教育科学知识和广博的科学文化知识。专业知识是解决怎么教的问题,而具有广博的科学文化知识才能厚积薄发、游刃有余地培养新一代人才。广博、深厚的文化素养来自教师不间断地学习和吸收,大家风范来自教师的终身学习和不断进取。所以,教师应终身学习,以垂范于学生和社会。

(三)科研素质

教师的教育科研素质是指教师通过环境影响、教育训练和自身实践获得的相对稳定的,并在教育科学研究和教育改革实践中发挥作用的品质结构,包括态度、知识、方法、能力等要素。我们现在面临的历史任务是把我国建设成现代化的社会主义强国。我们的教育工作要为现代化建设服务,这些都是前人没有做过的事业,过去的和国外的教育经验都只能供我们参考借鉴。在教育实践中,许多新情况要靠我们自己去分析、解决,这就必然要求我们进行教育科学研究。所以,搞好教育科研工作不但是重要的、艰巨的,而且是非常迫切的。教师在教育实践中,发现问题比较快;感觉比较敏锐;体会比较深刻,这些都是进行教育科研的有利条件,也是

教师不可推卸的责任。

二、当代教师具备的职业意识

随着21世纪科学技术的推进,中国的教育在突飞猛进地发展,构成教育教学活动的每个要素时刻都在发生着巨大的变化。学生是适应时代发展最快、最迫切的因素,无论是观念的形成、技术的掌握还是知识能力的获得,他们都是最迅速的。作为教育活动中主导因素的教师,要想适应瞬息万变的形势,只有具备以下十种职业意识,才能无愧于时代、无愧于学生。

这十种意识是:创新意识;敬业意识;竞争意识;忧患意识;超前意识;合作意识;自律意识;健康意识;现代教育意识;终身教育意识。

教师需要通过树立职业理想、强化职业责任、提高职业技能、美化职业形象,以此来唤醒并驻守教师职业意识,这也是构建学校的发展力之源。

总的来说,教师的职业意识是职业道德、职业操守、职业行为等职业要素的总合。其既有社会共性的一面,又有领域性行业相通的一面。体现在学校教育中,教师的职业意识是每个教师所从事教育岗位的最基本,也是必须牢记和自我约束的基本操守。

三、新世纪的教师职业道德规范

展望21世纪的教师职业道德,我们认为它应包括如下方面:敬业与乐业、热爱学生、依法治教、勇于创新、为人师表、协作竞争、关心世界。

教师职业道德简称"师德",师德古来有之,不同的时代对教师职业道德规范有不同的要求。现代师德是对古代师德的继承与发展,知识经济时代对师德赋予了新的内涵。

(一)敬业乐教是师德的基本要求

教师职业有苦也有乐,平凡中隐喻着伟大。只有爱岗敬业,教师才能积极面对自身的社会责任和社会义务;才能自觉、不断地完善自我;才能在教育活动中有所收获。

教师不仅仅是在奉献、在燃烧，而且同样是在汲取、在更新、在升华。教师要付出艰辛的劳动，但苦中寓乐，乐在其中。教师最大的乐趣就是既照亮了别人，又充实了自己。正是这种成就感、幸福感，激励着千千万万的教师不辞辛劳地为教育事业献身。

（二）爱生育人是师德的核心

教师对学生的爱是师德的核心。教师要热爱学生；了解学生；循循善诱；诲人不倦；不歧视学生；建立民主平等、亲密的师生关系；做学生的良师益友。教师对学生的爱，是一种只讲付出不记回报的、无私的、广泛的且没有血缘关系的爱。这种爱是神圣的，是教师教育学生的感情基础。学生一旦体会到这种感情，就会"亲其师"，从而"信其道"，也正是在这个过程中，教育实现了其根本的功能。

热爱学生，如何爱才是真爱，近来一些舆论批评某些教师是"制造自卑者的教师"。好多教师都认为，学生的优点，不"夸"跑不了；学生的缺点，不"批"改不了。因此，他们总是批评、训斥、否定学生，而很少鼓励、表扬、肯定学生。其实，在老师的眼里不应该有教不好的孩子，爱学生就要对学生一视同仁，不能用简单粗暴的做法对待学生或歧视学生，应当相信每一个学生都能成功，平等对待每一个学生，发现他们的闪光点，让每一个学生都能品尝到成功的喜悦。

（三）改变创新是师德的新发展

教师要让学生从分数的"奴隶"变为学习的"主人"。要将以"教"为出发点转变为以学生的"学"为出发点，"教"为"学"服务，"教"不是统治学生学、代替学生学，而是启发学生学、引导学生学。课堂要成为学生学习的用武之地，要成为学生在教师指导下获取知识、训练能力、发展智力以及思想情操受到良好熏陶的场所。教师应是教练员，不是运动员，要让学生运用感觉器官和思维器官去学习、去实践。

（四）以身示范是师德的人格力量

在教育中，一切师德要求都基于教师的人格。因为师德的魅力主要从人格特征中显示出来，教师是教人怎样做人的人，首先自己要知道怎样做人。教师工作有强烈的典范性，为人师表是教师的美德。教师只有以身作则，才能起到人格感召的作用，才能培养出言行一致的人。

（五）学习进取是师德的升华

在知识经济时代，知识和技术更新的速度越来越快，每个人都会面临落伍的危险。在科学和技术发展速度如此之快的背景下，如果不经常处于学习状态，人们的知识结构很快就会落后于实践的要求。所以，时代要求教师必须转变学习观念，确立"边学边干、边干边学、终身学习"的观念，紧跟当代知识和技术的发展步伐。

四、专业发展与师德

教师专业发展是教师道德自我塑造的现实途径。

教师道德作为社会的纯粹理性，体现了社会对教师的职业要求和作为教师应有的职业追求。而后者则是教师专业发展到一定阶段才能体验到的境界，因而，也可以说是教师专业发展的成果。我们在看到教师个体专业水平提高的同时，教师道德势必得到相应的提高。

这是因为教师专业发展包含教师道德。我国教育部师范教育司编写的《教师专业化的理论与实践》认为，一个优秀或成功的教师要具备的三方面专业要求：专业知识、专业技能和专业情意。专业情意，作者界定为专业理想、专业情操、专业性向和专业自我。教师的专业理想是对教学工作的认同感和投入感；教师的专业情操包括教师的理智情操与道德情操；教师的专业性向是教师的人格特征——个性倾向，如教师的个性倾向可能是关心他人的、人际关系融洽的、积极向上的、有责任心的、耐心和理想主义的；教师的专业自我是教师个体对自我从事教学工作的感受、接纳和肯定的心理倾向。

专家学者无一例外地都把教师道德作为教师专业发展的一个不可或缺的组成部分。由于人格力量是教师的本质力量，人格手段是教师教育教学的最基本手段。因此，教师的道德水准制约于教师的专业知识与专业技能的发展。教师专业发展中，教师的专业知识与专业技能的发展，从根本上正是得益于或依赖于教师道德的发展。

教师专业发展涵盖了教师道德塑造的整个过程。教师专业发展的阶段划分有多种分法，比较常见的分为职前教育发展阶段、入职发展阶段、在职提高发展阶段。每一个阶段既是教师专业知识、专业能力的提高发展，也是教师道德的塑造与成长成熟的过程。教师道德是教师在教育教学过程中不断修养而形成的一种获得性的内在精神品质。作为一种后天获得的职业角色品质，它在职前教育中就开始得到塑造。

教师专业发展范式转换为教师道德自我塑造提供了更切实的可能。随着教师专业发展的深入研究与实践，其发展范式正由"技术熟练者"范式向"反思性实践者"范式转移。改变过去解决问题过分依赖外在力量，而是更加突出自我在专业发展中的地位与作用。这种专业发展范式转移显然更适合教师道德的自我塑造。这是因为伦理学首先是一门实践的学问。

教师专业发展的政策导向为教师道德自我塑造进行了目标导向。由于教育在社会发展中的地位日益提高，各国的教师专业发展政策也相应出台作为专业化进程的保障。这些政策对于教师道德自我塑造，既是动力机制也是目标导向。这些政策主要集中在教师的准入、教师的评价与职业的升迁方面。

简言之，教师"凝道成德"的过程，过去是自然、自发地完成，并极易受到不良环境等各种因素的干扰，其主体意志往往得不到体现。而教师专业发展，既为教师提供工具意义，也从理论上提供了路径依赖。它创造了一个有利于教师道德成长的环境，激励着教师的实践，使教师将社会道德的职业规定将外在于个体的异己力量转化为内在于主体的获得性品质。

五、加强师德修养

我国教育也同经济、政治一样，正处于改革时期，素质教育在全国开始全面实施。国家教委副主任柳斌同志曾强调指出："当前基础教育的紧迫任务是走向素质教育，就实施素质教育来讲，以德育人是大根本，因材施教是总法则。"要把学生培养成为德、智、体全面发展，有创造力和实践能力的跨世纪人才，需要高素质的教师队伍。而教师素质的优化与提高的一个重要方面是加强师德建设。这是和四个"地位"密不可分的：

（一）从道德教育在人类社会中的地位看，加强师德修养是培养全面发展人才的首要条件

（二）加强师德修养是发挥教育在社会主义现代化建设中作用的关键

（三）教师在社会主义精神文明建设中的地位和作用决定了加强师德修养不可忽视

（四）教师在社会中的"形象"地位要求教师要加强师德修养

教师从事的是长远的事业、国家希望的事业，教师肩负着神圣使命和艰巨责任。所以，作为一名合格的教师，不仅要懂得师德修养的重要性，还应懂得如何加强师德修养。

所谓师德修养，是教师按照一定社会的道德要求，而进行的道德认识、道德情感、道德意志和道德行为习惯等的培养和锻炼，是一名教师所必须具备的足以影响学生、指导学生和帮助学生成长的品德修养。它的具体要求是热爱教育事业；无私奉献；严谨治学；为人师表；团结协作；热爱学生，这是一名合格教师的基本素质要求。

六、一位师德标兵的自我写照

我认为，教师在实施德育的时候也需要在头脑中建立起"系统工程"的意识——教师要对学生进行德育方面的指导与提升，必须先进行自我完善，建立自我良好的人格魅力。为此，我首先要求自己做一个生动的人：

（一）不保守：有浓厚的求知欲，不因年龄的增长泯灭好奇心；

（二）"阳光"：有十足的活力，热爱生活，富有情趣，对生命中的美好心存感激；

（三）上进：有正义感和社会良知。

当然，更要有深厚的专业功底，能胜任教书育人的工作。这是教师做好一切工作的大前提。

要做好德育工作，教师仅仅具有人格魅力还不够，还要能够对学生满怀热爱。究竟怎样的爱才符合教育规律、才能有效带动德育工作的开展呢？通过总结经验和深入思考，我为自己确立了一个基本原则，这一原则就是——"有理智地爱"。

（一）有理智地爱学生和学生相处，要与他们建立适度的关系：严而不厉，亲而不腻

　　我们认为和学生之间建立适度的关系，能让我们在全体学生面前做到自觉公平与公正、严格而不严厉、亲切而不亲腻。教师与某些学生的私交甚好，在某种程度上意味着对其他学生有可能失去公允，并且会降低其他学生对教师的信任度，这样就会给班级管理带来难度。

　　有理智地爱学生，要非常谨慎地使用批评手段，避免那些不经意的伤害。不能以"爱之深、责之切"的名义，不自觉地施以语言暴力。

　　"有理智地爱"是我们开展德育工作的原则。在对不同类型学生加以德育方面的指导与提升时，我则注意选择恰当的方式表达自己的爱——用真诚的目光与学生进行心的交流。

　　（二）面对学生出现的个别问题，要有足够的耐心、足够的坦诚、足够的大度

　　（三）了解并尊重学生的思想，力所能及地做好引导工作

　　师生间会因为彼此的了解而更加互相尊重，因为加强了沟通而相互更加了解。这样，一旦发现问题，我也能够比较从容地做好力所能及的德育教育工作，在这一点上，我非常认同《走出管教与爱的误区》一文中的表述：美国教育家詹姆斯·多伯森在《施爱与管教的艺术》一书中反复强调"爱，远远不够，管教亦不仅仅是惩罚"。一个合格的教师应该懂得尊重孩子，尊重孩子的自我，而绝不是作践它，即便是幼小的儿童也需要讲究尊重心灵的教育。自我尊重是人性中最脆弱的东西，一个非常小的偶然事件就足以对孩子的心灵构成伤害，而要重新树立自尊则是十分困难的。

　　（四）要鼓励学生们展示自己的特长。"弟子不必不如师"，师生共同学习的过程是充满乐趣的

　　我和学生时常在课下讨论他们感兴趣的话题。比如，我们一起讨论《星战前传》的武器"光剑"的原理；学生们总是给我讲明白黑洞是怎么回事；学生主动拿来杂志向我推荐表现"蝴蝶效应"的照片；学生跟我切磋科幻小说的构思技巧以及诗词格律；学生会给我出好玩的英语填空题；《迷宫》的小演员会兴致勃勃地跟我讲他扮演的三耳兔的服装和排练的感

受……在共同讨论中,我总是怀着极大的兴趣,面带微笑,耐心地倾听他们的每一句话。我常惊讶于孩子们知识的丰富、情感的细腻、思考问题角度的开阔……这些交流使我们的距离拉得很近。

(五)学会欣赏,为学生的每一点精彩感到发自内心地骄傲

我真心喜欢班里的每一位学生,他们的朝气、他们太阳般灿烂的笑脸一直是我教书生涯中最快乐的源泉……在我的教育观念中,赏识教育不仅有利于对学生进行德育教育,更是实践新的评价体系的有效手段。

七、四位师德标兵的事迹介绍

(一)马老师,女,1946年12月出生。1966年参加工作;1983年加入中国共产党。小学数学特级教师,享受政府特殊津贴专家。现任北京市某实验小学党支部书记、校长。1985年获"五一"劳动奖章;1988年被授予北京市有突出贡献的专家;1992年被选为中共十四大代表,并荣获"全国巾帼建功标兵"称号;1993年荣获"北京市共产党员十杰"和"北京市人民教师十佳"称号;1994年荣获"全国中小学中青年教师十杰"称号;1995年被评为全国劳动模范;1997年荣获首都精神文明奖章;2002年被选为中共十六大代表;2004年荣获"首都杰出人才提名奖"等荣誉奖项。

1966年7月,马老师从北京市某师范学校毕业。不久,她被分配到某区小学教书,这个喜欢梳歪辫子、穿蓝灰色调素雅衣服的小姑娘,充满了做一名"光荣的人民教师"的激情。

在那个动乱的年代,许多热心于教育的老师被批判、挂"黑牌子"。学生们的心思更是不在学习上,小小年纪也学着造反。淘气的学生还把厕所里的大便用小推车推到教室里来闹。

当时的陈校长被打成"黑帮",被派到马老师的课堂上"接受改造"。那种场面哪儿是在上课!一群不懂事的学生在教室里跳上蹿下,不时冲着默默坐在最后一排的老校长大喊、乱骂……这可是马老师的第一堂课啊!

看着这纷乱的场面,马老师震惊了:学生们这样下去是会学坏的!"我要教他们学知识,知识会改变一个人。"

怀着这个朴素的愿望,从小做事就"一个心眼儿死心塌地"的马老师

不顾当时"知识越多越反动"的潮流，下定决心要让学生学知识。从那以后，她上课除了教当时必讲的"毛主席语录"、"老三篇"外，还经常给学生们讲课本知识，并潜心研究怎样让学生们对学习感兴趣。

一天，马老师偶然路过校红卫兵队部，发现阴暗的角落里乱七八糟地扔着一堆破烂不堪的旧书。从小就爱书的她心疼了，蹲在那里一本一本地翻，竟然发现这些被当成"四旧"的书，全是小学阶段的各种教科书和教学参考书。如获至宝的马老师从此只要一有空，就到这里来看书，吃饭时也不例外。有时候饭菜都凉了，看得入迷的她却全然不知。

那段日子，马老师如饥似渴地看了好几种版本的教材。一次，新婚不久的丈夫从旧书摊上给自己"淘"到一本《一千题详解》，她被书中各种各样的解题方法迷住了，回到家里菜也不买了，饭也不做了，一边看、一边做、一边想，整整两天两夜硬是把这本书仔仔细细"过"了一遍。

"马老师一头扎进了业务堆，走的是白专道路。"一时间，学校里议论纷纷，有的人甚至到领导那里打小报告，说她不务正业。

马老师却依然如故地做她认为该做的一切：备课、讲课、家访，给学习吃力的学生补课……"当老师就得好好教书，让学生个个都能健康成长，这是每个教师应尽的责任。"马老师认准了这个理儿。

在不断看书、备课、上课的过程中，马老师发现，当时的一些教材不适合儿童心理，学生学习的积极性自然不高。为了使学生们学到更多的知识，她把要讲的数学、语文教学内容编写成故事，一边给学生讲故事，一边讲知识，并从中找出规律性特点，改革教学方法，耐心地引导学生学习。尤其在小学数学的教学方法上，马老师动了很多脑筋。

1972年春天，一堂"用毛泽东思想统率文化课"的公开课让马老师一下子成了名。在学校低矮的平房教室里，她新颖的教学方法得到了来听课的本学区17所学校的校长、老师及区教育局领导的一致好评。当时的区教育局孙副局长当即在会上表态："马老师敢讲知识，这很好，我们就是要把知识教给学生。"

（二）张老师，男，1957年10月出生。1975年参加工作；1985年加入中国共产党。数学特级教师，享受国务院特殊津贴专家，北京某附属中学副校长。曾获"北京市十大杰出青年"、"全国优秀教师"、"全国模范教师"等称号,并获得"苏步青数学教育奖"一等奖、胡楚南优秀教学成果奖等荣誉。

张老师深知:作为一个中学数学教师,自己欠缺得太多了。小学时转战北京、上海、江西农村,没拿到毕业证书;初中、高中60多场考试,终于换来一个在母校当教师的"合格证"。

1981年,张老师参加数学专业自考公共基础课"大学语文"的考试。走进考场,一看卷子上的大段古文翻译他就傻眼了,考了56分没通过;第二年,自以为认真复习了古文,但考卷上一句不懂的古文名言,又让他的作文跑了题,结果还是56分。这当头两棒几乎把他打懵了。为什么命运对自己如此苛刻?为什么多次的努力却只收获了失败?回到家里,面对多病的母亲和妹妹,他装得像没事人,心上的伤只能自己疗。

早晨,他冒着大雪在白颐路上长跑,听着脚踏积雪发出的沙沙声,一个声音在心里越来越清晰:"人不能只听任命运的摆布,你给学生讲过的许多道理,自己就要首先身体力行。在困难面前不拼一拼,是要后悔一辈子的。"他下定决心,用志气、毅力和恒心跟命运做一番较量。从那个时候起,他每天都是四点半就起床学习,一天、两天、一年、两年……到今天都坚持着。

终于,张老师用5年时间"啃"完了20多门课程。第三年的"大学语文",考题是"张海迪给我的启迪"。他没觉得像是在写作文,而像是在用心里话跟海迪交流。这次他终于以72分的成绩通过了"大学语文"自考。数学专业课也越考越好,"线性代数"96分;"抽象代数"98分;"数学分析"100分。1985年,张老师作为自学考试的优秀毕业生代表,在中南海怀仁堂受到中央领导同志的接见和鼓励。拿到自学考试毕业证书的第二天,得知消息的学生们抢走了他主持班会的权力,把班会变成了由学生主持的"记者招待会",学生纷纷向他发问:"老师,我们在电视和报纸上看到了你参加自考的事迹,能不能告诉我们,你取得这样好的成绩和应付考试的'窍门'?"

张老师对学生说:"你们想错了,我不像报纸上说的那样,轻而易举就考出了好成绩,我只是一个智力一般的人,自学考试中有些课程多次没通过就是证明,而最后能取得自学考试的成功,是因为我背后付出的大量心血。我没有因为自考请过一天假,5年里,所有星期天和寒暑假的每一天,我都有一半时间是在图书馆或考场上度过的。一开始,我自学的动力是希望得到社会承认,但自学和教学的实践使我越来越清楚地认识到,终身学习是一个人,特别是教师成长发展的必经之路,它没有结束,只有不断地开始。"

5年的自学,让他学会了合理地运筹时间,培养了他克服困难的勇气,这是比文凭更为宝贵的东西。总结出经验后,张老师为自己设计了更高的目标,因为他认识到:要给学生一杯水,教师就要有一桶不断更新的活水,教师只有终身学习才能满足学生对知识的渴求。

1990年,张老师又成为日本冈山大学的教师研修生。在日本的一年多里,他的勤奋善良广为人知。优秀的毕业论文;第一名的骄人成绩;自尊、豁达、友善等品质改变了马来西亚、泰国等留学生以及日本人对中国、对中国人的偏见。他在毕业典礼上代表十几个国家的留学研修教师发言:"今天我能在这里以优异成绩完成我的学业,支撑我的有学生们的期待;有母校的期盼;有一种责任——让一个曾被人家看不起的民族真正从我们和我们学生的手里站起来。"

回国后,张老师边工作边在首都师范大学攻读硕士学位,他用两年半的时间,以全优成绩完成了三年的学业。

张老师自己也承认,当时的确非常紧张,几乎都有点受不了了,但他终于没有放弃,他说:"第一个打倒自己的,常常就是你自己。"明白了这点,他就咬牙坚持下去。"我发现,其实人有难以想象的潜力,能突破所谓的极限。"

从一个不甚合格的高中毕业生,到北京市首批自考数学本科三个获得者中的一个,再到今天拥有硕士学位,并在中学数学界取得了不菲的成绩,其间张老师流过多少泪水和汗水,唯有无数个夜晚的星星和清晨的朝霞能够记得。

面对一些人"你为什么要这么拼命?"、"你是为了出名吗?"的疑问,张老师说了这样一句耐人寻味的话:"很多人都希望找座山,一不留心就走到了一个坡上,这才发现,你只是一个坡,山在你身后。"

当一个人把人生中的一切苦难当成老师的时候,这个人的内心世界一定豁达而坦然;当一个人所做的一切为了一种信念的时候,这个人面对荣辱一定波澜不惊,淡定自若。

张老师很欣赏周国平的一句话:痛苦是性格的催化剂,它使强者更强,弱者更弱,暴者更暴,柔者更柔,志者更志,愚者更愚。这种欣赏,源于他对生活一点一滴的感悟——"我觉得人的命运充满着辩证道理。你生活得太优越了,退化的就是你的生存能力。遇到挫折时,我就想:这是命运对自己的又一次考验。它剥夺了你很多东西,但只要你努力,它还会再给你很多东西。"

光阴荏苒,近30年的光阴过去了,由一个被学生嘲弄、威胁其下讲台的老师,到被所有学生欢迎、信赖甚至崇敬的老师,张老师靠的是什么?

张老师曾教过的一名学生在给他的新年贺信中写道:"您与我们不同,高出一筹的是:当您明白一件事情的意义时,不是去想,而是去做、去不懈地追求。因此,您所要达到的目的都能达到。"

(三)郑老师,是湖北宜昌一名普通的乡村教师,他在《为了太阳底下最美好的事业》中写道:我今年65岁,1958年7月,从当阳师范毕业,到一个最偏僻的小学教书,成了一名光荣的人民教师。我曾经在6所乡村小学工作过,从参加工作起,我一直从事语文和音乐教学,并兼任少先队辅导员。退休后,我还担任着5所学校的志愿辅导员。

从当教师的那天起,我就深深地爱上了这个职业。工作的时间越长,爱得越深。小时候,我的母亲就教导我,做人要有仁爱之心,做事要踏实执著,要看到美好,要同情弱者,做一个对社会有用的人。她老人家也是一名小学教师,特别疼爱孩子。在学生面前,她既是严师,又是慈母。在我十多岁的时候,我姐姐也做了老师。她和母亲一样,深受学生爱戴。母亲和姐姐潜移默化的影响,使我从小就感受到做教师的光荣和神圣。我一直向往,长大后也要像她们一样做一个好老师。

在我47年的教育生涯中,有过心酸;有过困惑;有过艰辛;有过坎坷，但我收获最多的还是做一名教师的快乐，我感到最满足的是做一名教师的成就感。

在我的学生中有一个叫建明的同学，是学校有名的"小调皮"。老师和家长提到他就直摇头，他自己也破罐子破摔，看到他这样，我心里很不是滋味。我有一个信念：没有教不好的学生，只有未尽责的老师。所以，我找到小建明的父母，说："让他跟我住吧！"有同事劝我："你这不是自讨苦吃吗？这孩子哪还教得好！"我暗下决心："就是一块石头，我也要把它焐热！"

我把建明接过来，细心地照料他的生活，晚上耐心地帮他补习功课，家访时也把他带着，跟他聊天、讲故事。开始他并不理解，有一天晚上，趁我开会时偷偷跑了，我赶了十多里路，硬是把他从竹林里拽了回来。在坑坑洼洼的路上，我摔倒了好几次，弄了一身的泥巴。建明终于被感动了，慢慢地，他改掉了贪玩、打架的坏毛病，学习成绩逐渐上升，还成了学校的"优秀少先队员"。

这件事让周围的人知道了我教"调皮"学生有爱心，还有些办法。于是，家长们常把管不了的孩子送到我这儿来我也很乐意。孩子们的每一点进步都让我感到由衷的高兴。后来，我只要听说哪个孩子比较调皮、哪个孩子没人管、哪个孩子上学太远，我都要把他们接到我这儿来。时间长了，我这里总有一群孩子围在身边，有的住一两个星期，有的则住几年。孩子们成了我生活中的小伙伴，和他们在一起，我也保持了一颗不泯的童心。他们让我深深地感受到，从事教师职业：辛劳之后有欢乐，付出之后是幸福。

……

我所教的孩子有的上了大学，但更多的是回到农村，成为社会主义的建设者。我对他们给予了更多的关爱和帮助，我希望每一个孩子不管在什么地方、在什么岗位工作，都能成为一个对社会有用的人。

我想：做一名教师，就应该全身心地播洒爱的雨露，就应该让每一片绿叶都充分享受阳光！

1963年，雷锋的事迹报道以后，我被深深地打动了。我和雷锋是同龄人,他的事迹很平凡,也很伟大。我想,他能做到的,我通过努力也能做到。我专门买来笔记本,抄雷锋日记,写学习心得。我把毛主席"向雷锋同志学习"的题词珍藏起来,还将雷锋的照片贴在自己的房间里,从那以后,"全心全意为人民服务"的精神就一直激励着我。

作为一名普通的乡村教师,我不可能像前线的英雄战士那样接受血与火的洗礼,也不能像著名的科学家那样做出惊天动地的业绩,但我可以为教好孩子付出一颗爱心,为孩子们的健康成长做出我的奉献。

每当看到学生胸前的红领巾时,我心里总会涌现出一种神圣的感觉。孩子们是祖国的花朵,我们肩负的是祖国的希望。我始终以饱满的热情,全身心地投入到红领巾事业中,组建了"红领巾义务投递站",创办了"校外少年之家",设立了"井岗小学红领巾事业基金"。1984年,因为我在红领巾事业中做出了一点成绩,被共青团中央、教育部授予"全国优秀少先队辅导员"的光荣称号,并出席了全国首届少代会,受到党和国家领导人的亲切接见,时任团中央书记的胡锦涛同志叮嘱我们:"红领巾事业是太阳底下最美好的事业。"那次北京之行,让我更加坚定了把终生献给红领巾事业的决心。

……

2000年,在我退休前夕,三个儿女都要我和老伴到城里去住。一想到就要离开心爱的讲台和可爱的孩子们,我就有一种说不出的留恋和失落。就这样离开吗?我真的舍不得。于是就萌发了一个念头,能不能在学校附近买间房子,建个可以让学生看书、活动的场所,让那些放学后没人管的孩子们多个好去处。于是,我把自己原来的房子卖了,找儿女们凑了些钱,在学校附近买了一处农舍。教育局很支持,把这个活动场所命名为"井岗小学校外辅导站",后来发展成现在的"青少年活动中心"。

2002年春天,我听说我们村14岁的柳同学和继母关系不好,离家出走,辍了学。我和她爸爸跑到城里,找了一处又一处,最后在一家餐馆找到了她。我把她带到自己家,让老伴为她梳洗,缝制新衣服,慢慢开导她;我又找到她的继母,耐心劝导,母女关系渐渐缓和了,柳同学终于开口叫了"妈妈"。现在一家人过得和和美美。

我记不清究竟帮助过多少个孩子，有人帮我算了一下，近5年来，我关爱、帮助的未成年人有260多人，到活动中心参加活动的学生有15000多人。我想，这些数字并不是很重要的，重要的是我能为教育多做点事，能给孩子多一点爱，这一直是我的心愿。

现在，我的门口已经挂了7块牌子，有"青少年活动中心"、"关爱帮扶青少年工作站"、"文化科技中心户"等等。我想，这每一块牌子都饱含着组织的重托、孩子们的期望，也是我的一份责任。我虽然退休了，但并不寂寞。因为有了这个活动中心，我仍然和孩子们生活在一起；因为有了这些孩子，我过得充实而快乐；因为有了这些充实而快乐的工作，我感到非常地幸福和满足。这个活动中心就是我的家，我的家就是这个活动中心。在这里，我继续做着关爱未成年人的工作，延伸着我的教师梦！

（四）斯老师是一位受人敬慕的优秀教师。南京市教育局局长、中共南京市委教工委书记徐传德在《中国教育报》2004年1月19日发表的文章中写道：在我还是学生的时候，斯老师就是我最为敬慕的优秀教师。1991年，我与斯老师有了第一次近距离接触。当时我在南京玄武区工作，代表区政府走访慰问离退休老同志。许多年过去了，只要想起斯老师，我的眼前就会浮现这样一幅画面：初春，南京某大学附属小学的校园内，耄耋之年的斯老师漫步在初露生机的校园小路上，花白的齐耳短发梳理得整整齐齐，朴素而端庄。当一群活泼的小朋友欢快地从她身边走过时，她的脸上带着温柔的笑意，眼里满含着慈祥。斯老师给我的第一印象，就是一位像母亲一样亲切而温暖的人民教师形象，她的外形、气质，她的言谈、举止，就是我心目中理想的"教师模型"。

此后的十多年间，我与斯老师有了更多的接触、了解、交往，斯老师给我的最深印象是：自己总是深怀着对孩子无比的爱心，深怀着担任教师工作的强烈幸福感。

记得1995年教师节前，我和几位同事登门看望斯老师。她的家人对我们说，斯老师已经85岁了，刚刚退休，可她仍然每天步行到学校，看看书、看看孩子们，做自己力所能及的事。从学校赶回家的斯老师对我说，离开了学校、离开了学生，总感到不自在，难受得很。

斯老师说,在自己的人生历程中,多次出现过可以不做小学教师的机会,自己都没有改变志愿,仍然一往情深地当一名小学教师。即使在十年动乱时期,受到种种冲击,她也没有灰心丧气,而是把一生心甘情愿地献给了小学教育事业。"我做了一辈子小学老师",这是斯老师一生最大的满足、最大的自豪。

正是凭着这一腔执著情怀,斯老师在学校找到了她人生的坐标,在教育教学中找到了无穷的乐趣,在学生中找到了生命的价值。学校、学生成了她生命中不可缺少的部分,她的生命也与学校、学生融合在一起。

斯老师的幸福感来源于她至大的爱。斯老师说:"如果教师热爱学生,对他们抱有希望,经过几年的教育,学生就会像你所希望的那样有进步。不但在学习上、品德上,而且在做人的道理上都会达到如教师所希望的那样。"一名好教师仅仅具备一定的教育能力是不够的,还必须具备强劲的事业动力。但是,如果一名教师的事业动力仅仅靠个人毅力乃至制度约束来维持,那他真正意义的教师生涯并未启航。斯老师的教育人生,如果用一个字来概括,那就是"爱"。有了"爱",她就有了无限的精力、无限的才能、无限的事业动力。她70余年如一日爱岗敬业,令人钦佩;她对学生无微不至的关爱,至今让她的学生都有一片深情的记忆;她的"童心"、"母爱",在教育领域闪烁着恒久的光华;她爱教育、爱岗位、爱事业、爱学生的精神,永远值得我们教育工作者学习和追求。"爱",使斯老师付出了全部;"爱",也让斯老师收获了无尽的幸福。

……

让我们像斯老师那样,永远做一名充满童心、母爱,充满事业幸福感的人民教师。

第二章 教师必备的职业道德

第一节 爱岗敬业

一、爱岗敬业的总述

任何一种职业,都要求从业者具有一定的责任心与责任感。正如马克思所言:"作为确定的人、现实的人,你就有规定、就有使命、就有任务,至于你是否意识到这一点,那都是无所谓的……如果你不给自己指定某种使命、某种任务,你就不能生活,不能吃饭,不能睡觉,不能走动,不能做任何事情。"相对于教师而言,爱岗敬业是教师神圣的职责,也是对教师职业道德的本质要求。

翻开中外教育历史的画卷,爱岗敬业始终是教师职业道德的一个重要组成部分,也是成就名师、教育家与大师的内在影响要素之一。大教育家孔子不仅发出"诲人不倦"的感叹,而且始终以教育为己任。据史书记载,孔子一生以教学为己任,为了教书育人甘愿过"饭疏食,饮水,曲肱而枕之"的清贫生活。在孔子全部的教育活动中都蕴涵着对教育事业的无限热爱,恰如其著名弟子所描述的那样——"仰之弥高,钻之弥坚,瞻之在前,忽焉在后。夫子循循然善诱人,博我以文,约之以礼,欲罢不能。既竭吾才,如有所立卓尔。虽欲不从,未由也已"。也正是这种责任心与责任感的力量,促使他在困于陈蔡,"不得行,绝粮。从者病,莫能兴"的艰难时刻,仍"讲诵弦歌不衰";在离曹去宋途中,有人要杀自己的过程中，仍"与弟子习礼大树下"，甚至在临去世前的7天，他还坚持教学，"谓子贡曰：天下无道久矣，莫能宗予"。其鞠躬尽瘁、献身教育之赤心，由此可见一斑！北京实验一小著名特级教师王企贤不仅提出了"作为一名人民教师，应该成为两头点燃的蜡烛，多做工作，照亮更多的人"，而且默默耕耘于教育园地57载。"发不发，看娃娃。"一个家庭如此，一个国家也是如此，他极端地重视小学教师的工作。他说："作为一个教育孩子的启蒙老师，我感到无比骄傲和自豪。"正是这种爱岗敬业的精神使王企贤老师无论是在叱咤讲坛的顺境里，还是在被剥夺教育权利的逆境中，都能够做到视教育为天职。可见，爱岗敬业既是教师的职责，又是教育的本质要求。

什么是责任？歌德认为："责任就是对自己要求去做的事情有一种爱。"《汉语大词典》解释为：1. 使人担当起某种职务和职责。2. 谓分内应做的事。3. 做不好分内应做的事，因而应该承担的责任。《韦氏学生词典（第九版）》界定：1. 责任是一种在道德上、法律上或精神上可靠的或可信赖的尽责的品质或状态。2. 责任是承担起必须负责任的一些事情。其实，责任包括有责、负责与问责。相对于教师的责任而言，责任是一种职责。教师的职责，就是在教育职业生涯中必须履行的责任。这种职责既是职务规定教师必须履行的责任，又是一种职业责任。教师职责包括：有责，是指身为教师就具有了教师这个职业必须履行的职业义务。负责，是指身为教师必须承担起教师应该承担的责任与义务。问责，是指没有做好教师必须做好的分内的事情而必须承担的责任。概括起来，爱岗敬业就是要求教师对自己从事的本职工作必须具有强烈的责任心、责任感。

从学生发展的视角看，教师爱岗敬业是学生健康发展的前提，是促进学生德、智、体、美等诸方面发展的基本条件，是教书的基础，是育人的前提。正如陶行知先生所要求的那样，教师不仅要"知责任，明责任，负责任"，而且要"先生不应该专教书，他的责任是教人做人"。

从教师发展的视角看，一方面，爱岗敬业是教师职业道德的本质要求。没有爱岗敬业，就没有教师的自我发展，而没有教师的发展就没有学生的发展。另一方面，爱岗敬业是教师专业素养的本质要求。可以想象一下,一个连教育都不爱的人,怎么会去关爱学生?怎么会去培育人才?俄国文学家列夫·托尔斯泰曾经指出:"如果教师只爱事业,那他会成为一个好教师。如果教师只像父母那样爱学生,那他会比那种通晓书本,但既不爱事业,又不爱学生的教师好。如果教师既爱事业又爱学生,那他才是一个完美的教师。"

二、爱岗敬业的解读

1. 爱岗敬业是教师职业道德的本质要求

所谓敬业,就是专心致志于自己的本职工作。什么是敬?宋代著名教育家朱熹从两个视角对"敬"进行了阐释:从积极的视角看,"主一无适便是敬"。用现在的话说,凡做一件事便忠于一件事,并将全部精力集中到这件事上,就是敬。从消极的视角看,"敬者何?不怠慢,不放荡之谓也",意指从事任何工作都不能懈怠,不能懒惰,不能有意不积极工作,不能放纵。同时,朱熹还进一步从有事与无事两种情况对"敬"加以解读:"无事时,敬在里面;有事时,敬在事上。有事无事,吾之敬未尝间断。"敬业就是恪尽职守、兢兢业业、勤勤恳恳、任劳任怨,就是"干一行,钻一行"。

所谓爱岗,就是热爱自己的工作岗位,就是"干一行,爱一行"。梁启超先生曾经对此有过非常深刻的论述:"凡职业都是有趣味的,只要你肯继续做下去,趣味自然会发生。为什么呢?第一,因为凡一件职业,总有许多层累、曲折,倘能身入其中,看他变化进展的状态,最为亲切有味;第二,因为每一职业之成就,离不了奋斗,一步步地奋斗前去,从刻苦中得快乐,快乐的分量增加;第三,职业的性质常常要与同业的人骈进,好像球一样,因竞胜而得快乐;第四,专心做一职业时,把许多游思妄想杜绝了,省却无限闲烦恼。"一个职业,你将其作为苦差事去做是做,作为一件乐事去做也是做。你将其作为苦差事去做,越做越苦;你将其作为乐事去做,越做越乐。

爱岗与敬业是辩证统一的关系,敬业是爱岗的基础,爱岗是敬业的升华。没有敬业不可能有爱岗。

2. 忠诚于人民教育事业,志存高远,勤恳敬业,甘为人梯,乐于奉献

在这一层次中,忠诚于人民的教育事业是爱岗敬业的总要求。所谓忠诚,就是"人们对某人,某种理想,某种职业,某个国家、政府或组织等的忠实状态或程度"。其中,"忠"就是全心全意,殚精竭虑;"诚"就是脚踏实地,诚心诚意。忠诚于人民的教育事业,就是既要对自己从事的教育事业认真负责,又要甘于付出、乐于奉献。它是职业忠诚在教师职业道德规范上的反映。全球人力资源管理服务和咨询公司的翰威特曾经将职业忠诚划分为三个层次:第一是乐于宣传层次。就是组织员工经常会对同事与可能的同事、现实的与潜在的客户说组织的好话。第二是愿意留下层次。就是具有愿意留在组织内的强烈愿望与行为。第三是全力付出层次。就是员工工作非常投入,并愿意付出额外的劳动,以促进组织走向成功。显然,理想的教师职业道德要求教师必须逐渐提高自己的职业忠诚层次。

志存高远,就是要求教师必须树立远大的职业理想。近期,"志存高远"一词成了胡锦涛、温家宝等国家领导人对教师素养的第一要求。2005年2月7日下发的《教育部关于进一步加强和改进师德建设的意见》则单列一条:"树立正确的教师职业理想。广大教师要有强烈的职业光荣感、历史使命感和社会责任感,以培育优秀人才、发展先进文化和推进社会进步为己任,站在时代的前列,努力成为为人民服务的践履笃行的典范。要志存高远,爱岗敬业,忠于职守,乐于奉献,自觉地履行教书育人的神圣职责,以高尚的情操引导学生全面发展。要正确处理个人与社会的关系,反对拜金主义、享乐主义和极端个人主义,把本职工作、个人理想与祖国的繁荣富强紧密联系在一起。"何谓理想?《现代汉语词典》的解释是:"对未来事物的想象或希望(多指有根据的、合理的,跟空想、幻想不同)。"职业理想则是从事教育工作所应有的合理的想象或希望,即职业志向与抱负。心理学研究表明,一个人的职业理想深深地影响着一个人对未来的憧憬和努力方向。理想是人内在的动力,是人体内部的发动机。教师只有具有了良好的职业理想,才会产生发自内心的教育热情,努力工作,勤奋探索,做出一流的业绩,取得最佳的绩效,成为真正为人们所尊敬的人类灵魂的工程师。例如,毛泽东的老师杨昌济先生,在湖南第一师范教

书期间就曾在学生的要求下，概括了自己的职业理想——"强避桃园作太古，欲栽大木拄长天"。什么是职业理想？这就是职业理想，这就是杨昌济先生的职业理想。正是杨昌济先生十分看重毛泽东，不仅将女儿杨开慧许配给毛泽东，而且在临终前曾致信好友章士钊（时任广州军政府秘书长、南北议和代表），推荐毛泽东和蔡和森："吾郑重语君，二子海内人才，前程远大，君不言救国则已，救国必先重二子。"他最钟爱的两个学生：蔡和森成长为中国共产党建党理论家，曾任中共中央政治局常委；毛泽东成长为中华人民共和国主席，名闻天下，是20世纪中国最伟大的人物。他们实现了杨先生"欲栽大木拄长天"的宏愿。

勤恳敬业，就是要求中小学教师在从事自己的职业劳动时务必做到：一是勤恳。就是尽量多做或不断地做，并做到工作切合实际，不浮躁。其实，这是对中小学教师工作态度的一种要求。纷纭复杂的教育任务，生龙活虎的学生，这些都要求一名教师必须在工作岗位上辛勤工作，努力进取，脚踏实地，实事求是。二是敬业。何谓敬？《说文解字》界定为"肃也"；《释名》解释为"警也，恒自肃警也"；《玉篇》定义为"恭也，慎也"。可见，敬具有肃、警、慎、恭四种含义。进而言之，敬业，事实上就是要求从业者必须对所从事的职业持一种严肃、警戒、慎重、恭敬的态度。对教师而言，就是要求每位教师都必须对自己从事的教育工作持一种严肃、认真、慎重、敬畏、恭敬与警醒的态度。这种态度需要教师专心致志，需要教师心无旁骛，需要教师谨慎对待，需要教师恭恭敬敬。

甘为人梯，乐于奉献，就是要求教师必须具有奉献精神。其中，甘为人梯是一种形象比喻。一是形容中小学教师像一个由一个又一个教师搭成的人梯一样，让自己的学生踩着自己的肩膀，朝着科学技术的高峰继续攀登。二是要求中小学生必须做到荀子所说的"青，取之于蓝，而青于蓝"，即必须超过自己的教师。乐于奉献则是一种直白的表达。其中的"奉献"有两种含义：一是动词。强调中小学教师要将自己的知识、品行、智慧甚至生命等无私地交付给祖国、传递给学生的行为。二是名词。强调中小学教师无私付出的东西。例如知识、品行、智慧等。应特别指出的是，无论是在人梯之前还是在奉献之前，这次修订的规范都特别强调"甘"与

"乐"。其实，这是要求中小学教师不仅要做人梯、能奉献，而且进一步要求教师发自内心地甘愿付出，乐此不疲。

3. 对工作高度负责，认真备课上课，认真批改作业，认真辅导学生

在这一层次中，对工作高度负责是爱岗敬业的总要求。老一辈无产阶级革命家毛泽东曾在《纪念白求恩》一文中号召人们要学习白求恩同志"对工作的极端的负责任，对同志和人民的极端的热忱"。其中，对工作的极端的负责任，就是对白求恩大夫敬业精神的一种高度赞扬。应该指出的是，伴随着中小学教师年龄的走低、学历的走高，教师的责任心与责任感等却存在下降的趋势，这是亟待解决的一个问题。这是因为教师这个职业具有与其他任何职业都不同的特点：一是教师的工作对象是活生生的、正在成长中的儿童和青少年学生。二是教师主要是以自己的品行、知识、智慧、人格等去影响莘莘学子。三是教育工作不允许教师生产"次品、废品"。四是中小学教育是未来导向教育，即主要为未来社会培养人才。五是教育职业要求育人必先育己。正如著名特级教师于漪老师所言："教师的责任非比寻常，它寄托着祖国的期望，人民的嘱托。国家将自己的未来，托付在教师肩上，这是对我们教师极大的信任；家家户户把自己的希望，交付给教师培养，这是对我们教师的高度信赖。教师的责任大如天，使命重如山，一个肩膀挑着学生的现在，一个肩膀挑着祖国的未来。今天的教育质量，就是明天的国民素质。"[①]

认真备课上课，就是要求教师做好自己从事的主要工作——教学。其中，备课是上课的基础，上课是备课的展现。因此，一名教师真正履行爱岗敬业要做到以下几点：首先，必须在备课上下足工夫。"台上一分钟，台下十年功"、"凡事预则立，不预则废"，这些名言警句都在某个方面强调了备课的重要性。中小学教师在备课方面既要重视显性备课，又要重视隐性备课。所谓显性备课，就是教师从坐下来开始撰写某课教案到该课教案修改完毕而进行的一系列教学准备。这种显性备课是看得见、摸得着的一种备课。所谓隐性备课，则是教师为了达到多快好省的教学理想而进行

---

① 于漪. 志存高远，守护教育者的尊严 [N]. 中国教育报，2007-09-23.

的一系列准备工作的总称。从时间上看,隐性备课较显性备课时间长得多。从工夫上看,隐性备课较显性备课工夫下得多得多。例如,老一辈无产阶级革命家中有一位著名的教育家,人称"铁嘴恽代英"。其实,恽代英在刚开始执教时不仅讷讷不能言,而且有些口吃。为了矫正自己口吃的毛病,恽代英老师每天早晨都要怀揣"两件宝":即一块鹅卵石与一面小镜子,爬上广州著名的越秀山,掏出小镜子树上一挂,口含鹅卵石,练习演讲。经过不懈努力,练就了著名的铁嘴,成长为著名的教育家。这一故事告诉我们,课上的精彩源于课下的日积月累的工夫,缘于课前精心的准备。"木体实而花萼振"这一出自《文心雕龙·情采》的精彩句子,完全可以用来解释备课与上课的关系。备自己、备学生、备内容、备教法、备学法、备情感、备语言、备教具等"八备",是对教师认真备课的具体要求。其次,上课是备课的展现。课究竟备得如何?关键要看上课。一名爱岗敬业的教师必须做到:首先,一是亮相精彩;二是启讲激趣;三是高潮迭起;四是结课绕梁。其次,真正在教学速度上做到缓急有序,在教学控制上做到动静相生,在教学内容上做到疏密相间,在教学过程上做到起伏有致,在内容处理上做到详略得当,在教学节奏上做到有张有弛,在教学发挥上做到放收自然,在教学情感上做到浓淡适度,在教学语言上做到抑扬顿挫,在教学机智上做到随机应变,在教学起始上做到了首尾呼应,在教学手段上做到灵活多样。最后,在"模仿→独立→创新→特色→个性"这一风格形成的过程中,塑造自己独特的教学艺术风格。

认真批改作业,就是要求教师慎重地对待作业。作业就是教师给学生布置的功课。这里所说的认真批改作业包括:

首先,认真布置作业。应该特别指出的是,现在许多教师在布置作业方面存在随意、随便、随口、随心等现象,违背布置作业的科学规律。这是必须矫正的一个问题。例如,某校三年级语文教师有一天在布置作文时突发奇想,要求学生回家每人写一篇500字的作文,结果全班同学一半是边哭边写,平均用时3个小时以上完成了这篇作文;另一半同学则由家长操刀代笔完成了这篇500字的作文。客观上,作业该不该布置?布置什么作业?布置多少作业?布置作业有无变式?这些都需要教师刻意准备、精心布置。一般要求做到：一是依据课标教材，体现布置意图。二是明确教学目标，突出作业重点。三是强化针对意识，注重作业质量。四是作业形式多样，激发学生的兴趣。五是加强创新意识，克服思维定式。六是结合实际操作，加深理解意义。七是学习编题技巧，掌握解题规律。八是掌握作业时间，控制作业密度。九是重视作业技巧，处理好七对关系：量与质、易与难、扶与放、统与分、死与活、课内与课外、主动与被动。

其次，认真批改作业。作业在收上来之后，教师必须认真批改。认真批改作业，一可以充分了解学生掌握知识的情况以及学生发展的情况等，以便因材施教。二可以发现自己教学上的问题，以便及时矫正。三可以作为一种激励学生的手段，以便促进学生向前发展。目前，我国广大的中小学教师已经创造了许多行之有效的批改方法：重点批改、当面批改、小组批改、全批全改、只批不改、只改不批、同桌互改、符号批改、典型批改、自批自改等。有的教师还创建了《作业批改录》。这种《作业批改录》清晰明了：一可以抓住作业中的主要问题，二可以发现作业中的特殊问题，既有利于教，也有助于学。

最后，认真讲评作业。现在有的教师将作业批改完后一发了事，不予讲评。这是很不好的一种习惯。从根本上说，布置作业，最终目的是通过学生的练习，掌握必须掌握的知识、技能等。作业批改是对学生掌握情况的了解与反馈。作业讲评，就是教师在课堂上针对全体学生在作业上的共性问题进行的讲述与评论。概括起来，比较好的讲评有综合讲评、专题讲评、典型讲评、对比讲评、展览讲评等。

认真辅导学生，这是对工作高度负责这一总要求的适当扩展，也是在这次规范修订中新增的要求。众所周知，目前，我国中小学采取的主要教学组织形式是班级授课制。这种教学组织形式尽管存在有利于扩大教学规模、提高教学效益之利，也因此存在难以进行因材施教、教学进度划一等弊端。为此，人们在采取班级授课制的同时不得不在实行班级授课制的前提下创造了一些新的形式：分层教学、小先生制、合作教学、分组教学、走班制等。诚如《国际教育大百科全书》所言："近几十年来，教育革新最积极的领域之一是个别化教学。在全世界的教育环境中，一种适合学习者个别差异的愈来愈多样化的技术已经发展起来。"然而，这些改革都难以完全弥补班级授课制的欠缺。因此，认真辅导学生在这次修订中被刻意加了进来，就要求教师必须在关注每个学生发展的前提下，一是注意对学习困难的学生特别予以关照，因为他们是"吃不了"的学生，特别需要教师的帮助与指导；二是注意对学习优秀学生的辅导，因为他们是"吃不饱"的学生，特别需要教师引领其快速成长；三是注意对特长学生的引导，因为他们具有特殊的爱好、特长等，教师只要能够在其特长领域加以适当引导与帮助，有可能助推其对某门学科产生浓厚的学习兴趣，并有所发明、有所造就。

4. 不得敷衍塞责

所谓敷衍塞责，就是做事不负责任，只做表面上的应付，一旦出现了问题又把自己应负的责任推给别人。这是对爱岗敬业的底线规定，要求教师不得违背；一旦违背，则予以行政处分或解聘处理。从法律的视角分析，你身为一名教师，你就拥有了教育赋予你的责任，即有责；你也必须担负起教师应尽的责任，履行教师应尽的义务，尽到教师应尽的责任，即负责；你还必须勇于承担没有做好自己身为教师分内的事情而必须承担的责任，即问责。《中华人民共和国教师法》第三十七条明确规定："教师有下列情形之一的，由所在学校、其他教育机构或者教育行政部门给予行政处分或解聘。"其中，第一条即规定："故意不完成教育教学任务和教育教学工作造成损失的。"工作敷衍了事，出工不出力，消极怠工，积极推诿，这对学生本人而言，轻则影响学生一门学科的发展，重则影响学生一生的发展；对家庭而言，轻则造成家庭的不和谐，重则造成家庭分崩离析；对社会而言，轻则增加社会负担，重则养虎为患。

典型案例

没有爱就没有教育[①]

各位领导、老师们、同学们：

站在人民大会堂的讲台上，我的内心很不平静。我今年83岁了，在小

---

① 霍懋征. 没有爱就没有教育[J]. 人民教育，2005 (8).

学教师的岗位上,度过了60个难忘的岁月。如果用简练的语言概括我一生从教的体会,那就是六个字——"光荣,艰巨,幸福"。

1943年,我从北京师范大学数理系毕业。学校本来希望我留校,但我再三要求去当小学老师。在那个"家有三斗粮,不当孩子王"的年代,一个大学本科毕业生选择小学教师工作,是件不可思议的事,许多人不能理解。但因我特别喜欢孩子,知道小学教育是启蒙教育,只有基础打好了,才能盖起高楼大厦,我愿意去做打基础的工作。于是,学校分配我到北师大二附小(现北京第二实验小学),一口气干了60年!

1956年,我被评为全国首批特级教师,许多单位请我去工作,但我离不开孩子。这时我知道孩子是祖国的花朵,是祖国未来的建设者,爱孩子就是爱祖国,我要把热爱祖国、热爱教育事业之情,倾注到我的学生身上,全身心地投入到小学教育事业中。

"文革"后,组织上安排我做校长,但我仍然坚持要做教师,仍然坚持在教学一线,坚持搞教学改革。只是我放弃了心爱的数学,改教语文,因为我当时认为,语文更有利于育人,所以我要用"文道统一"的原则,教会学生做人。

我一贯主张把课外的时间还给孩子,做他们喜欢的、有益的事。在课堂教学中,我坚持"精讲多练,合理组织课文,讲一篇带多篇,向课堂要质量",做到课外不留或少留作业。

我在一个普通的三年级班进行教育教学改革,首先激发学生的学习兴趣,因为兴趣是最好的老师。孩子们喜欢听故事、学儿歌,我就用"破谜语"的方式教他们识字。比如在教"聪明"一词时,我告诉他们,每人身上有四件宝:上边毛,下边毛,中间一颗黑葡萄(眼睛);东一片,西一片,隔座山头不见面(耳朵);红门楼,白门槛,里边坐着个嘻嘻孩儿(嘴巴);小白孩住高楼,看不见,摸不着,他要一出来可不得了(脑子)。我给孩子们板书:一个耳朵竖起来,两只眼睛瞪起来,一个小嘴张起来,再加一颗心,组合起来就是"聪"字。一次用不行,得要日日用、月月用,日月为明,人就"聪明"了。

教学《七步诗》后,学生很感兴趣,自己学习作诗。我给学生组织激发学习兴趣的活动，比如春游颐和园，我设计了找路标、捉特务活动，让他们以游戏的形式学习成语、谚语和诗歌，然后再让他们在欣赏颐和园、昆明湖的美景后，自己作诗一首，每个小队都作了诗，其中二小队的学生是这样写的：

今日来到此山中，绿树丛中点点红。

遥望昆明水如镜，无数轻舟水上行。

这是小学三年级学生触景生情创作的诗歌。有了这样的兴趣，学习怎么会有负担呢？

三年下来，这届普通班学生参加 1981 年北京市毕业升学统考，全班 46 人出现了 44 篇一类文、两篇二类文，语文平均分 97.46 分，而且所有试卷干净整洁，没有出现一个错别字。这个结果如同放了一颗卫星，引起了全国小语教学界的普遍关注。

我从教 60 年，没有丢掉一个学生，他们全都长大成才，我得出一个结论：没有教不好的学生。许多人问我秘诀在哪里，我说就两点——"没有爱就没有教育，没有兴趣也没有教育"。教师对学生的爱应是真诚的、无私的、广泛的、一视同仁的。尽管孩子的情况不同，但要相信每个学生都能在老师爱的教育下长大成才。

我的育人方法是"激励、赏识、参与、期待"八个字，激励每一个学生上进，赏识每一个学生的才华，让每一个学生积极参与，期待每一个学生获得成功。我始终认为我的学生"人人都是材，人人都成才"。我常常把更多的爱，倾注在那些后进学生的身上，倾注在那些需要帮助的学生身上。

2004 年春节后的一天，我接到一个电话："娘啊，娘，我的亲娘，我可找到您了，您答应一声吧，我要给您拜年去，没有您就没有我的今天。"我惊讶地说："请你告诉我，你贵姓？""我姓何。"我立刻脱口而出："你是何永山吧？"我高兴得流出了眼泪。第二天，他就领着全家给我拜年来了。

何永山当年是全校有名的淘气鬼，留过两次级，家长管不了他，很难教育。只要他在班上，老师就无法上课。外宾来校参观，得把他藏起来，以免他到处乱窜。哪个班的老师都不敢要他。学校万般无奈，决定送他去工读学校。

我听说后立刻去找校长，要求把何永山放到我的班里。校长回答："不行，不能让这么调皮的孩子毁了你们先进集体的荣誉。"我对校长说："把他交给我吧，相信我能把他教育好。"

我把何永山领进班之前，先统一全班的认识，然后"约法三章"：不轻视他，不提他过去的事，不揭他的短处。

一个孩子的转变和成长需要一个过程，期待学生成功要有耐心、有信心，教师要善于等待，善于寻找和挖掘孩子的闪光点。

何永山进班后，我苦思冥想，寻找工作的突破点。我发现他比别的学生大两岁，个子高，有力气。我对他说："咱们班卫生责任区的清扫小组由5个人组成，我和你，还有另外三个同学，请你当组长。"孩子看到老师让他负责，非常高兴，每天都认真打扫。一天，何永山扛来一把长把儿扫帚，他看出我腰有毛病，就特意给我准备了一把不用弯腰的扫帚，我非常感动。谁说他是个坏孩子？明明是个聪明、细心而又热心的孩子嘛。

那年六一儿童节前夕，少先队员们都喜气洋洋地参加鼓号队的练习，何永山眼巴巴地在一旁看着。我明白他很羡慕别的同学，可自己还不是少先队员。我就和大队辅导员商量，让他背起了大鼓，参加队列训练。儿童节那天，我们要去景山公园活动，我给他买了白衬衫、蓝裤子，他背着大鼓雄赳赳地走在队列前边。那一天，他特别遵守纪律，第一次在同学面前受到大队辅导员的表扬。

第二天，他来还衣服。我趁热打铁对他说："这衣服是老师给你买的，拿回家吧，只是你胸前还缺少一样东西呀！"没等我说完，他就说："老师，我知道我还没有红领巾呢，您帮助我，我会努力的！"在爱心的感召下，何永山进步很快，不久就加入了少先队。

是什么力量把一个人见人烦的孩子，变成人见人爱的孩子？是爱。爱是阳光，可以把坚冰融化；爱是春雨，能让枯萎的小草发芽；爱是神奇，可以点石成金。从事小学教师工作60年，我从没有对学生发过一次火，从没有惩罚过一个学生，从没有向一个学生家长告过状，从没有让一个学生掉队。

　　班上有个爱下象棋的孩子，经常逃课，找人下棋，与人比高低。一天，我对他说："听说你爱下象棋，放学后下一盘好吗？"他惊讶地说："你行吗？"我说："不如你的话，就向你学呀。"第一盘我故意输了，他特高兴。我说："我不服气，再来一盘。"第二盘他输了，他不服气了，但第三盘、第四盘、第五盘都输了。他服气了："老师，您真棒啊！"我趁机说："我虽然下得比你好，但你看到我到处找人下棋了吗？我不能因为爱下棋就不上课呀。以后我们在课下交流，互相提高怎么样？"从此，这个孩子开始好好学习，再也不逃课了。

　　我的一个毕业生说，霍老师教我们做人，不是说出来的，而是做出来的。我觉得孩子的眼睛就像摄像机，耳朵就像录音机，他们会把老师的一言一行记录下来。老师在学生眼里是一个榜样，是他们学习的楷模，所以我认为教育是科学，也是艺术。

　　60年代，我连续经历了两次人生的重大打击。1962年的一天，我正在上课，学校通知我22岁的二女儿病危，赶到医院时，可怜的孩子已经永远离开了我。女儿临终前没能看见我，给我留了一张字条：亲爱的妈妈，我要活啊！40多年过去了，孩子的身影还常闪现在我眼前。1966年，我被打成"资产阶级反动学术权威"，在关押、批斗一年零九个月期间被押送回家。我心里太想见到两个没人管的孩子了，可一进家门，眼前的情景让我惊呆了：13岁的儿子，无辜地被红卫兵用刀扎死，倒在了血泊中。我不顾一切地扑到儿子身上，大声地叫着他的名字。就因为我保护过一些老干部的子女，我的孩子才受到了牵连。我当时有一百个想不通，但我还是挺过来了，在这么沉重的打击下，我不但没有被击垮，反而更加坚定了对青少年教育的信念。

　　60年来，我的生活中经历过失去亲人、骨肉分离的痛苦，经历过被误解而受到的非人虐待，经历过严重疾病的折磨，但这都没有摧垮我的意志，没有改变我从事小学教育的选择，没有改变我对孩子的爱。这种爱还影响了我的子女。如今我一家三代8人，都选择了教师职业，都取得了优异成绩。1991年，我们这个教育之家还光荣地被评为"全国优秀教育世家",三代教师,四世同堂。

现在,我虽然离开了教学一线,但我的心永远都不会离开学校,不会离开讲台,不会离开学生,我时刻都在关注着祖国的教育。这些年我主要做了三件事:一是送教上门,应邀到西部贫困山区学校做义务讲学;二是教育科研,参与"霍懋征教育思想与实践的研究"课题组的工作;三是指导培训,对青年教师教育教学工作进行指导。

我没有做过什么惊天动地的大事,我所做的一切都是一个人民教师应该做的工作,可是,党和政府却给了我极大的荣誉和关怀。50年代,我曾受到过毛主席、周总理的接见;90年代,我又受到过江泽民、李鹏、李岚清同志的接见;特别是今年教师节前夕,温家宝总理亲切看望我,还为我亲笔题词:"把爱献给教育的人。"

今天,我依然可以无悔地说,教师工作虽然艰苦,但最光荣、最幸福。当看到学生一批批地成为国家栋梁之才时,我所获得的成就感,所获得的欣慰,是一般人难以体会得到的。

不久前,在一次毕业学生的聚会上,我们当年的小班长,突然下令:让同学们举起双手,让老师检查卫生。当几十名年过半百的学生,像当年一样伸出双手,接受老师的检查时,我眼前立刻浮现出45年前的情景。当年那一双双小手如今已经变成了大手。我多么期望学生的双手永远干干净净。我对他们说,同学们,人的一生很漫长也很短暂,实际只有三天——昨天、今天、明天。昨天已离我们而去,今天我们要加倍努力,美好的明天要靠我们共同创造!

案例评析

这篇《没有爱就没有教育》是83岁的霍懋征老师于2004年12月14日在北京人民大会堂召开的全国优秀教师师德报告会上所作的报告,也是霍懋征老师对自己职业教育生涯的素描。1943年毕业于北京师范大学数理系的霍懋征老师本可选择更好的职业,然而她却不可思议地选择做一名小学教师,并全身心地投入到小学教育事业中去。组织安排她做校长,她坚持要做一名普通教师;组织安排她由教数学转教语文,她却愉快地接受了；她从教 60 年没有放弃一个学生；她概括了"激励、赏识、参与、期待"八字要诀；面对"二女儿病逝、儿子被红卫兵扎死"这样的痛苦，面对自己被打成"资产阶级反动学术权威"这样的磨难，都没有摧垮她的意志，没有改变她从事小学教育的选择。什么是爱岗？这就是爱岗。我理解爱岗分由低到高的几个层次：一是爱职业；二是爱专业；三是爱事业。可贵的是，霍懋征老师将自己的爱岗演绎为爱事业，爱小学教育事业！正如温家宝总理为其亲笔题词所言："把爱献给教育的人。"

一切最好的教育方法，一切最好的教育艺术，都产生于教师对教育的挚爱之中，都产生于教师对学生无比热爱的炽热心灵中。在今后的工作中，我会继续用自己无限的细心、真挚的诚心、滚烫的爱心主动走近学生，让他们感到温暖，感到力量，感受到生活的爱，也让自己精心哺育的花园里"桃李满天下"！

天津市南开区咸阳路小学　李耀欣

这是李耀欣老师在天津市南开区师德标兵演讲比赛中的演讲稿。坦白地说，我是在流泪中听完这一演讲的。记得列夫·托尔斯泰曾经说过："如果教师只爱事业，那他会成为一个好教师。如果教师只像父母那样爱学生，那他会比那种通晓书本，但既不爱事业，又不爱学生的教师好。如果教师既爱事业又爱学生，那他才是一个完美的教师。"可见，爱教育与爱学生是紧密相关的。在自己的职业生涯中，李耀欣老师将自己对教育的爱与对学生的挚爱紧密地结合起来，演奏成了爱的交响曲。在这部交响曲之中，李耀欣老师的学生得到了老师无微不至的关爱、呵护。真爱无垠，大爱无疆，泛爱无边，博爱无际！

相关链接

敬业与乐业[①]

我这题目，是把《礼记》中的"敬业乐群"和《老子》中的"安其居，乐其业"这两句话断章取义造出来。我所说是否与《礼记》、《老子》

---

① 梁启超. 饮冰室合集 [M]. 北京：中华书局，1986：25—29.

第二章 教师必备的职业道德

原意相合,不必深究,但我确信"敬业乐业"四个字是人类生活的不二法门。

本题重点自然是在"敬"、"乐"二字,但必先有业,才有可敬、可乐的主体,理至易明。所以在讲演正文以前,先要说说有业之必要。

孔子说:"饱食终日,无所用心,难矣哉!"又说:"群居终日,言不及义,好行小慧,难矣哉!"孔子是一位教育大家,他心目中没有什么人不可教诲,独独对于这两种人摇头叹气,可见人生一切毛病都有药可医,唯有无业游民,虽大圣人碰着他,也没有办法。

唐朝有一位名僧叫百丈禅师,他常常用两句格言教训弟子,说道:"一日不做事,一日不吃饭。"他每日除上堂说法之外,还要自己扫地、擦桌子、洗衣服,直到八十岁,日日如此。有一回,他的门生想替他服劳,把他本日应做的工悄悄地都做了。这位言行相顾的老禅师,那一天便不肯吃饭。

我征引儒门、佛门这两段话,不外乎证明人人都要有正当职业,人人都要不断地劳作。倘若有人问我:"百行什么为先?万恶什么为首?"我便一点不迟疑答道:"百行业为先,万恶懒为首。"没有职业的懒人,简直是社会上的蛀米虫,简直是"掠夺别人勤劳结果"的盗贼。我们对于这种人,是要彻底讨伐,万不能容赦的。有人说:"我并不是不想找职业,无奈找不出来。"我说:职业难找,原是现代全世界的普遍现象,我也承认。这种现象应该如何救济,另是一个问题,今日不必讨论。但以中国现在情形论,找职业的机会依然比别国多得多。一个精力充沛的壮年人,倘若不是安心躲懒,我敢信他一定能得到相当职业。今日所讲,专为现在有职业及现在正做职业上预备的人——学生——说法,告诉他们对于自己现有的职业应采取何种态度。

第一要敬业。"敬"字为古圣贤教人做人最简易直接的法门,可惜被后来有些人说得太精微,倒变得不实用了。唯有朱子解得最好,他说:"主一无适便是敬。"用现在的话讲,凡做一件事,便忠于一件事,将全部精力集中到这件事上头,一点不旁骛,便是"敬"。业有什么可敬呢?为什么该敬呢?人类一面为生活而劳动,一面也是为劳动而生活。人类既不是上帝特地制来充当消化面包的机器,自然该各人因自己的地位和才力,认定一件事去做。凡可以名为一件事的,其性质都是可敬。当大总统是一件事,拉黄包车也是一件事。事的名称从俗人眼里看来有高下,事的性质从学理上解剖起来并没有高下。只要当大总统的人信得过我,可以当大总统时才去当,实实在在把总统当做一件正经事来做;拉黄包车的人信得过我,可以拉黄包车时才去拉,实实在在把拉车当做一件正经事来做。这便是人生合理的生活,这叫做职业的神圣。凡职业没有不是神圣的,所以凡职业没有不是可敬的。惟其如此,所以我们对于各种职业,没有什么分别拣择。总之,人生在世是要天天劳作的,劳作便是功德,不劳作便是罪恶。至于我该做哪一种劳作呢?全看我的才能何如、境地何如。因自己的才能、境地,做一种劳作做到圆满,便是天地间第一等人。

怎样才能把一种劳作做到圆满呢?唯一的秘诀就是忠实,从心理上表现出来便是"敬"。庄子谈到佝偻丈人承蜩的故事,说道:"虽天地之大,万物之多,而唯吾蜩翼之知。"凡做一件事,便把这件事看做我的生命。我信得过我当木匠的做成一张好桌子,和你们当政治家的建设成一个共和国家同一价值;我信得过我当挑粪的把马桶收拾得干净,和你们当军人的战胜一支压境的敌军同一价值。大家同是替社会做事,你不必羡慕我,我不必羡慕你。怕的是我这件事做得不妥当,便对不起这一天所吃的饭。所以我做这件事的时候,丝毫不肯分心到事外。曾文正说:"坐这山,望那山,一事无成。"我从前看见一位法国学者做的书,比较英法两国国民的性质,他说:"到英国人公事房里头,只看见他们埋头执笔做他的事;到法国人公事房里头,只看见他们衔着烟卷像在那里出神。英国人走路,眼注地上,像用全副精神关注在走路上;法国人走路,总是东张西望,像不把走路当一回事。"这些比较是否确切,姑且不论,但很可以为敬业两个字下注脚。如果如他们所说,英国人便是敬,法国人便是不敬。一个人对于自己的职业不敬,从学理方面说,便是亵渎职业之神圣;从事实方面说,一定把事情做糟了,结果自己害自己。所以敬业于人生最为必要,又于人生最为有利。庄子说:"用志不分,乃凝于神。"孔子说:"素其位而行,不愿乎其外。"所说的敬业,不外乎这些道理。

第二要乐业。"做工好苦呀!"这种叹气的声音,无论何人都会常在口边流露出来。但我要问他:"做工苦,难道不做工就不苦吗?"今日大热天气,我在这里喊破喉咙来讲,诸君扯直耳朵来听,有些人看着我们好苦;翻过来,倘若我们去赌钱、去吃酒,还不是一样劳神费力?难道又不苦?须知苦乐全在主观的心,不在客观的事。人从出生的那一秒钟起,到咽气的那一秒钟止,除了睡觉以外,总不能把四肢五官都搁起不用。只要一用,不是劳神,便是费力,劳苦总是免不掉的。会打算盘的人,只有从劳苦中找出快乐来。我想天下第一等苦人,莫过于无业游民,终日闲游浪荡,不知把自己的身子和心子摆在哪里才好,他们的日子真难过。第二等苦人,便是厌恶自己本业的人,这件事分明不能不做,却满肚子里不愿意做。不愿意做就逃得了吗?到底不能。结果还是皱着眉头,哭丧着脸去做。这不是专门自己替自己开玩笑吗?我老实告诉你一句话:"凡职业都是有趣味的,只要你肯继续做下去,趣味自然会发生。"为什么呢?第一,因为凡是职业,总有许多层累曲折,倘能身入其中,看它变化进展的状态,最为亲切有味。第二,因为每一职业之成就,离不了奋斗,一步一步地奋斗前去,从刻苦中得到快乐,快乐的分量增加。第三,职业的性质常常要和同业的人竞争,好像赛球一般,因竞胜而得快感。第四,专心做一种职业时,把许多游思妄想杜绝了,省却无限闲烦闷。孔子说:"知之者不如好之者,好之者不如乐之者。"人生能从自己的职业中领略出趣味,生活才有价值。孔子自述生平:"其为人也,发愤忘食,乐以忘忧,不知老之将至云尔。"这种生活,真算得人类理想的生活了。

　　我生平受用的有两句话:一是责任心,二是趣味。我自己常常力求这两句话之实现与调和,常常把这两句话向我的朋友强聒不舍。今天所讲,敬业即是责任心,乐业即是趣味。我深信人类合理的生活应该如此,我望诸君和我一同受用!

　　这是著名教育家、思想家梁启超先生关于敬业与乐业的一次讲话。在这个讲话中,梁启超先生不仅回答了何谓业,何谓敬业,何谓乐业,而且进一步将敬业阐释为责任心,将乐业解释为趣味。在其另一篇文章《教育家的自家田地》中,他又进一步指出:"教育家日日做的、终身做的不外乎两件事：一是学，二是诲人。学是自利，诲人是利他。人生活动的目的，除却自利、利他两项，更有何事？然而从事别的职业的人，往往这两件事当场冲突——利得他人便不利自己，利得自己便不利他人。就算不冲突，然而一种活动同时具备这两方面效率者，实在不多。教育这门职业却不然，一面诲人，一面便是学；一面学，一面便拿来诲人。两件事并作一件做，形成一种自利、利他不可分的活动。"这是多么快乐的事情。可见，敬业是乐业的前提，乐业是敬业的升华。

像马修这样睿智的老师①

看过法国电影《放牛班的春天》之后，我久久不能忘记。

"放牛班"的意思是"非正规"或"成绩差"的班级。这个班的成员都是社会的弃儿，家长管不了他们，传统学校怕他们带坏了其他孩子，于是就把他们集中到这里来。偷窃、撒谎、打架、恶作剧都是常见的事情。在这个班里，孩子们被严厉无情地对待，一人犯错要全校"连坐"，甚至连吃饭时老师都要看着他们。学生难管，老师因工作没有快乐流失得很厉害。

马修老师热爱音乐，却无法从音乐中谋取生存，于是他来应聘舍监工作。他来到这里仅仅是为了饭碗，没有想过什么伟大的改造工作。但孩子们灰色沉重的现状，让他震惊，他无法容忍这一切。

一个偶然的契机，他发现读书、写字困难的孩子们居然能自由地歌唱，于是他利用自己的特长组建了一个合唱团。最终孩子们用天籁般的歌声感动了自己，感动了周围的老师和校长，也改变了这个原本阴冷的世界。

电影里好多细节让我这个当老师的非常感动。比如马修在组建合唱团的时候，需要确定声部和高音、低音。其中有两个孩子根本不会唱歌，他很自然地对矮个子的孩子说："你，做我的助理。"对高个子的孩子说："你，做乐谱架。"所谓的助理就是坐在马修身后的桌子上，给老师递个东

---

① 陈迹. 像马修这样睿智的老师［N］. 中国教育报，2009-04-06.

西；乐谱架就是拿着乐谱，他的高度正好让马修看到乐谱。我不由得惊叹马修老师的智慧。他给了我们一个启示：面对全体学生，要让每一个学生找到自己的位置，而不是勉为其难。

在电影中，有一个叫皮耶尔的学生，他的歌喉犹如天籁一般明净优美，连马修老师也常常惊叹不已。但皮耶尔由于生活在单亲家庭，性格特别敏感多疑，内心对这个世界充满了仇恨，不懂得感激和为别人着想。仅仅因为怀疑马修老师在向母亲献殷勤，就不顾马修老师平日对他的爱护，将墨水扔到马修老师头上，令他异常难堪。其实，马修老师正在劝他母亲将他送到音乐学校以发展其天赋。

不懂得尊重和感激，将让天才走进死胡同。马修老师决定"修理"皮耶尔。到了照常训练的时间，马修和大家事先约定好取消了皮耶尔的独唱部分，并告诉他："没有你，我们一样做得到。"皮耶尔愤怒地离开了，但他无法对合唱团的歌声无动于衷。当合唱团第一次演出时，皮耶尔郁郁寡欢地守在旁边。没想到，到了原来该他独唱的部分，大家都停了下来，马修老师示意他开口唱歌。他又惊又喜地唱了起来，心中第一次充满了感激和快乐。

后来，皮耶尔的母亲听从了马修老师的忠告，带着皮耶尔离开这里，去了音乐学校，最终皮耶尔成了一位享有盛名的音乐家。

马修老师用实际行动教训了皮耶尔，也告诉了我们，正视尖子生，可以给他更大的发展空间。

电影中还有一个细节，涉及惩罚学生的问题。老校工因为学生的恶作剧受了重伤，马修老师查明是谁干的之后，向肇事者担保，不让校长知道，但要去照顾老校工。马修老师告诉老校工，这个学生是自愿要来照顾他的，这让老校工非常感激。学生害怕严厉无情的校长的惩罚，但照顾老校工这个活也并不轻松。同时面对着自己造成的可怕伤口和受害者真诚的赞美，这种折磨让他再也不觉得恶作剧是件好玩的事情了。马修既惩罚了学生，又帮助他认识到了可怕的后果。

反观我们的教育，缺少的就是这种有效的惩罚。我们对学生谆谆告诫，不要这样，不要那样，可是学生年龄小、阅历浅，不明白做了错事的后果会怎么样。直到他们受到生活的惩罚之后，才知道老师当初的苦口婆心。

我非常希望像马修这样睿智的、宽容的老师能多一些，那样，孩子们就有福了。

看过《放牛班的春天》，读过《像马修这样睿智的老师》，我心中久久不能平静。本来，马修应聘的只是舍监的工作，他来到这里工作也只是为了解决吃饭问题。可是当他看到放牛班学生一个个在发展上的问题时，他没有无动于衷，而是大为震惊，并开始了他的充满睿智与艺术的改造教育之路。在组建合唱团的过程中，他安排两个根本不会唱歌的孩子：矮个子的孩子做助理，高个子的孩子做乐谱架；安排歌喉优美的皮耶尔担任独唱部分。什么是敬业？这就是敬业。敬业就是对所有学生负责，对学生的一生负责。身为一名教师，你就有责任，你就有义务，你就有职责。恪尽职守，尽职尽责，这是教师必须遵守的师德要求。

三、总结与概括

态度是个体后天习得的对某一对象所持的一种相对稳定而持久的行为倾向。它与个体的理想、立场、需要等密切相关，是在日常生活中由具体的情境性的刺激与强化所形成的。从业态度则是从业者后天习得的对本职工作所持的一种相对稳定而持久的行为倾向。教师的爱岗敬业就是对教师从业态度的规定。概括起来，教师爱岗敬业存在层次差异：

教师爱岗敬业修炼之一：敬业

"敬业"一词，源于《礼记·学记》篇的"敬业乐群"。其中，敬业就是专心致志于本职工作并将其做好，就是在本职工作中尽心尽力、尽职尽责，尽自己应尽的义务，即法律责任。相对于教师而言，敬业就是教师尽自己应尽的教育义务。其中，责任心是教育义务的内化情感表现，教育良心则是教育义务的内化道德形态。

责任心又称责任感，具体是指自觉地把自己分内的事做好，要求教师把遵循职业道德规范看做内在的道德需要，看做自身对社会必须履行的使命、责任与义务。马克思曾经指出："作为确定的人、现实的人，你就有规定，就有使命，就有任务。"教师的责任心在于把做好本职工作当成自身不可推卸的责任，当成教育的天职。在教师的本职工作中，一名教师应该知道自身的责任是什么，应该知道怎样履行自己的责任，并完成自己的责任。具体而言，教师的责任心就是对社会负责，对人民负责，对家长负责，对学生负责，对自己负责。

教育良心是在教育实践过程中逐渐形成的，在履行职业义务时由多种道德心理要素结合而形成的道德责任感与自我评价能力。它是隐藏在教育主体内心深处的一种意识活动，是教育主体道德觉悟的综合显现。教育良心是教育行为的"指挥官"，起着选择、定向与决策的作用；教育良心是教育行为的"监督官"，起着激励、调整与控制的作用；教育良心是教育行为的"审判官"，起着评判、评价与评定的作用。简而言之，教育良心是教育主体心中的"一杆秤"，是教育主体行为的内在约束力。在师德建设过程中，必须重视通过培养教师的责任心，把外在的教育德性要求转变为教师内在的教育良心。

教师爱岗敬业修炼之二：精业

"精业"一词源于韩愈《进学解》中的"业精于勤，荒于嬉"。其中，"勤"的本义是尽量多做或不断地做，与"勤奋"、"勤恳"、"勤勉"等同义。精指的是业精，就是精通自己从事的本职工作。当今在中国教育界颇有名气的教育家钱梦龙与魏书生，只有初中学历，之所以能够在教育界成就一番事业，是因为他们做到了精业。

具体说来，精业包括两方面：一方面，精通学科知识。当今的社会已经进入知识社会、教育社会与学习型社会。在这样的社会中，知识突飞猛进，科技日新月异，学生千差万别，教育千变万化，教师只有与时俱进，不断进取，做到时时学习、处处学习与事事学习，才能真正做到精通学科知识，承载起教育的重任，履行好教育的职责。另一方面，精通教育智能。教师要把一个个活生生的、充满发展潜能的学生个体培养成社会需要的优秀的建设者与接班人，单纯依靠敬业是不够的，只有教师勤奋向教，才能达到精业，形成自己独特的教学风格，搜寻到最适合学生发展的路径，无愧于时代，无愧于学生。

一名教师要做到精业必须努力做到：一是勤奋或勤勉。就是坚持不懈地努力。教师劳动的迟效性、长期性、示范性与艰辛性等要求教师必须在本职工作中具有恒心，只有如此，教师才能在平凡的岗位上做出不平凡的业绩，才能把自己的全部学识奉献给学生。二是更多地投入。众所周知，教师劳动的对象是一个个活生生的人，是发展中的人，是变化中的人，是可塑的人。这就要求教师必须在敬业的基础上进一步勤奋努力，比别人投入更多的精力，花费更多的时间，耗费更多的心血，用心探寻学生发展的规律，尽力寻求教育学生的最佳方略。

教师爱岗敬业修炼之三：乐业

"乐业"一词，源于《老子》中的"安其居，乐其业"。我们理解的乐业包含两个含义。

一是指把自己从事的本职工作视为有趣味的工作。仔细分析，任何一种职业都是有趣味的，只要你能够坚持干下去，逐渐成为这一职业的行家里手，趣味就会自然而然地产生并变得愈来愈浓厚起来。任何一种职业都是在众多从业者的努力下发展的，身处其中其体验自然有趣；任何一项职业成就的取得都离不开奋斗，在奋斗中前行，自然会领会到别人无法领会的快乐；任何一种职业，只要努力都有取得成功的可能，这种成功的愉悦无法言喻。近代著名思想家梁启超先生曾经在《教育家的自家田地》中指出，凡快乐的职业具有持续性、彻底性与圆满性三个特征，而教育这一职业恰恰具有这三个特征："第一，快乐就藏在职业的本身，不必等到做完职业之后找别的事消遣才有快乐，所以能继续；第二，这种快乐任凭你尽量享用，不会生出后患，所以能彻底；第三，拿被教育人的快乐来助成自己的快乐，所以能圆满。"可见，只要全身心投入其中，教育便是有趣味的、可享受快乐的职业。乐业首先要求教师必须把自己从事的本职工作视为有趣味的、可享受快乐的工作。

二是指对自己从事的本职工作乐此不疲。大教育家孔子曾经明确表达了知之、好之与乐之的不同境界。在孔子看来，乐之才是最高的从业态度。因此，孔子曾在《论语》中多次提到自己是一个"诲人不倦"的老师。其实，他所说的"不倦"就是"乐"，诲人不倦就是乐于诲人，也就是乐业,这是教师从业态度的最高层次。想象一下:假如一名教师喜欢教育并沉浸其中,怎能不创造出一流的业绩、培养出一流的人才呢?

第二节 为人师表

教师是一种极其特殊的职业。这种特殊的职业决定了:只有教师自己具有的,才能教给学生;要求学生做到的,自己必须先做到;教师要想成为教育学生的先生,其自身也必须先受教育,先当学生。正如加里宁所言:"教师的世界观、他的品行、他的生活、他对每一现象的态度都这样或那样地影响着全部学生。这点往往是觉察不出的,但还不止如此。可以大胆地说,如果教师很有威信,那么这个教师的影响就会在某些学生身上永远留下痕迹。正因为这样,所以一个教师必须好好检点自己,他应该感觉到,他的一举一动都处在最严格的监督之下。世界上任何人也没有受到这样严格的监督。"

翻开中外教育史,为人师表一直被许多教师视为教师职业道德的内在要求。《周礼》解道:"师者,范也。"《韩诗外传》释曰:"智如泉源,行可以为仪表者,人之师也。"《法言》记载:"师者,人之模范也。"《春秋繁露》界定:"善为师者,既美其道,又慎其行。"夸美纽斯宣称:"教师应该是道德卓异的优秀人物。"洛克坦言:"唯有德行教师真实的善,导师不只应该进行劝导谈论它,而且应该利用教育的工作和技巧,把它供给心理,把它固定到心田里,在青年人对它发生真正的爱好,把他的力量、荣誉和快乐放在德行上面以前,不要停止。"教育家叶圣陶则明确指出:"教育工作者的全部工作就是为人师表。"毛蓓蕾根据自己的教育阅历概括道:"心灵塑造者必须首先自我塑造……一个人只有当他具有崇高的道德品质和精神素养、有明确的发展方向时,才能担负起培养人的重任。"北京师范大学的校训则这样解释何谓师范:"学高为师,身正为范。"的确,教师只有做到了己正,才能做到正人;只有做到了严于律己,才能做到以身作则;只有做到了率先垂范,才能做到以身立教。譬如,梁启超曾这样描绘他的老师康有为:"先生大政治家与否,吾不敢知,虽然,其大教育家,则昭昭明甚也。先生不徒有教育家之精神而已,又备教育家之资格。其品行方峻,其威仪严整。其授业也,循循善诱,至诚恳恳,殆孔子所谓'诲人不倦'者焉。其讲演也,如大海潮,如狮子吼,善能振荡学者之脑气,使之悚息感动,终身不能忘;又常反复说明,使听者涣然冰释,怡然理顺,心悦而诚服。"梁启超在《南海康先生传》中说:"必其生平言论行事,皆影响于全社会,一举一动,一笔一舌,而全国之人皆注目焉,甚者全世界之人皆注目焉,其人未出现以前,与既出现以后,而社会面目为之一变,若是者可谓真人物也已。"事实上,康有为就是梁启超眼中的真人物。他不仅可以为学生之师表,而且可以为民众之师表。著名特级教师霍懋征在83岁时曾站在人民大会堂的讲台上指出:"60年来,我的生活中经历过失去亲人、骨肉分离的痛苦,经历过被误解而受到的非人虐待,经历过严重疾病的折磨。但这都没有摧垮我的意志,没有改变我从事小学教育的选择,没有改变我对孩子的爱。这种爱还影响了我的子女。如今我一家三代8人,都选择了'教师'职业,都取得了优异成绩。1991年,我们这个教育之家,还光荣地被评为'全国优秀教育世家',三代教师,四世同堂。"(霍懋征:没有爱就没有教育)一副对联写道:"教之以才,导之以德,足为师矣;学而不厌,诲人不倦,堪作表焉。"其实,这恰是对教师为人师表的真实写照!

什么是为人师表?"师表"一词出自《北齐书·王昕书》:"杨情重其德业,以为人之师表。"其意义指品德、学问上值得学习的榜样。为人师表,就是其品德与学问等堪做人们学习的榜样。为人师表,在中国古代政教合一、官师合一的时代,本是对官与师共同的要求,现在已经演变为对教师职业道德的规定。"学为人师,行为世范"已经成为对教师职业道德的必然要求。我国古代教育家张履祥曾经指出:"益师也者,师其道与德也。道之高,德之至,从而师之。"(《愿学记》)人民教师要真正做到为人师表,必须做这样的益师。

从学生发展的视角看,为人师表是教育这一特殊职业对教师职业道德提出的永恒而特别的要求。这是因为教师假如能够做到为人师表,会对学生产生极大的影响。"影响"一词源于《尚书·大禹谟》,原指感应迅速,现指对别人的思想或行动起作用。教师做到为人师表所产生的影响表现为范围广、程度深、方式多等特征。它会对学生的认知、情感、意志、信念与行为等产生极其深远的影响,有的甚至会影响其一生。正如教育家乌申斯基所言:"教师个人的范例,对于青年人的心灵,是任何东西都不可能代替的最有用的阳光。"

从教师发展的视角看,一方面,为人师表是对教师职业道德的内在要求。正人先正己,教师如果想要做到为人师表,在此之前他必须首先发展成为社会的模范、表率、榜样。正如法国教育家卢梭所言:"在敢于担当培养一个人的任务之前,自己就必须造就成一个人,自己就必须是一个值得崇拜的模范。"另一方面,为人师表是教师教育学生的重要手段之一。"其身正,不令而行;其身不正,虽令不从。"这是孔子在《论语·子路》中提出的名言。人格要靠人格去塑造,品行要靠品行去铸就,"智慧要靠智慧来培植,良心要靠良心来熏陶,对祖国的忠诚要靠忠诚地为祖国服务来培养"。教师的为人师表最能以情动人,对学生的影响最大、最深。正如英国教育家洛克所言:"最简明、最容易而又最有效的办法是把他应该做或是应避免的事情的榜样放在他们的眼前。一旦你把他熟知的人的榜样给他们看了,同时说明了为什么漂亮或丑恶,那种吸引或阻止他们去模仿的力量,是比任何能够给予他们的说教都大的。"

一、为人师表的解读

1. 为人师表是教师职业道德的内在要求

为人师表涉及教师与自己的关系、与同事的关系、与集体的关系、与家长的关系、与钱财的关系等究竟应该怎么处理的规定。在与自己的关系处理上,要求教师在纷纭喧嚣的社会中注意修身:独善其身,严于律己,坚守高尚情操,知荣明耻,在衣着上做到得体,在语言上做到规范,在举止上做到文明。在与同事关系的处理上,做到尊重同事,不能通过压低别人,抬高自己;做到团结协作,不能尔虞我诈,离心离德。在与集体关系的处理上,做到关心集体,时刻维护集体的利益。在与家长关系处理上,做到尊重家长,经常保持与家长的联系,合力育人。在与钱财的关系处理上，做到作风正派，廉洁从教，并能自觉抵制有偿家教，不利用职务之便牟取私利。

2. 坚守高尚情操，知荣明耻，严于律己，以身作则

在这一层次中，"坚守高尚情操，知荣明耻"是属于公德的内容，也是争论较大的内容。一方认为，公德是每一位中华人民共和国公民都应遵循的公共道德，没有必须写进教师的职业道德之中。另一方则认为，人民教师应该是也必须是遵守社会主义公德的模范，况且教师工作的对象是未成年人，教师的一言一行、一举一动都会对未成年学生产生重大影响。因此，新规范不能删去相关内容。情操是由感情和思想综合起来的，不轻易改变的心理状态。高尚则是指道德水平高的、有意义的，不是低级趣味的高级心理状态。坚守高尚情操，其实就是要求教师在纷纭复杂的社会大潮中耐得住寂寞，守得住清贫，静下心来教书，潜下心来育人。"甘为春蚕吐丝尽，愿作红烛照人寰。"知荣明耻，就是树立社会主义荣辱观。何谓荣，何谓耻？简而言之，荣即光荣，耻即耻辱。《荀子·荣辱》解释道："先义而后利者荣，先利而后义者辱。"《陆九渊集·与郭邦逸》界定道："由义为荣，背义为辱。"在知荣明耻中，知耻最为重要，这是因为知耻是教师道德自觉的一个基本德性与人格。只有知耻才会有羞耻之心，即基于一定道德准则形成的一种自觉的求荣免辱之心，它是人珍惜、维护自身尊严而产生的情感意识。只有知耻才能趋荣避辱，为善去恶，严于律己，自觉以师德规范自我约束自己。正如石成金所言："耻之一字，乃人生第一要事。如知耻，则洁己励行，思学正人，所为皆光明正大。凡污贱淫恶，不肖下流事，决不肯为。"（《传家宝·人事通》）社会主义荣辱观则是"以热爱祖国为荣，以危害祖国为耻；以服务人民为荣，以背离人民为耻；以崇尚科学为荣，以愚昧无知为耻；以辛勤劳动为荣，以好逸恶劳为耻；以团结互助为荣，以损人利己为耻；以诚实守信为荣，以见利忘义为耻；以遵纪守法为荣，以违法乱纪为耻；以艰苦奋斗为荣，以骄奢淫逸为耻"。在学校中，只有教师认真学习并践行"八荣八耻"，才能促进学生树立正确的社会主义荣辱观，也才能影响与感染学生践行"八荣八耻"。

严于律己，以身作则。这是对为人师表内在关系的辩证表述。其中，

严于律己是以身作则的基础,以身作则是严于律己的升华。具体而言,所谓严于律己,就是严格要求自己,要求学生做到的自己首先做到;要求学生不能做的,自己首先不做。俄国民主主义者车尔尼雪夫斯基曾经指出:"教师把学生造成一种什么人,自己就应当是这种人。"而教师要成为这种人,就必须做到严于律己:一是树立远大的理想;二是做到知行合一,言行一致;三是做到率先垂范;四是做到持之以恒。所谓以身作则,就是用自己的行为做榜样。教育对象的特殊性与教育职业的特殊性决定了教师为什么必须以身作则。以身作则是教师树立威信的基础,是教师完成教书育人任务的途径,是教师培养德才兼备人才的重要前提,是教师优化社会风尚的保证。身教重于言教,须知"孩子们几十双眼睛盯着他,须知天地间再没有什么东西,能比孩子的眼睛更加精细、更加敏捷、对于人生理心理上各种微末变化更富于敏感的了,再没有任何人像孩子的眼睛那样能摸捉一切最细微的事物。这点是应该记住的。"以言导言,以行导行,以正导正,以知导知,以情导情,以意导意,以信导信,教师的表率作用恰似春雨,"随风潜入夜,润物细无声"。教师的身教作用就是榜样,"榜样的力量是无穷的"。教师的示范作用就是教化,"教以言相感,化以情相感。有教而无化,无以格顽;有化而无教,无以格愚"。(《魏源集·默觚下·治篇 13》)

3. 衣着得体,语言规范,举止文明

这一层次由 1997 年规范中第八条中的"衣着整洁得体,语言规范健康,举止文明礼貌"压缩而成。一方面,这一层次属于私德范畴。之所以列入新规范之中,是因为教师职业的特殊性要求教师无论在公德还是在私德上都必须也应该率先垂范,为人师表。衣着得体,语言规范,举止文明,作为私德的内容,应该也必须列入教师职业道德规范之中。另一方面,这一层次属于教师的风度仪表的内容。它是教师内心世界的真实写照,也是内在素养的外化风貌。

衣着得体。教师的衣着是教师职业特点和审美情趣的具体体现。因此,教师的衣着必须与教育这一职业的内蕴和谐一致。具体而言,教师的衣着得体必须做到:一是适合自身的体形、个性、年龄、教学风格等。二是适合教育内容。例如，讲授《十里长街送总理》，需要教师配纯洁、素雅、庄重、肃穆，能催人泪下的衣着。三是适合学生。譬如，幼儿园教师的衣着必须要简洁明快、赏心悦目、富有童趣、活泼可爱。

语言规范。教师的语言是教师最主要的教育教学手段之一。教师必须加强自身的语言素养，不仅要用好普通话，还要做到抑扬顿挫、阴阳上去、简明扼要、快慢有致、高低得当、轻重适度。据科学家测定，教师教学语言的速度一般每分钟为150—200字，响度为50分贝左右为宜。具体而言，教师的语言规范必须做到：一是掌握与用好普通话。二是能够依据教育内容的不同，熟练运用教育语言技巧。三是形成自己独特的语言风格。或字斟句酌，字字千金；或出口成诵，富有文采；或丝丝入扣，符合逻辑；或谈笑风生，直抒胸臆；或激情四射，动之以情；或幽默风趣，巧譬善喻。

举止文明。教师的举止既是教师职业的内在要求，又是教师教书育人的重要手段——身教。英国教育家洛克曾经指出："做导师的人自己应当具有良好的教养，随人、随时、随地都有适当的举止和礼貌。"苏联教育家马卡连柯则认为教师千万不能忽略举止态势这些所谓的"细枝末节"，事实上，这些所谓的"细枝末节"必须予以足够的重视。因此，他要求教师"不随便靠在墙上和伏在桌子上，不躺在沙发上，不随地吐痰，不抛掷烟头，不把烟灰抖在地板上，在室内不戴帽子、不穿大衣。"具体而言，教师的举止文明必须做到：文质彬彬、温文尔雅、举止得体、庄重潇洒、不卑不亢、落落大方。

4. 关心集体，团结协作，尊重同事，尊重家长

关心集体，团结协作，尊重同事，是教师处理与同事关系的行为准则。任何一位中小学教师必须牢记："对学生发生教育影响的，不仅是单个的教师，而且还有整个教师集体。教师集体的教育道德风貌乃是重要的教育因素之一。这些因素通过这个或那个教师直接或间接地对学生们发生作用。"因此，身为一名共和国的人民教师必须做到：一是摒弃单干心理，重视教师集体的作用。事实上，只有在集体中，教师或学生才有可能得到充分的、自由的发展。二是努力建设这样的教师集体——"有共同的见

解，有共同的信念，彼此间相互帮助，彼此间没有猜忌，不追求学生对个人的爱戴"。三是谦虚谨慎，尊重集体中的任何一员及劳动，切勿妄自尊大。四是处处从全局出发，与教师集体融为一体，这就要求教师之间必须亲密团结，协力合作，相互尊重，彼此支持，比学赶帮，扬长补短。正如《俄罗斯师德规范》中所规定：

在对待同事上：

① 要关心自己所属的教师集体。

② 相互之间要团结一致，同集体中的错误倾向作斗争。

③ 不允许对有才能的教师抱嫉妒和恶意的态度。

④ 不允许靠着自己在教育上的贡献而要求给自己特权或者特殊条件。

⑤ 不允许对缺乏经验和能力的教师持不尊敬的、自高自大的态度。

尊重家长是教师处理与家长关系的行为规范。目前，西方重视的家校合作、俄罗斯强调的教师与家长合作、我国重视的三结合教育等，都从不同侧面强调了家长合作的重要性与必要性。教师的一个重要职责就是处理好与家长的关系，建立一个和谐的合作育人机制。这一机制要求教师与教书育人的主旨相一致，以这一机制充分发挥家长的教育作用，补充教师的教育活动，共同担负起教育孩子的重任。这就要求中小学教师务必做到：一是积极寻求与学生家长的联系。二是千方百计尊重家长的感情。三是教育孩子尊重家长，树立家长在孩子心目中的威信。四是积极完善家长教育观念与行为。五是耐心倾听家长的批评意见，不断改进自己的教育工作。

5. 作风正派，廉洁奉公

作风正派是指在思想上、工作上和生活上表现出来的遵守规矩、严肃认真、光明正大等态度和行为。教师职业的特殊性要求教师必须行得正、做得直。否则，假如教师口是心非，即使他拥有天使般的语言，也很难将学生教育好。正如孔子所言："其身正，不令而行；其身不正，虽令不从。""不能正其身，如正人何？"（《论语·子路》）

廉洁奉公，是指廉直不贪，忠诚履行公职。其中，廉，就是不贪污、不苟得、不妄取，不受不义之财；洁，就是纯洁，清白。何谓廉洁？就是清廉纯洁。王逸则在注解《楚辞·招魂》时指出："不受曰廉，不污曰洁。"可见,廉洁就是清廉纯洁,就是不受不义之财,不受污泥浊水之染。奉公,就是奉行公事。廉洁是奉公的基础,奉公是廉洁的升华。作为一名人民教师必须有这样的修养与胸怀:"不义而富且贵,于我如浮云。"(《论语·述而》)"临财毋苟得,临难毋苟免。"(《礼记·曲礼上》)"安能以身之察察,受物之汶汶者乎?"(屈原:《渔夫》)"临大利而不易其义,可谓廉矣。"(《吕氏春秋·忠廉》)这就要求教师必须做到:一是加强自我修养,修身洁行;二是注意洁身自好,达到慎独;三是注意淡泊明志,拒腐防变;四是注意勤俭奉职,克己奉公。

6. 自觉抵制有偿家教,不利用职务之便牟取私利

按理说,教师的家教可以划分为有偿家教与无偿家教。其中,有偿家教又可以划分为合理有偿家教与不合理有偿家教。目前,由于社会竞争愈演愈烈,升学尤其是就业压力越来越大,家长对孩子的期望值日益升高,拜金主义、享乐主义和极端个人主义思潮步步紧逼,教育产业化甚嚣尘上,加之中小学教师工资待遇偏低、家教市场无法可依等,这就使有偿家教应然而生且呈现出勃勃生机。许多教师也不能免俗而卷入了这一大潮之中,有的教师平时工作吊儿郎当、得过且过,等到假期或休息日,利用办各种各样的补习班、培训班、家教班、个别辅导等增加收入。极少数教师甚至课上只讲七分,留下三分课后讲,当然谁来听讲就得交钱。除了办班外,很难判断教师从事的家教哪些是合理的,哪些是不合理的,加之家教市场的确存在。因此,没有明确规定中小学教师"不得从事有偿家教",而是运用了相对缓和的语句——"自觉抵制有偿家教",其意在要求教师充分发挥自身的主观能动性与自律性,做到洁身自好,自省自律。

不利用职务之便牟取私利,就是教师不能利用自己的职业权力,与学生和家长的特殊关系为自己谋各种显性的或隐性的利益。例如,有的教师要求学生家长为自己办私事;有的教师利用个人生日或家庭重大事件,暗示学生为自己送礼物;有的利用职务之便向学生推荐、推销商品,挣点回扣;有的对学生或家长赠送的钱财来者不拒等。基于此,世界各国都非常重视对教师职业道德的规范。例如,《美国全国教育协会道德规范》就明确规定,教育者"不能利用与学生的职业关系谋求个人利益","不能接受

任何可能削弱或影响职业决议或行动的赠物、礼物或恩惠"。教师职业的特殊性决定了当教师的手伸向与职业相关的财物时，他的所有的教育将化为乌有。《廉耻说》曾经指出："廉耻，士君子之大节，罕能自守者，利欲胜之耳。"摒弃利欲之心，追求廉洁奉公，这是每一位中小学教师、每一位教育工作者务必谨记的一条戒律。

典型案例

由"三·二九事件"看"师生平等"

带着"优秀毕业生"的光环，我顺利地被天津市第四十七中学录取，成为一名英语教师。工作伊始，我便被委以重任，担任重点班的教师。以往的种种荣誉和如今领导的信任，使我对自己的从教生涯充满信心。在参加工作的第一年，我便荣获多项殊荣：我所带的班级被评为"区级优秀班集体"；我撰写的教育反思在评比中获得一等奖；在学校组织的评教活动中，我更是以98分的好成绩成为全校最受学生欢迎的老师！鲜花和掌声纷至沓来，一切都似乎水到渠成！人们看到了一名新教师朝气蓬勃、光彩照人的一面。然而，回想这一年中，我曾多少次重重地摔倒，又多少次艰难地爬起，多少次懦弱地放弃，又多少次重新鼓起勇气。这短暂而又漫长的一年啊！唯有我的日记默默记录着点点滴滴。今天，我便想以日记为伴，重温一件令我成长的难忘经历。

这件事情被我命名为"三·二九事件"。虽然这个数字不像"九·一一"那样摄人心魄，但是它对我本人思想的震动却是巨大的。

"三·二九事件"发生在2008年3月29日，也就是高一年级第一次月考那天。那天上午我有两场监考，并且都是独自监考，因此时间上显得有点紧张。我在中途取卷时弄丢了监考时间表，于是我将第二场的交卷时间错误地提前了十分钟。那一场考数学。也许是试题难度较大，所以在我错误地提醒学生们距考试结束还有三十分钟、还有五分钟甚至交卷时，全考场竟无一人提出异议！直到我清点完试卷和答题卡后，才零星返回几名学生，迟疑地问："老师，咱们是不是提前交卷了？"我在那一刻也猛然意识到：糟糕！是啊！但随即我马上想：我是一名老师，千万不能在学生面前慌乱失态，否则我老师的颜面何在啊？此时一名学生委屈中带着几分抱怨地提出拿回试卷，继续答题。我虽然满心愧疚，但是考虑到若是答应他一人，那么对本考场的其他学生是不公平的。我已经犯下一个错误，不能再错上加错。于是我平静地拒绝了他的要求，并且说了些抓紧时间备考下一科之类安慰、鼓励的话。学生们随后听话地散去了。年级主任得知此事后并没有对我大加批评，而是告诫我以后多加注意，不能再这么粗心了。到此，事情似乎应该结束了。当然这也是我最希望的。但是，事实并非如此，我的内心没能容忍我这样做。事实上，我随后的整个中午都在忐忑不安。我的眼前不断出现那名学生满脸的委屈和抱怨……是啊！第三考场都是年级前100名的精英，十分钟对他们而言是多么宝贵！最后的十分钟正应该是他们思维活跃、智慧迸发的十分钟啊！而我却无端地剥夺了他们每人宝贵的十分钟！尽管学生们没有大张旗鼓地抱怨，尽管领导没有严厉批评，尽管我也一心希望这件事就这样神不知鬼不觉地销声匿迹，但是那些学生呢？那些学生们会怎么想？"我们真倒霉！怎么碰上这么个糊涂老师！""官大一级压死人！""世界真是不公平！"……这些学生很有可能会带着这种认识长大、成人，继而扮演他们的社会角色，他们也会像我一样做错了事情就一心想去掩饰、去逃避……天啊！我在做什么？我是一名教师！我是学生们的榜样！我要为他们的将来负责啊！想到这里，我再也平静不下去了：是的，学生们需要一个交代。学生们需要看到一个道理，那就是做错了事情就要勇于承认并且尽量挽回。于是，我早早地等候在考场外，在下午第一场考试结束后向所有的学生真诚地道歉，并且深深地鞠了一躬。从学生们雷鸣般的掌声中，我知道自己已经被谅解了。尽管当时我早已羞愧得满面通红，但我的内心却好像得到救赎一般愉悦无比。我又可以轻轻松松做一名老师了，这种感觉真好！

  在以后的日子里，我还会想起这件事情。有时我会问自己：那天毕竟有学生返回考场对我抱怨了，如果没有学生回来呢？那天我监考的是第三考场，如果我监考的是最后一个考场呢？那天恰巧主任知道了这件事，如果主任不知道呢？我会如何做？我还会不会因为内心备受煎熬所以必须向学生们道歉呢？

我想我会的，而且是必须的！因为这件事情背后反映的实际上是一个师生地位是否平等的问题。记得参加新课改培训时，我多次听到这样一句话：新课改改的不仅是书本内容，更是教学理念。我们被告知新型课堂中的师生关系应该是平等的，老师不再是绝对的权威，但我想，也许直到那一天，也许直到现在，我才真正体会到"师生平等"这四个字的深厚内涵，那就是：作为一名教师，我是否把学生看做一名独立平等的人？我是否尊重学生？我能否站在学生的角度想一想？解决问题时我是否把学生们的将来考虑在内？作为一名教师，我在高喊塑造他人灵魂的同时，能否放下自己那点所谓的面子，首先修缮自己的灵魂？

我庆幸我在处理"三·二九事件"时选择了勇敢地面对，而不是懦弱地逃避。我更庆幸在面对这一系列的拷问时，我能够拍拍自己的胸脯自信满满地回答：我能！

一场地震使十三亿中国人手挽手、心贴心，而此间的种种感人事迹更向世人昭示了人民教师的高尚灵魂。这使我再次对自己的职业充满骄傲，激动万分。也许作为一名新教师，我要走的路还太长太长，我要经受的考验还太多太多，但是我从不曾失去自信。因为我知道：我热爱我的学生，我愿做他们的良师益友；我热爱我的职业，我愿为她更勤奋努力；我更愿做一名品行端正、灵魂美丽的女教师，因为只有灵魂美丽的人才能美化他人的灵魂。

案例评析

记得蔡元培先生曾在《中学修身教科书》中写道："教员者，学生之模范也。故教员宜实行道德。以其身为学生之律度，如卫生宜谨，束身宜严，执事宜敏，断曲直宜公，接人宜和，惩忿而窒欲，去鄙倍而远暴慢，则学生日熏其德，其收效胜于口舌倍蓰矣。"首先，蔡先生论及了教师必须严于律己的问题，并举例说明。其次，论述了以身作则的问题，并进而阐释了身教重于言教。在这篇教育叙事中，一名普通的高中女教师用自己的行动践行了蔡元培所言，不仅回答了究竟什么是师生平等，什么是严于律己，什么是以身作则，而且从行动的视角弄清了严于律己与以身作则的关系。

面对自己在监考中提前十分钟收卷的失误,是积极面对,还是消极对待,刘老师思绪万千,犹豫过,思考过,思想也斗争过。可喜的是,作为一名教师,她更多地想到的是教师工作的特殊性,想到的是自己的责任与使命,想到的是:"作为一名教师,我在高喊塑造他人灵魂的同时,能否放下自己那点所谓的面子,首先修缮自己的灵魂?"最终,她选择了积极面对:"我早早地等候在考场外,在下午第一场考试结束后向所有的学生真诚地道歉,并且深深地鞠了一躬。"这一鞠躬并没有损伤刘老师做教师的尊严与威信,相反,在这次事件之后,刘老师在学生心目中的形象日益高大起来。这种高大是教师严于律己的结果,也是教师以身作则的结晶。

相关链接

礼 物[①]

敲门后,门开了一道缝儿,一个学生怯生生地走进来,脚步缓慢地靠向我,叫了一声:"安老师。"

"有事吗?"我问。

"安老师,这本挂历是我爸爸让我送给您的,他说一定要您收下,这样我的成绩就会好起来。"

我愣了一下:"一本挂历,我收下它,你的成绩就会好起来?"

"对,是我爸爸说的,反正他让我把挂历交给您。"

我望着她略带不解和害怕的样子,不禁笑了起来。家长的心啊,自然是盼望老师能多关照自己的孩子,多给她吃些小灶。但他们哪里知道,想要让她的学习成绩打个翻身仗,怎能凭更多的补课复习就能奏效的呢?

看看那本挂历,又看看那张充满着期望的小脸,我说:"好,那安老师就收下你这本挂历了。"

"那太好了,下次我考试就能及格了。"

"但我有个条件。"

[①] 安莺. 礼物 [J]. 天津教育,2000 (4).

"您说吧,只要您收下它,什么条件都行。"

"安老师答应收下你的挂历,但不是现在,而是等期末考试你的成绩及格以后。"

"那您还是不收呀,我还是及不了格。"说着,她低下了头,眼圈儿顿时红了。

我急忙说:"不是不收,而是安老师不想收你爸爸送的挂历,要收你自己送的'礼物',你明白吗?"

她似懂非懂地点了点头,"安老师,那我要怎样做才能让您收下这本挂历呢?"

"你只要:①上课不走神,不搞小动作;②下课认真完成作业,遇到不明白的地方就来问我;③要凭自己的努力争取考及格,我相信等到期末你一定能考出好成绩。"

"行,我一定让您收下这本挂历。"说完她就转身跑掉了。

后来,这个孩子真的按我所说的要求去做了,学习成绩也比以前大有进步。

期末考试后,这孩子又拿着那本挂历站到了我的面前:"安老师,这回您总该收下这本挂历了吧,因为我考试及格了,这是我自己送给您的'礼物'。"

"你告诉我这本挂历是哪里来的。"

"是我爸爸花钱买的。"

"这能说是你送的礼物吗?"

这下子可把孩子给难住了,她着急地说:"安老师,我怎样才能送给您一份我自己的礼物呢?"

看着她那张带着着急和疑问的小脸,我笑了:"傻孩子,你每回考试都不及格,这回学习成绩却有了那么大的进步,这不就是你送给我的最好的礼物吗?"

"老师,我明白了。下回我一定通过自己的努力送您一份让您更加高兴的礼物。"

看来学生本身都是要强的、向上的,只是对于学习缺乏明确的目标。

只要教师能对学生采取正确的引导，就能激发起每个学生学习的积极性和主动性，就能大面积地提高教学质量。

　　身为一名教师，安老师谨遵《中小学教师职业道德规范》，两次拒绝了学生送来的礼物，并巧妙地设计了学生送给她的"无价的礼物"：经过学生自己努力取得的好成绩。从安老师拒绝学生送来的礼物的背后，我们看到了她的严于律己：委婉而机智地对学生送来的礼物加以拒绝；看到了她的以身作则：不以职务之便牟取私利。记得陶行知先生曾经在《古庙敲钟录》中指出："要人敬的必先自敬，重师首在师之自重。"林崇德老师则强调："有什么样的老师就有什么样的学生，严格要求学生首先要严格要求自己。"著名特级教师斯霞更是发自肺腑地说道："要当好一个人民教师，还必须严格要求自己，处处以身作则，为人师表。教师不仅是在教书，更是在教人，不管你是否意识到这个问题。尤其是小学生，常常把教师当做自己行动的楷模。孩子对父母的话不一定听，教师的话却唯命是从。为什么呢？因为在孩子的心目中，教师是知识的化身，教师是自己学习的榜样。的确，教师开启了孩子走进知识宝库的大门，教师时时刻刻在影响孩子的发展。因此，教师的一言一行、一举一动都要能够作学生的表率。凡是要学生做到的，教师必须先做到；凡是要学生不做的，教师自己也一定不要做。教师的工作作风、学习态度、劳动习惯、待人接物等都会给学生以影响，甚至教师的板书、服饰、发型、言语、举止，学生都爱模仿，所以，教师的工作既是光荣的又是艰巨的。要教好学生，首先要求我们自己具有高度的精神文明，在文化修养、思想境界、道德情操等各方面真正成为青少年儿童的表率。"的确，教师必须努力发展和完善从事教育活动所必需的所有的个人品质。这些品质不仅包括师德，还应包括师识、师才、师学、师健等。唯有如此，他才能完成教书育人的伟大使命。

二、总结与概括

教师为人师表修炼之一：经师与人师

　　俗语云："经师易得，人师难求。"《礼记·学记》点明："记问之学，不足为人师。"《荀子》指出："四海之内者一家，通达之属，莫不服从，夫之谓人师。"徐特立先生曾经对经师与人师有过非常精彩的论述:"一种是'经师'(因为中国过去教经书中的知识的称经师,现在是教科学知识,为了容易记,所以仍袭用这个名称),一种是人师,人师就是教行为,就是怎样做人的问题。经师是教学问的,就是说,除了教学问之外,学生的品质、学生的作风、学生的生活、学生的习惯,他是不管的,人师则是这些东西他都管。我们的教学是要采取人师和经师二者合一的,每个教科学知识的人,他就是一个模范人物,同时也是一个有学问的人。"在此,徐特立先生不仅指出了何谓经师,何谓人师,而且明确提出人民教师必须既做经师,又做人师,既要教学生学问,又要教学生做人。著名的爱的教育家夏丏尊曾经这样描绘李叔同:"李先生教图画、音乐,学生对图画看得比国文、数学等更重。这是人格做背景的缘故。因为他教图画、音乐,而他的诗文比国文先生的更好,他的书法比习字先生的更好,他的英文比英文先生的更好……这好比一尊佛像,有后光,故能令人敬仰。"基于此,人民教师既要进行加强经师素养的修炼,做一个有学问的人,又要加强人师素养的修炼,做一个模范,同时还能教学生怎样做人。

教师为人师表修炼之二:神性与人性

人们常说:爱自己的孩子是人,爱别人的孩子是神。我们理解,将教师比喻为神,强调的是教师的神性:其一,强调了教师职业道德的崇高性。因为在世人眼里,教师应该去追求也必须去追求成为一名德才兼备、身心完善、学为仪表、行为世范的人。也就是说,教师职业道德被赋予了极高的道德责任,正如《美国教育协会道德规范》中说:"教育工作者有无限接近最高道德标准的责任。"其二,强调了教师职业道德的理想性。这表现为:一是拔高教师职业道德的标准;二是希望用理想教师的职业道德去规范所有教师;三是把理想的教师职业道德理解为天职,即"由神所交付的使命";四是对教师职业道德理想的理解存在误区。根据李敏等的调查,"分别有 80.8% 和 74.4% 的教师最为反感树立'牺牲自己的家人、家庭,一心扑在事业上'和'不顾个人身体情况,带病坚持工作'的师德形象,这种态度在发达地区更为明显;又有 38.8% 的教师反感树立'长期拿出个人的钱物补贴困难学生'的师德形象,这在欠发达地区表现最为明显。"这种理想的、崇高的师德固然应该追求，但是不宜过度提倡，否则只会落了个对教师职业道德的高期望与实际做不到、达不成的尴尬境地。

其实，教师也是人，首先是具有人性的人，其次才是教师。教师是人，就具有人性，就有"人无完人"的地方，就有犯错误并改正的权利……长期以来，我们过多地强调了教师的神性，而忽略了教师的人性。其实，绝大多数教师身上神性的东西较少而人性的东西较多。也就是说，许多教师把自己从事的教育工作是视为职业去做的。而职业一般意味着"人们基于社会分工的持续性活动，同时，一般而言，也是作为个人经济收入来源的持久性基础"。因此，在强调教师职业道德神性的同时，必须从教师职业道德人性的视角加以底线的规定。尤其应该注意的是，这种底线规定在市场经济的冲击下正呈现出不断下移的态势。因此，如何将教师职业道德的神性与人性有机结合起来，做到既尊重教师职业道德的神性，并努力追求，又注意教师职业道德的人性，并从容应对，这是当代教师职业道德修炼的一种必然要求。

教师为人师表修炼之三：表与里

在为人师表修炼中，首先，教师必须重视其表。表，是指外表、仪表，主要包括教师的衣着打扮、语言谈吐、举止态势等。据鲁迅先生在《藤野先生》中回忆，藤野先生"穿衣太马虎了，有时竟会忘记带领结；冬天是一件旧外套，寒颤颤的，有一回上火车去，致使管车的疑心他是扒手，叫车里的客人大家小心些"。这里鲁迅先生描写自己的教师时虽然没有贬义，但是却反证了教师仪表的重要性。再如，著名教育家严范孙先生曾经为南开学校亲自手书了40字的镜箴，又在《容止格言》中说："面必净，发必理，衣必整，纽必结；头容正，肩容平，胸容宽，背容直；气象：勿傲、勿暴、勿怠；颜色：宜和、宜静、宜庄。"其实，这既是对南开学生也是对南开教师的要求，迄今仍对中小学教师"表"的修炼具有参考价值。

当然，我们在此强调教师仪表修炼重要性的同时，更要注意教师在"里"上的修炼。所谓"里"，是指内心、内在的素养。现在有的教师只重"表"的修炼，而忽视了更重要的"里"的修炼。"金玉其外，败絮其中。"

这样的"表"只能是华而不实,既无法育己,也无法育人。因此,教师必须重视"里"的修炼。苏联著名教育家加里宁曾指出:"国家和人民把儿童信托给教师们,要他们来教育对这些年龄来说最容易受影响的人,信托教师们来培养,教育和造就这代年轻人。也就是说,把自己的希望和自己的未来都完全信托给他们。这是把伟大责任加在教师们身上的一种重托。显然,教师们一方面应是学识很高的人,另一方面应当是无上诚实的人。因为诚实的性格,甚至可以说,高尚廉洁的性格,不仅使孩子们敬仰,并且熏染孩子们,这种性格能够在孩子们的毕生生活中烙上极深刻的印象。"为此,教师一方面必须重视敦品立德,提高道德修养,另一方面必须重视精进不休,提高智能素养。

教师处理表与里的关系的最高层次是:表里如一,文质彬彬。表里如一强调的是教师的思想与言行一致,文质彬彬强调的是文采与实质的配合很好,形容举止文雅、态度温和。

教师为人师表修炼之四:公与私

何谓公,何谓私,《韩非子》从造字法的角度加以解释:"自环者谓之私,背私者谓之公。"可见,从先人造字时起,我们就认为公与私是完全对立的关系。现在看来,这一认识存在问题。事实上,公中有私,私中有公。为公与为私并不都是完全对立的。正如马克思在《青年在选择职业时的考虑》中所言:"在选择职业时,我们应该遵循的主要指针是人类的幸福和我们的完美,不应认为这两种利益是敌对的、互相冲突的,一种利益必须消灭另一种的。人类的天性本来是这样的:人们只有为同时代人的完美 为他们的幸福而工作,才能使自己也达到完美。"

基于此,在教师职业道德的要求上,在很长一段时期内,我们宣传的是理想的大公无私的典型,同时要求全体教师做到无私奉献、公而忘私。从公与私的关系上看,在为人师表的修炼中存在如下层次:最低层次的是自私自利。这一层次的教师一切从个人利益出发,只要于己有利则为,于己不利则不为,他们坚信"人不为己,天诛地灭"。第二层次是私大于公。在公与私面前,这一层次的教师先顾及私,再考虑公,先私后公,为公的前提是不损害或有利于个人利益。第三层次是公大于私。这一层次的教师相对高尚一些，在公与私矛盾的时候，他们能够做到先公后私，先他人后自己。第四个层次是大公无私。这一层次是以前师德建设中最为倡导的一种师德，这一层次的教师可以称之为伟大。在公与私面前，他们唯一考虑的是公，毫不利己，专门利人，是他们的品行；公而忘私，无私奉献，是他们的行为。

教师为人师表修炼之五：个人与集体

恩格斯曾经指出："只有在集体中，个人才能获得全面发展其才能的手段，也就是说，只有在集体中才能有个人的自由。"从教师与教师集体关系的角度看，尽管有的教师个体对某一学生的影响可能大些或小些，但是任何一名学生的发展都是由许多教师个体直接与间接影响的结果。因此，任何一名教师都必须具有合理的竞争与合作精神。只有有竞争，才会有个人的不懈努力。只有有合作，才能有真正的个人自由，也才能做到合力育人。因此，苏联著名师德专家 B. H. 契尔那葛卓娃等曾在论述了教师集体的特点、教师集体的矛盾的基础上，专门论及了下列内容：关心人作为进行教育活动的决定性主体的教师集体；关心教师集体中每个成员发展个人教学能力的条件；对教师集体中的教育工作能手的态度；教师对教授别的课程的同事的态度；教师对持不同教育观点人的态度；对年轻和缺乏经验的教师的态度；和假集体主义作不调和的斗争。从分层的视角分析，教师与同事、集体的关系可以划分由低到高的四个层次：恶性竞争层次、恶性合作层次、良性竞争层次、良性合作层次。

从教师与家长的关系看，可以划分为下列层次：首先，单干矛盾层次。这一层次教师与家长不仅各教各的，还表现为教师与家长的教育观点与行为不一，根本形不成教育合力。其次，合作矛盾层次。这一层次教师与家长虽然能够重视合作，但是其实际表现却为教师与家长的教育观点与行为不一，也形不成教育合力。再次，单干和谐层次。这一层次教师与家长尽管各教各的，但基本上不矛盾，且能够形成教育合力。最后，合作和谐层次。这一层次是教师与家长关系处理上的最高层次。这一层次教师与家长不仅能够重视合作，而且其实际表现也与教师与家长的教育观点与行为一致，能够产生极佳的教育合力。正如《俄罗斯师德规范》所规定的那样:"在对待学生家长上:1. 要意识到自己对学生家长所担负的对其子女进行教育和教学的道德责任。2. 积极地、经常地与学生家长保持联系。3. 帮助提高家长在孩子心目中的威信,善于发现家长最可贵的品质并让孩子看到这些品质。4. 委婉地、有根据地向家长提出必要的要求。5. 努力使家长的教育观点完善起来。6. 耐心地听取家长对教师的批评意见。"

第三节 奉献精神

一、奉献是天职

教师的奉献精神,就是教师在教育教学工作中要有明确的目的,教师不仅要把教育教学工作当做一种职业,而且要把教育教学工作作为人生意义中的一种很好的事业。教师要能够处理好教师劳动价值与劳动报酬的关系,处理好教师劳动与教师地位和教师荣誉之间的关系。在现实社会中,如果你选择了教师,那么你同时就选择了奉献。教师职业本身就确定了教师执业者必须具有奉献精神。

教育是事业,事业的意义在于奉献。从事教育,就是奉献,这早已成为人们的共识。但是,作为一种信念、一种精神,新时期教师的奉献还有更深的内涵。它来自思想的深处,是骨子里的一种气质、风度、风格、风范或雅量,是一种长期存在、固定不变的,只有付出而不求任何回报的,也不计较个人任何得失的一种精神和信念。

一谈起"教师要有奉献精神",可能有的教师会不满意,甚至会发牢骚:为什么单单是教师?为什么教师就应该奉献?有这些牢骚是正常的,因为有人会说,不能把教育只看做一个职业,要把它看做一项事业,当教师本身就意味着不能强调索取,要讲究奉献。这话实在好笑。教师也是人,也需要人文,需要民主,也需要享受。教师也只是众多普普通通人中的一部分而已,一味地强调"奉献"似乎是已经过时了,"吃的是草,挤出来的是牛奶"这样的世界观、人生观和价值观也许是人们对崇高精神境界的一种奢望了,但是还是要说——教师是需要有奉献精神的!

首先是由教师职业的重要性决定的。教师所从事的职业"是天底下最光辉的职业",从小处说,它为我们的生存提供了有效的保证。从大处说,我们所做的工作又不单单是为了自己生存,还关系到祖国的未来、社会的发展、人类的进步!虽然每一节课教师也许只是为学生讲解了一个知识点、演算了一道习题、解决了一个教学难点,但是也就在这一个个知识点的链接中,培养和造就了祖国建设的栋梁之才,就在这一节节微不足道的课堂教学中,继承和发展了祖国悠久的灿烂文明!这种和祖国利益息息相关的职业,难道就不应该去认真地恭恭谨谨地做好它吗?

其次是由教师所面对的教育对象所决定的。大家都知道,教师的教育对象是活生生的人,"十年树木,百年树人",培养人的工程是最为艰巨的。因为教师所面对的是一个个鲜活的生命,而教学就是与生命的沟通,与生命的沟通就需要时时刻刻的恭谨!也许教师的一句伤害学生自尊心的话,会摧毁他对未来的信心和对美好事物的憧憬;也许教师的一个错误的知识传授,会使学生形成一个错误的思维定式,不再去追求创造与发明;也许教师的一个毫不负责的主观臆断,会泯灭了学生的灵性,使他在浑浑噩噩中苍老终生;也许教师的一个缺乏关爱与期待的眼神,会使学生感受不到人与人之间的温暖,从而使他对整个社会充满敌意和寒冷!如果我们真的因为自己的失误而影响了学生的成长与发展,我们的内心会安生吗?难道教师就不该去认认真真、恭恭谨谨地去做好自己的一切工作吗?

教师的职业与祖国的宏伟事业紧密相连,和提高民族素质紧密相连,和家家户户紧密相连,和孩子的现在与将来紧密相连,因此编者对当教师情有独钟,深感当一名教师神圣而自豪。教师心中要有一团火,在任何情况下都要朝气蓬勃,对学生有感染力、辐射力。只有燃烧自己,才能在学生心中点燃理想之火,塑造美好的心灵。这种激情来自对社会主义忠贞不贰的信念,来自对为国为民的无数先烈、无数英雄人物的由衷爱戴与崇敬。有了这种信念和激情,受挫折更刚强,有使不完的劲。在教学生涯中,做一名符合党和人民要求的合格教师。

二、师魂在于奉献

做教师就要能奉献,奉献是不计报酬的给予,是"有一分热发一分光",是青春、是汗水、是智慧、是一种无私的爱,甚至是无价的生命。因为有人奉献社会,社会的物质财富和精神财富才会不断增加,人类才会不断进步。奉献者收获的是一种快乐、一种幸福、一种崇高的情感,是他人眼中真诚的敬佩,是自己心中生命的延伸。

教师,是塑造人类灵魂的神圣职业,更需要无私奉献;师魂,只有在教师默默的奉献中才能发扬光大。有人把教师比做老黄牛,拉着犁,在土地上辛勤耕耘。当人们津津有味地吃着谷米,黄牛却把谷秆苦苦咀嚼,真是"但愿众生皆得饱,不辞羸病卧残阳"。有人把教师比做蜜蜂,飞行千万里,采撷万千花,给人们留下了香甜的蜜,自己却因劳累而安息,真是"采得百花酿成蜜,一生辛苦为人间"。有人把教师比做春蚕,吐出绵绵蚕丝织成锦缎,为人们遮风御寒;有人把教师比做蜡炬,发光发热,为人们驱除黑暗,真是"春蚕到死丝方尽,蜡烛成灰泪始干"。这些美称无不饱含着教师职业的奉献精神。

江西王勇老师带病上课,昏倒在讲台上;上海张风祥老师毅然赞助三名孤儿上学;海南郭力华老师,病了仍不下讲台……正是无数的普普通通的人民教师,用无私的肩膀,顽强地撑起教育事业那片蔚蓝的天空。

在教育的平凡岗位上,教师洒下了一颗颗汗珠,为孩子们竖起了一个个路标;在探求的漫长征途中,教师留下了一个个脚印,为青少年修筑了一条条通向理想的金桥。常言说得好,"没有爱,就没有教育",没有爱,更谈不上奉献。

可人们用"勤勤恳恳"、"兢兢业业"、"呕心沥血"等词称赞教师辛勤劳动的同时,却用"两袖清风"来形容教师艰辛的生活。难道只有甘心清贫,才能体现教师奉献的真正意义?如果教师生活条件好,没有了后顾之忧,岂不是更能奉献呢?可喜的是,"尊师重教"的风气正日益浓郁,教师的待遇正如芝麻开花——节节高。教师没有任何理由再去抱怨,只有埋头苦干,教好学生,才能无愧于师魂。

是啊,人生的价值在于奉献。人的一生只有对社会有所奉献,一生奋斗不息,才能感受到自我价值的存在。抛开一切杂念吧,师魂在于奉献!

三、把奉献落实在行动上

（一）奉献从学生的需要出发

老师想要奉献给学生的东西太多了。作为一个老师，希望能带给他们丰富的知识，希望教会他们做人的道理，希望……

一对老夫妻年逾五十，经济条件不错，理当是安享退休生活的时候，却一同到律师那儿要办离婚。

离婚后，律师提议三个人去吃一顿饭。吃饭时，服务生送来一道烤鸡，老先生马上挟起一块鸡腿给老太太说："吃吧！你最喜欢吃的鸡腿。"

律师眼睛一亮，心想事情也许有了转机哦！

未料老太太红着双眼说："我很爱你，但你这个人就爱自以为是，什么事都自己说了就算，从来不管别人的感受，难道你不知道，我这辈子最讨厌吃的就是鸡腿吗？"

这时老先生也有点哽咽地说："你……总是不了解我爱你的心，时时刻刻我都在想，要如何讨你的欢心，总是把最好的留给你，你知道吗？这辈子我最喜欢吃的就是……鸡腿。"

老先生每次都把自己认为最好吃的东西留给老太太吃，得到的却是老太太的埋怨。我们日常的教育教学工作又何尝不是如此呢？教师想把自己认为最有用的知识传授给学生，换来的却是学生的厌学情绪；花额外的时间给学生"开小灶"，希望他们多掌握点知识，得到的却是学生的不理解。许多老师觉得很委屈，为什么明明是有用的东西学生就是不愿意学？为什么当我们想把自己的一生都奉献给学生的时候他们却不接受？为什么老师的"爱"换来的却是学生的"恨"？这值得深思。

这不是"奉献"本身有错，而是在我们"奉献"的时候，是否只是一味地去想"我们要奉献什么"，却忽略了"奉献"的对象——学生。学生想要什么？学生需要我们奉献什么？在我们"奉献"的同时有没有想到这一点呢？如果没有的话，那我想，再多的"奉献"也只能是盲目的奉献，即使你的出发点是好的，是为学生着想，但最终只会"吃力不讨好"。

所以，教师的"奉献"应该是从学生的需求出发，先站在学生的角度来想一想，再来思考怎么"奉献"。

（二）给奉献加个科学的前提

有很多形容教师奉献的话语，比如"呕心沥血"、"加班加点"、"抛家舍子"、"无怨无悔"。时代在进步，在新课程理念下的奉献是否也应该是有前提的？

首先学生有支配业余学习时间的权利。学生有休息权，不能把奉献等同于无限制地占用学生的时间。

其次是和睦的家庭关系。优秀的教师应该能调整好工作和家庭的矛盾。人是处在社会中的矛盾体，除了职业角色，还应该有许许多多的社会角色。你可能在教育事业上获得很大的成功，但从一个大的社会角度上讲，如果放弃了做母亲、做妻子、做儿女的责任，可能造成家庭的不和，可能造成亲人健康上的问题。如有一部电影，讲的是一个优秀的法官，忙于工作操劳一生，最后十几岁的儿子成为少年犯。这是对社会的奉献吗？

第三是自身健康。"身体是革命的本钱"，会休息的人才是会工作的。讲究工作效率，不是非得加班加点，以牺牲自身时间和健康为前提的奉献是不明智的。以前说"教师是蜡烛"，"蜡炬成灰泪始干"；"教师是春蚕"，"春蚕到死丝方尽"。在新时代新课程的背景下，教师还应是传统意义上的蜡烛和春蚕吗？为什么优秀教师的形象就一定是呕心沥血，未老先衰呢？为什么教师讲奉献就非得把自己乃至家庭熬干了呢？教师的奉献过程也应该是自我提升、自我发展的过程。不是"春蚕到死丝方尽"，而是"化成飞蛾又重生"。优秀的教师应该是健康的，有活力的，这样才能从形象、气质上感染学生，感召学生，学生才可能精神抖擞地学习。那种未老先衰，浑身职业病，为了不落课宁可倒在讲台前也不到医院瞧病的老师是感人的，但不是明智的。并且，这里所讲的"健康"包括身体健康和心理健康。据网上调查，中国有百分之六十多的教师有程度不同的心理健康障碍，教师是人类灵魂的工程师啊，教师如果都不能使自己心灵健康发展，怎么去塑造学生的灵魂？

所以，我们今天在这里讨论拿什么奉献给学生的时候，应该给"奉献"加上科学的前提。

（三）奉献的目的就是培养更多的合格人才

奉献的目的不是培养只会考试的机器。学生学习兴趣的丧失，学习能力的不足，情感的匮乏，创新能力的缺失，将会严重影响学生未来的发展，甚至造成学生心灵的扭曲、心理的变态。清华大学学生硫酸泼熊事件，马加爵杀人事件，都给我们敲响了警钟。让学生只会考试，不会做人，不是真正的奉献。

奉献的目的不是按自己的主观意愿剥夺学生的时间和空间，扼制学生的个性发展。有这样一位老师，连续几年都被学校评为"师德标兵"、"爱岗敬业标兵"，可就是这样一位老师，学生给他的教学评估打了全年级最低分。学生为何会这样对待他？这位老师几年来几乎放弃了所有的休息时间义务为学生补课，可以说是一心扑在教育事业上。可学生认为老师剥夺了他们的自由，而且占用了学习其他学科的大量时间，学生情绪有抵触，但又无可奈何，因为他们也知道，"老师也是为我们好"。显然，这位老师的"奉献精神"既失去了社会价值，又失去了个体价值。

奉献的目的是培养合格的现代人，培养具有健全人格的人。这种奉献才具有社会意义和价值。素质教育下教师的奉献精神应以教育规律为基础，应与学生主体的全面发展相联系，应以学生为本，一切违背教育规律的敬业精神，是没有社会价值的。

奉献的目的也是为了更好地发展自我，实现自己的人生价值。奉献就好比是提灯夜行的人，照亮别人的同时也照亮自己。要对学生进行启发式教育，培养学生的创造力，教师必须具有创新精神和创新意识；要教会学生如何学习，教师自身必须具备不断学习提高的能力；培养学生热爱真理，教师自身必须具有执著地追求真理、诚挚地热爱真理、勇敢地捍卫真理、不懈地传播真理的精神。点亮自己，才能照亮别人；要照亮别人，只有先点亮自己。这种奉献才具有个体价值。

奉献，既是一种真诚自愿的付出，也是一种愉悦人心的获得；既是一种纯洁高尚的精神，更是一种自我升华的境界。奉献微笑，收获微笑；奉献爱心，收获爱心；奉献真诚，收获真诚；奉献智慧，收获智慧。

四、爱是教师最美的奉献

什么样的奉献最美？那就是把爱全身心奉献给学生最美！

教育家赞科夫说过："当教师必不可少的，甚至几乎是最主要的品质就是热爱儿童。"教育是培养人的事业，教师是培养人的专门劳动者。因此，热爱学生是教师职业道德的表现。

自古以来，"师道尊严"就是传统教育的重要组成部分。师者，因其"传道、授业、解惑"而地位至尊，与天、地、君、亲并列，受人尊敬。"程门立雪"的故事流传千古，"一日为师，终身为父"的俗语妇孺皆知。中国的传统文化给教师的社会定位，在每个人心中根深蒂固。"红烛颂"、"甘为人梯"的美誉，使很多教师把自己应做的事情看做一种奉献。这些观念沿袭到了今天的课堂教学中。课堂上学生正襟危坐，师生间形成一道不可逾越的鸿沟。而现在新的课程改革是一场从教育思想到课程结构、课程内容、教学方式、学习方式、教学方法等方面在内的全面深刻的教育教学改革，它要求的是师生间的平等对话。

记得美国哈佛大学有一位校长曾说过："把一个学生教育成功，只有一个办法，那就是要引起孩子的兴趣。"作为教师，利用自己的有利条件，精心设计，积极扶持，就能把学生引导到爱科学、学科学、用科学的轨道上来。

在教学中教师感情投入的多少，直接影响着学生的感情投入，学生的思路是否打开，情感能否释放，全在于教师的引导，所以为学生营造一个宽松、愉悦、民主的环境就显得尤为重要。爱因斯坦说过：提出一个问题往往比解决一个问题更为重要。教学过程中，放下师道尊严的架子，把自己置于和学生平等的地位，认真倾听他们的意见，让学生们畅所欲言，鼓励他们发表独特见解，使他们敢想、敢问、敢做，乐于探究。

上学期学习《太阳系》一课时，我发现有几个同学总是偷偷地在下面看书，对我的讲授并不在意，当我生气地走到他们中间时，发现他们看的都是《我们爱科学》、《少年百科全书》之类的书籍。经了解这几个同学是班上的小天文迷，平常他们经常在一起交流，至于课堂上的那些基本知识,早填不满他们的胃口了。我没有简单粗暴地收缴他们的书,也没有愤怒地训斥,而是让他们把学生们感兴趣的知识讲给大家。当他们得意地坐下后,我先表扬了他们知识的丰富,进而适时引导他们课前预习,并告诉他们发现什么问题或对什么感兴趣时记下来,下节课拿到课上我们一起讨论。这样不仅没挫伤孩子学习的积极性,还激发了更多的同学主动学习、主动探究的兴趣。

教育就是播种爱,这就是对师德最好的诠释。《科学课》是一科涉及生物、物理、化学、地理等知识的综合学科,为了上好一节课,我甚至要用三到四节课的时间去备课、准备实验。现在的学生们认知水平差异很大,为了满足学生们更多的探知欲,这学期我开办了"关山老师的科学课资源空间"的博客。同学们不仅可以在那里学到更多的知识,还为我们提供了交流的平台。

热爱学生是教师职业道德的核心,是教师必须具备的品质。教育的过程是师生感情互相影响、互相交流的过程。教师只有对学生抱有深深的爱,才能引起学生对教师的崇敬、信任和亲近,才能建立起教育学生的感情基础。

只要心中充满对教育的爱,对学生的爱,那么,我们就一定能成为一名师德崇高的教师。

五、把本职工作做好

奉献应该是一种自愿自觉的情绪和行为的表现,不属于教师本职工作范畴内的东西,但可以蕴藏在教师本职工作里,是超越本职工作的一种行为和思想的表现。

其实,只要把教师的本职工作做好了,可以说也是为社会做了一件好事,并给奉献工作打下了扎实的基础。然而,却往往有很多人连本职工作都难以做好,难以做完善,难以不出现任何漏洞和差错,甚至还因本职工作没有做好而影响其他的工作难以顺利进行和开展。做好本职工作也是一种奉献,不过这奉献是应该的、必须的,不可以出现漏洞或差错。

本职工作是基础,是后盾,是奉献精神的一切力量的源泉。如果一人连本职工作都做不好,何来奉献精神?又从何谈奉献精神?应该说敬业是奉献的基础,乐业是奉献的前提,勤业是奉献的根本。在奉献前必须做好本职工作,把本职工作做完善,而不是敷衍了事、得过且过、做一天和尚撞一天钟地混日子。

奉献精神是对充分做好并完成好本职工作的人讲的,因为奉献精神是中华民族的优良传统,是中华民族兴旺发达的动力和源泉。只有把本职工作做得非常好的人,才应该有这个资格讲奉献,或者是被称为具有奉献精神的人。一个人坚守在同一个岗位上,多年如一日地兢兢业业任劳任怨地工作,这应该算是具有了奉献精神;如果在一个岗位上干不好干不了,奉献精神就无从谈起;如果在一定的岗位上只做了一些自己应该做和应该完成的本职工作,这也许只给奉献精神打好一个基础。

教师是"人类灵魂的工程师",怎么为培养学生做好我们的工作?不是简单地说一说就能够解决问题的,需要我们摆正自己的位置,真正看到教师的职业特点,准确定位,投入精力,把本职工作做好,做细,做完,切实做出成效。

六、做个奉献者

对教师的职业,人们有着数不清的赞誉:"教师是蜡烛,照亮别人,燃烧自己","教师是铺路石,粉碎自己,平坦人生","教师是春蚕","教师是孺子牛"等等。

教师有一个充满关爱、热情大度的胸怀。他们把奉献作为自己的快乐,把给予作为自己最大的幸福。教师像太阳一样为学生播洒光和热,使学生变得强健有力、自强自立,努力完成自身生命的追求。

在甘肃山区有位叫张老师的小学教师,被人称为教坛的保尔。他就是值得我们尊敬的甘为奉献者之一,他的事迹使无数的读者闻之落泪。

他任教的小学是当地条件最为艰苦的地区。就在张老师任教不到一年的时候,接二连三的不幸降临到他身上。先是一次普通的静脉注射,意外地使他下身偏瘫;接着,他的左腿在进行化疗时,不慎造成大面积烧伤;此后,他的左脚又遭到感染做了植皮手术。1998年秋季,他又被医生告知患有溃疡性结肠炎，而且可能会发生癌变。

病痛折磨着他的肉体，但并没有削减他对教育事业的热爱。路不能走了，他让妻子牵着毛驴接送；讲台上站不住了，他就趴在讲桌上讲课；学生们多次哭着把老师抬进教室。

冰雪天里，妻子抄起铁锹在前面为他铲脚窝，张老师紧跟身后，一跌一撞地向学校走去。一段正常人只需走一个多小时的山路，夫妻俩却搀扶着足足要走5个多小时。

他对学生关爱备至，即使在债台高筑、生活异常艰难的情况下，仍然经常用自己微薄的收入为贫困生垫交学杂费，买学习用品。他身残志坚、扎根山区、献身教育的事迹被广为传颂，被人们誉为"教坛保尔"。

就是这样的环境条件下，张老师在教师的岗位上一干就是30多年。他说："当一名教师，是我生命价值的体现。我最深的体会就是要热爱学生，热爱可以改变一切。我最大的希望就是，让山区的孩子都能走出大山，用知识来回报山区，回报社会。"

一位普通的教师说：我们不需要太多的荣誉和赞美，因为我们已经习惯了默默无闻地奉献；不要给我们太多的物质和金钱，因为我们怕世俗的物欲污染了我们纯洁的心灵；不要给我们太多的称号，因为我们只喜欢两个字"老师"……

正是这些普通的话语从另一个侧面折射出了教师奉献精神的伟大。

人之为人在于我们拥有区别于其他动物的精神和灵魂。教师被称为"人类灵魂的工程师"，因为是他们把无知的人们带进了具有高尚精神的社会大家庭，是他们促进了人类社会由愚昧走向文明的步伐。

第四节　表率精神

一、榜样的力量是无穷的

教师是履行教育教学职责的专业人员，承担教书育人，培养社会主义事业建设者和接班人，提高民族素质的使命。说得具体些，就是教书育人。

教师的职业特点，决定了教师的劳动必然带有强烈的示范性。这是因为教师不仅是在教育教学活动中与学生朝夕相处、耳濡目染的人，还在于学生善于模仿、具有强烈的"向师性"的心理。特别是在小学阶段，小学生对事物缺乏深刻的理解，又无一定的分析能力。他们善于模仿而不辨是非，感情充沛而易于激动；他们的心灵犹如一张白纸，"染于苍则苍，染于黄则黄"，可塑性很强。这个时期，教师会成为学生模仿的中心人物。在天真的孩子眼里，教师具有某种权威性，甚至以为"老师说的"都是对的，教师的威信远胜于父母。许多教师发现，自己的一举一动，学生都在模仿，又因为是向教师学来的，往往就理直气壮地做下去。教师成为学生最可信赖的模仿对象。

所以，"师者，人之模范"。教师劳动与其他劳动的一个最大的不同点，就在于教师主要用自己的思想、常识和言行，通过示范的方式去直接影响劳动对象。教师本人是学校里最重要的师表，是最直观的、最有教益的模范，是学生最活生生的榜样。任何一名教师，不管他是否意识到这一点，不管他是自觉还是不自觉，他都对学生起着示范作用，并产生潜移默化的深远影响。

所谓"近墨者黑，近朱者赤"，每天都受周边人的影响，那么，是什么影响我们或我们影响他人呢？不是别的，是我们的行为和对生活的态度。我们的行为和态度对一个人的影响是无声无息的，但却是刻骨铭心的。所以，榜样的力量是无穷的。

地处偏远、生源狭窄的湖南省衡阳县某中，近5年学生总数扩大19倍，教学质量综合考评稳居衡阳市普通中学第一。连续5年被评为衡阳市"高中教学质量先进单位"，是全省普通中学唯一派学生参加全国奥赛并获奖的中学。这得益于该校靠榜样引路，带出了一支好的教师队伍。

在该校，校领导每天6时起床与学生一起上早操，没有一个人有自己的办公室，没有一个人装办公电话。他们的教学任务比普通老师重，课时补贴却只拿老师的一半，出差补助也自定比政策规定低一半。校长80岁的岳母把垃圾倒错了地方，他在教职工大会上作检讨，并当众交罚款。没有一个校领导为亲朋减免学费。最好的房子给骨干教师住，荣誉、职称优先评给一线老师，报酬最多的是贡献最大的普通老师。

衡阳县某中靠榜样焕发起教师的激情，同时为学生树立起了学习的楷模，进而影响到学生良好行为习惯的形成以及良好学风的形成。我们再来看另外一个事例：

在刚刚结束不久的2007年高考中，湖北省鄂州高中高三（20）班的许磊同学，以690分的高分夺得本市理科高考状元。高考分数出来后，清华大学主动与许磊的家人联系，并发放了预录通知单，许磊可以自主地选择清华的专业，大家都建议他学计算机，可是许磊做出常人想不到的决定，他要学物理。清华的老师对他说："学物理是做科研的，非常难，非常苦，你想好了吗？"许磊说："苦和难我都不怕，因为这是我的志向。"许磊告诉记者："是老师影响了我的一生，决定了我的志向。"

原来，在中学读初中时，许磊遇到教物理的倪老师，他对待学生非常严格，讲课风趣、深刻，大家都喜欢上他的课。有一天，倪老师说："学习要靠悟性。"这句话对许磊的学习帮助很大，从那以后他开始自主学习，钻研课本，学习稳步提高。进入高中后，正好教师也是物理老师，许磊对物理情有独钟，这次高考成绩出来后，他毫不犹豫地选择了清华大学物理系。

从上述的事例中我们不难发现，教师在平时的教育教学过程中的言行举止、性格喜好、为人处世、理想志向等对学生的影响真是很大。正如加里宁所指出的那样："要知道，教育者影响受教育者的不仅是所教的某些知识，而且，有他的行为、生活方式以及对日常现象的态度。"教师的言传身教对学生的影响和教育效果，是巨大而持久的。车尔尼雪夫斯基也曾言，"教师把学生造成一种什么人，自己就该是这种人"。

这是应宝实验初中德育处副主任沈老师的一堂班会课。课开始，师生相互问好之后，沈老师一脸诚恳地说："前几天，我对祁萧同学的态度太严厉了，当着大家这么多人，说那么严厉的话，连我自己都觉得过分，在这里我向祁萧同学，向同学们道歉，以后一定会注意教育方法的。"沈老师的话音刚落，教室里立即响起来了持久的掌声。大家正等老师的下文时，祁萧同学已经迈着步子，红着脸走上讲台，用他一贯稚气未脱的小大人的口气说道："我不该违反校规，更不应该用那种不友好的语气跟教师说话，我……我……造成了很坏的影响，我向老师道歉，向大家道歉。"

他刚停下来，掌声就爆发出来了。王运同学随即走上讲台，一脸歉意地说："上周英语课，我没有认真听讲，打瞌睡，不仅不尊重老师，而且没学好知识，我向英语老师和全班同学道歉，我保证以后不再出现这种状况。"接着吴秋同学大步走上讲台说："运动会期间，我做学生裁判员，我知道第二天要举行闭幕式，并且接到老师的电话通知，但是没有到学校，没有参加闭幕式，影响了班级的形象，我向大家说一声'对不起'。"……这堂课，共有二十多名同学走上讲台向大家道歉，在道歉的过程中，班上掌声不断响起。

上述的事例很小很平淡，但是却很有代表性。今天大人犯错误错怪孩子，却很少向孩子说声"对不起"，教师错怪学生能向学生认错的也很少见。学会道歉、敢于道歉是人们内在素质的具体表现，也是社会公德的起码要求，道歉可以消除人与人之间的隔阂，道歉是人际关系不可缺少的润滑剂。让学生明白怎样处理与他人之间的矛盾，也是人生的一门学问。案例中的沈老师以身作则，亲身躬行，敢于承担错误，把道歉作为班会课的固定板块，营造班级道歉文化，并且自己带头"示范道歉"，起到了榜样的作用。

教师的示范是学生最直接、最经常的表率，是引导和促进学生成长所不可缺少的手段。

教师的示范性特征，几乎表现在教学的各个环节中。在教学中，教师对学生提出要求时，为增强学习的直观性和规范性，使学生有一个感性的认识，教师都先做示范。特别是在例题讲解、实物演示、实验操作以及在音、体、美的教学中，教师的示范作用显得更加重要。此外，学生的良好习惯、品德、情操、人生观及世界观的形成，也有赖于教师的言传身教，教师的一言一行将会在学生心灵上产生潜移默化的深远影响。

孔子说："其身正，不令则行；其身不正，虽令不从。"如果每一个老师都把孔子的这句话当做座右铭，并且在生活、工作中努力实践，那么每一个教师都会是一个好老师。

"桃李不言,下自成蹊。"虽然榜样的作用是无限的,可是古人云"知易行难"。教师在工作、生活中处处做学生的表率,这需要毅力与意志,有时甚至于要牺牲到个人的一些利益,改变个人的一些习惯,付出一定的代价。所以,很多教师虽然知道老师应做学生的表率,可是,实际上仍然有不少教师并没能成为学生的表率。那么教师应该怎么做才能树立起榜样的形象呢?

(一)春风化雨,以高尚的师德感染学生

"捧着一颗心来,不带半根草去",著名教育家陶行知先生的这句话阐明了一个真理:只有真正无怨无悔地为学生付出,教师才能获得学生的信赖。教育事业对教师提出的要求是非常高的。

首先是真诚。教育学生不是演戏,决不能搞"两重人格"。只有真正发自内心的、表里如一的、言行统一的美好品德,才能在学生身上产生"随风潜入夜,润物细无声"的潜移默化作用,使他们受到教育和感染,引起他们的共鸣和仿效。

其次是人格。学生对教师特有的期望和信赖,往往使他们在观察教师时产生一种放大效应:教师的一种小小善举,会使他们感到无比的欣喜;教师的一点小小瑕疵,则会使他们产生巨大的失望。所以,教师必须对自己的人格修养提出严格的要求。由于身处学校这个特殊的环境,一些特殊问题也是教师所不得不面对的。如每次考试结束后,总会有一些学生以各种借口找到老师,希望老师对其成绩予以关照。这类情况的学生很多:苦苦哀求者有之,痛哭流涕者有之,这其中自然也少不了一些"礼尚往来"者。对于这些学生,教师除了应坚决拒绝其无理要求之外,还要对其进行批评教育,并尽量帮助学生找到一些补救措施以便让学生学会知识,顺利通过考试。

教师应该成为有人格魅力的人,因为人格魅力是凝聚力、向心力最直接最现实的因素之一,成为对学生最关心、最了解的人。这就需要教师提高自身的思想道德和职业道德水平,具备高尚的师德。

教师良好的职业道德对学生思想品德的形成起着催化作用。一个优秀的教师不仅品质高尚,而且有着良好的职业道德。

第一,应满腔热忱,关心爱护学生,不歧视、辱骂、体罚学生,老师可敬可亲,学生才会愿意学,也才学得好。

第二,教师文明的言谈举止对学生思想品质的形成起着修正作用。教师的一言一行都是教师内在素养的外在体现,都会给学生以潜移默化的影响,而学生也正是通过这一点来了解教师的思想的。教师注重修养,注意言行,处处给学生做出表率,言教辅以身教,学生受到影响,其不良的行为和习惯就会受到约束,得到修正。

第三,教师的威严与外表的衣着打扮也会给予学生一定的吸引或注意,教学内外的交往是教师与学生通过信息(知识和精神)的交流,实现双方互动,达到双方共识、共享、共进。师生双方的交往包括显性交往(言语交往)和隐性交往(非言语交往)。教师实行平等、对话的教学风格,做到与学生实行心理角色换位,是教学交往实现良性互动的必备条件。师德,不是简单的说教,而是一种精神体现,一种深厚的知识内涵和文化品位的体现!师德就是教师的职业道德,是教师在教育教学过程中,在处理和调节人际关系中所遵循的特殊道德要求和行为规范。高尚的师德既是教师自我完善的必要条件,又是培养和造就一代新人的可靠保证。

教师职业道德内容十分丰富,简言之,最为重要的是:献身教育,甘为人梯;热爱学生,诲人不倦;精通业务,学而不厌;互相学习,团结协作;一身正气,为人师表。贯穿于学习、工作、为人、处事的所有方面。作为教师还要信守教师职业道德规范,履行师德要求;作为学校教育集体的一员,还要模范地遵守校纪校规。行动就是无声的命令,教师自觉地遵纪守法,学生就会模仿,就会信服,从而规范自己的言行。

(二)学高为师,以丰富的学识征服学生

没有学生喜欢讲课时漏洞百出的教师,也没有学生喜欢才疏学浅的教师。作为一名教师,只有功底深厚,厚积而薄发,驾轻就熟,才能征服学生,并且最大限度地激发学生对知识对学科的浓厚兴趣,其威信才能深深地扎根于学生的心灵之中,才能让学生折服,进而为追求真理而奋斗不息。

"师者,传道授业解惑也",随着社会形势的飞速发展和高科技产业的狂飙突进,知识更新的速度和频率愈来愈呈现出迅雷不及掩耳的态势,教师的知识储备也被相应地赋予了水涨船高的期望值。

适应现代化教育的教师科学文化素质,应当是多层的、宽广的。教师如果仅仅只是某一学科的教学能手,已远远不能适应社会需要,而必须是理论和实践、教学与生活相结合的"全能型教师"、"专家型教师"。具体地说,"全能型教师"、"专家型教师"就是指既会教学,又懂教育,还能进行科研的教师。从教学方面来看,教师应是一专多能,既能在某一学科有较深的造诣,又能从事相邻学科或相关学科的教学;从教育方面来讲,不仅教师本身要有较强的自律性和责任心,有高尚的职业道德,成为教育学生的"学习模范",而且能成为面对一群具有个性的活生生的学生的教育家;从科研方面来看,未来社会还要求中小学教师具有较好的科研素质。

尤其须要强调的是,在高举素质教育大旗的当今社会,教师应该充分认识到传统教学的某些弊端及其危害,努力摒弃那些重知识轻智能、重分数轻能力、重课内轻课外的不良现象,本着对下一代高度负责的主人翁精神,变传统的应试教育为现代化的素质教育,为每一个学生在将来开放的竞争环境中具有较强的生存能力、创新能力,立于不败之地奠定坚实的基础。教师的现代化教育技术水平直接影响着教育教学效果,影响到学生的学习行为和学习方式,对学生有着直接的、间接的、潜在的等多重影响。

(三)身正为范,以正直的行动引领学生

教师对学生进行的教育方式,不仅有言传,还有身教。言教在说理,以提高道德认识;身教在于示范,实际指导行为方法。教师身教的示范,对学生有重大的感化作用,因此身教比言教更为重要。教师应该以自己合乎道德规范的行为给学生作出榜样,凡提倡学生做的,自己必须先做到,要求学生不做的,自己首先不做,所说的和所做的一致,才能在学生心目中树立威信。把以身作则作为教育原则,对教师提出了严格的要求。孔子说:"其身正,不令而行;其身不正,虽令不行。"又说:"不能正其身,如正人何?"意为本身作风端正,虽树立了好榜样,不用下命令也能行得通；本身作风不端正，虽然下了命令，也没有人愿意听从。自己都不端正，如何能去端正别人呢？这些道理来自社会实际经验，不仅对道德教育是适用的，而且具有普遍的意义。

孔子的这句话指出了以身作则在日常教学管理中的重要性和必要性，反映在教学工作中则说明"为人师表"对于学生的影响是十分重要的。捷克教育家夸美纽斯也指出："教师的职务是自己的榜样教育学生。"俄国教育家乌申斯基则告诉我们："任何章程和任何纲领，任何人为的管理机构，无论他们设想的多么精巧，都不能代替人格在教育事业中的作用。"一句话，要照亮别人，首先自己心中要有火种。教师要想不愧为"人类灵魂工程师"的光荣称号，就必须在人格塑造上勇于履行"以身立教，为人师表"的道德要求。

可以说，教师就像是路标一样，指引着学生的学习方向。每个教师的一举一动、一言一行、一思一想、一情一态，都清晰而准确地印在学生的视网膜里、心光屏上，都有意或无意地进行着现场的观摩表演，这就是无声路标的示范性，这种示范性将在学生的心灵深处形成一股排山倒海般的内化力。因此，在日常的教学生活中，教师应注意约束自己的一些看起来很不起眼的缺点和行为，努力为学生树立一个典范。

总之，教师的表率作用是全方位的、巨大的，要从事教师这个光荣的职业，首先就得自觉地改造世界观、人生观，加强自身思想道德的修养；努力提高自己的学识水平，具有广博的知识；在学生面前应该是学者、是良师、是益友；事事恭谦，懂得与人和睦相处，有博大的、宽广的、坦荡的胸襟，包容学生与他人的过失；更应该淡泊名利，安贫乐道；还要养成良好的行为习惯、高尚的道德情操、高尚的审美情趣，树立起高尚的人格魅力，成为学生与他人的学习楷模和典范。这样才配"教师"这个光荣的称号。也只有这样，教师才能保证教书育人的实效，学生才会"亲其师，信其道"，进而"乐其道"。

二、以身作则

一万打空洞的说教还不如一个实际的行动。万千个说教家嘴里说的一套，做的又一套，那么我们是不会相信他的，因为他是一个说谎的人，我们无法相信一个说谎人说的话。因为聪明的人都知道人们往往是通过自己的眼睛去认识事物的真相，而不是只凭耳朵听到的来判断。这也就是为什么很多大道理讲得天花乱坠而人们却充耳不闻的原因所在。

教师是实施素质教育的主力军，根据学生模仿性强的特点，教师的表率作用非常重要。要求学生先做到的，老师应该先做到。身教重于言教，教师应从自我做起，一言一行、一举一动为人师表，使学生从小养成良好的心理素质，成为学生成长过程的良师益友。德国教育家第斯多惠要求教师"只有当你不断地致力于自我教育的时候，你才能教育别人"。只有这样，教师才能起到教育感化的作用。

试问如果教师教育学生助人为乐，自己却自私自利；要求学生讲文明礼貌，自己却随地吐痰，出言不逊，粗暴惩罚学生；要学生遵守校规自己却不遵守纪律，自由散漫……那么这样的教师，还有什么威信可言呢？更谈不上给学生起表率和带头作用了。我们来看下面的一个例子：

前不久，我在一位书写极不规范的学生作业本上随手草书了"书写要认真"的批语。可是，这名学生再次交上的作业书写仍然没有进步，我气愤地把他叫到身边，指着上次作业的批语，严肃地批评道："作业书写态度要端正，你把这行批语读一遍。"这名学生看了好一会儿，胆怯地说："老师，你写的批语中有的字我也不认识。"我的脸一下子红到了耳根，脑海中不停闪现的便是"我是他书写不规范的榜样"！

再次批改作业的时候我认真地将自己的评语写在了学生作业的后边，我以身作则的态度感染了学生，慢慢地他交上来的作业也越来越认真了。

上面的事例阐述了一个道理：要求别人做到的自己应该先做到。可见，以身作则、率先垂范的重要！要求学生做到的，自己却做不到，就会带来反面的影响，其后果是很严重的，教育肯定也是收不到什么成效。

有人做过这样一份对教师上课迟到的调查问卷：

问题设计：你上课时迟到了3分钟，到课堂后你第一件事做什么？

调查结果：在有效回收的94份问卷中，只有3位老师说，他上课从没有迟到过，并说，如果他迟到，他会向学生解释迟到的原因，向学生道歉。其余老师几乎都一致回答说,我会向学生道歉,并解释迟到的原因,然后上课。一位老师说,老师上课迟到要比学生上课迟到严重得多。因此,他说自己上课从来不敢迟到,因为他一人迟到会耽误许多人的时间。

记者点评:那三位从没有迟到过的老师是令人敬佩的。当老师,就是要为人师表,以身作则。上课迟到,不论是对老师还是对学生来说,都是不尊重对方的表现。

在社会关系中,每一个人都希望得到别人的尊重。在师生中,这种关系也应该是相互的。从案例中记者对教师的调查情况来看,教师上课迟到的现象也很多。如果每一位老师都能像上述例子中三位老师一样以身作则,以自己的行动来教育引导自己的学生,相信学生也会遵守纪律,做到上课不迟到的。因此,教师一定要时时处处为学生做出榜样,凡是教师要求学生要做到的,自己首先做到;凡是要求学生不能做的,自己坚决不做。严于律己,以身作则,才能让学生心服口服!

三、注意细节

细节可以决定成败。欧洲有句谚语:魔鬼存在于细节之中。中国也早有"一屋不扫何以扫天下"的古训。然而不注意工作细节的人仍然比比皆是,他们大大咧咧,马马虎虎,并豪气冲天地认为,年轻人何必婆婆妈妈纠缠小节。其实,一些不经意间流露出来的"小节"最能反映出一个人的深层素质。

我们不妨来看下面的一些事例:

事例一:

美国太空3号快到月球了,却无法登陆,花费几亿美元的航天计划只能无功而返,原因只是一节价值30元的小电池坏了。

事例二:

一家制药厂,准备引进外资,扩大经营规模,他们邀请了德国拜尔公司前来考察。在进行了短暂室内会谈之后,药厂厂长陪同代表参观工厂。参观制药车间的过程中,厂长随地吐了一口痰,拜尔公司的代表看到后,马上拒绝继续参观,也终止了与这家药厂的谈判。

事例三：

国际名牌 POLO 皮包，凭着"一英寸之间一定缝满八针"的细节承诺和实践，20 多年立于不败之地。

事例四：

有一个年轻人去一家汽车公司应聘。和他同去应聘的几个人学历都比他高，从他们出来的表情来看，面试很不错，他忐忑不安地敲门走进办公室，在门口，他看到地上有张纸，便弯腰捡了起来，顺手把它扔进了纸篓后，来到董事长的面前。

董事长说："很好，先生，你被录取了。"

年轻人惊讶地说："董事长，我觉得前几位都比我好，您怎么录用我呢？"

董事长说："前面三位学历都比你高，而仪表堂堂，但是他们的眼睛只看得大事，而看不见小事。而你的眼睛能看见小事。我认为能看到小事的人，将来能看见大事；一个只看到大事的人，会忽略很多小事，忽略小事的人，是不会成功的。所以我录用你。"

年轻人就这样进了汽车公司，后来他做了公司的董事长，公司名为"福特"，而这个年轻人就是美国福特公司的创始人。

上述的几个事例说明了同一个道理：很多的大成功大失败都蕴藏于细节之中。联系到教育事业，我们可以从中得到很多的启示。教育原本也不是什么惊天动地的伟业，教育只是一些小事情，我们每天要做的就是这样一些小事：

• 要把课上好，上课前应该花充分的时间备好每一节课。

• 学生迟到旷课，耐心地询问是不是生病了还是别的原因。

• 孩子们犯错误了，不是厉声怒吼，而是和言教导。

• 走进教室前整理一下衣装，注意一下仪表。

• 答应学生的事情，哪怕是很小的事情也要很好地去兑现。

• 批改作业看看哪些同学没有交，提醒一下；作业做错了，想想应该怎么去辅导。

教育工作无非是做这样的一些小事，也正是因为如此，每个老师只要投入地工作,就都能把这些小事做好,做到位。"十年树木,百年树人",教育是培养人的事业,不是一朝一夕就能完成的,正如飞机这样一个庞然大物是由几万个小零件组合起来的一样,学生的培养要靠教师一点一滴地去做,这是一个大量的做小事情的过程,也是一个长期的过程,不可能有"速成班"。

不妨回忆一下,印象中教育给人们留下的一些永远不可磨灭的东西,大都不是惊天动地的,而是那些不经意间的小事,或许是老师的一个举动、一个眼神、一个期待、一个微笑,或是师生之间一次简短而平和的对话,其间饱含的浓浓真情都是教师在为人处世过程中所折射出来的人格魅力。

全国师德标兵、十佳职业道德标兵、全国人大代表、已故著名教育家孙维刚老师的学生,在回忆自己的恩师《我一生的榜样》一文中,这样描述他的老师:我们的心灵从他的言行得到净化。大家热爱劳动,来自恩师每天早晨到教室打扫卫生;大家良好的修养,来自恩师每天上、下班都和看门的老大爷亲切地打招呼;大家严格遵守纪律,来自恩师迟到了便向我们检讨,甚至到教室外罚站;大家艰苦朴素,来自恩师一年四季仅仅两套的旧外衣……更重要的是,孙老师这样做,完全是一种无私的奉献。多年来的寒暑假,他一直没有休息过,为我们补课,为我们操劳,但从来没有向我们要过一分钱。孙老师还常常为我们垫付一些费用,孙老师带了三年实验班,自己贴的钱就有上万元,几十年来,他一心扑在工作上,只求奉献,不求索取,燃烧自己的生命,照亮着教师事业的殿堂。孙老师的精神一直激励着我,促我上进,催我自新,无论何时何地,他的人格永远感召着我,他将是我一生学习的榜样。

当我们看到这样一些发自学生肺腑的语言时,怎能不让我们感动,孙老师就是这样的一个诚实、正派、朴实的人,孙老师用他辛勤的工作和伟大的人格,给学生们上了一堂人生课。

在学生看来,老师的形象是无比高大的,老师的威信是无可怀疑的,老师是真理和美德的象征,是一切美好的化身。他们期盼着从老师信任的眼神、微笑的脸庞、亲切的话语中,得到鼓舞和教诲。他们确信老师是自己可以仿效的榜样。教师的任何一个"不经意",将使几节、十几节、几十节课的素质教育毁于一旦,给学生造成一时一事、一身一世的影响。今天的学生对于国家来说是未来,对于家庭来说是希望,对于学校来说是财富,每个教师都必须知道:没有教不会的学生,只有不会教的教师;没有教不好的学生,只有不好好教的教师;在学生面前,每一个教师都应该是一面旗帜,都应该是学生的榜样。

表率无巨细,教育无小事,影响人的教育往往就蕴藏于那些很小很小的细节之中。小事不"小",教育从小事做起,从点点滴滴做起,勿因善小而不为,勿因恶小而为之。教书育人既要春风化雨,润物无声,潜移默化,又要有看得见、摸得着的实效。

无论是校长还是老师,我们要俯下身子来,关注教育中的细节,履行我们的职责。

学校无小事,事事有教育;教师无小节,处处是楷模。正是从弯腰捡纸、随手关灯、扶起倒地的扫帚这些小事入手,引领学生,规范学生的行为。天长日久教师的弯腰俯身不仅赢得了学生的信赖与尊敬,同时赢得了学生家长的尊重。

俯下身子,一个弯腰的动作,做起来不过是举手之劳!俯身捡起的是纸片,净化的是环境,熏染的是习惯,提升的是品格。

四、严格要求自己

在大众的心目中,人民教师是最好的表率。尤其在学生心目中,教师更是他们时时、事事、处处的榜样,他们从教师那里学文化、学知识,也学教师的思想、性格以及做人的道理。为此,作为教师就必须在各个方面以较高的标准来严格要求自己,以达到学生心目中学习的榜样。

教师要想做好学生的表率,需要从以下方面做起。

(一)诚实守信,说到做到

1998年11月9日,美国犹他州土尔市有一个小学校长路克,竟从家里爬行到学校去上班。原来,这学期,为激励全校师生的读书热情,路克竟然在全校师生集会上公开打赌:如果你们在11月9日前读书15万页,我在9日那天爬行着去学校上班。路克此言一出,立刻轰动全校。所以师生猛劲读书,连幼稚园大点的孩子也参加了读书活动,终于在11月9日前读完了15万页书。有的学生打电话给校长:"你爬不爬,说话算不算数?"有的老师劝了路克:"你已经达到了激励学生读书的目的,不用爬了。"可路克说:"一诺千金,我一定要爬着去上班。"于是,路克7点离开家门,开始爬行。为了不影响交通,于是在路边草地上爬。过往的汽车向他鸣笛致敬,有的学生跟着一起爬。经过3个小时,磨破了5副手套,他终于爬到了学校。全校师生夹道欢迎,孩子们蜂拥而上,拥抱他吻他……

有人认为美国老师的行为可笑和荒唐,也有人认为,这种事情在中国不会发生。因为没有这么低能的失身份的打赌,也没有这么多傻得可爱的学生,真会拼命地读书,为的只是让校长爬着去上班。但是,是否可以这么说,我们国家正在启动的新课程标准所提出的"一切为学生的发展"这个口号,已成为美国校长的实际行动?我们无意引导中国的教师爬着上班,但我们能否从这位外国校长的身上看到那种为了学生的成长,愿做一切事情的勇气和敬业精神,还有那种说一不二的守信品质呢?在教育教学的过程中我们是否能做到"言必行,行必果",一旦承诺就去兑现呢?我们是否做到以信服人,为学生树立诚信的典范呢?

如果教师只是说得好听,而在行动上却是另外一种样子,学生就会不听教师的话,有的学生还可能口是心非,言行不一,成为"说话的巨人,行动的矮子",成为言而无信的人。

学生是有思想的人,他们对教师不但听其言,而且要观其行,教师只有以身作则,诚实守信,才能赢得学生的信任、爱戴。

(二)端正学风,热爱科学

教师要把学生引入科学真理的殿堂,自己就必须具有热爱科学、追求真理的品德,这样才能培养出求实、严谨、虚心、刻苦的学生。学风是一个人的人格品质和精神风貌在对待科学真理态度上的集中体现和反映,教师的优良作风,对于引导学生形成爱科学的品德、正确树立学生的学风是一种无形的力量,教师要用自己的行动告诉学生:人活着,就要敢于为真理抛开个人得失,敢于为求知而坚持不懈地奋斗。要致力于形成一种适应时代要求的、专博相济、富有活力的知识结构。从纵向上讲,应当学有专长,术有专攻,对自己所任学科有较为深入的钻研;从横向上讲应当具备相当开阔的科学视野;从发展上讲应当随着时代和科技的发展而不断更新知识,为自己的知识体系造成一种开放的态势,只有这样教师才能适应教育教学改革,适应不断深化的客观形式的要求。

为了端正学生的学习态度、唤起学生对科学的热爱,在课堂教学中,当学生进入疲劳期时,教师可以讲一些学生乐于接受的科学逸事,在潜移默化中培养学生对科学的认知、陶冶学生对科学的态度——相信科学,热爱科学,不墨守成规,不迷信权威。

严谨,即严谨治学,严谨治教。教师必须掌握广博精深的知识,并能跟上时代不断摄取新的知识,这就要有严谨的治学态度。科学的本质是求实求真,来不得半点轻浮和马虎。学海无涯,对于日新月异的科技进步,我们应该有一种紧迫感和学而不厌的精神。要时刻自警,不努力学习和更新知识,甚至会落后于学生。

对于教过千百遍的非常熟悉的教材,教师也不能草率了事,必须不断修改和完善自己的教学方案,对于教学环节的安排、教学方法的运用和知识观点的阐析,都必须力求精细、合理和缜密,做到一丝不苟,精益求精。

教师只有严于律己,才能引导学生严格要求自己,才能培养学生实事求是的态度,在人生的道路上不断前进。

第五节 创新精神

一、树立创新理念

理念是行为的灵魂,起着指导和统率作用。先进的教学理念可以产生积极的教育行为,使教育获得成功;而落后的教育教学观念将导致教育的失败,伤害我们的学生。

教师在教学中应该有所创新,体现新理念、新手段、新方法,通过对中小学教育的思考与研究，形成一套独特的教育思想与教育理论。没有研究，就不会对教育有真正的感悟；没有思考，就不会点燃教育创新的火花；没有潜心于教育创新的实践，就不会成为名师。

中国传统文化的弊端限制了人们的独立性和创造性。我们应当不唯书、不唯上，应当具备批判精神与批判意识。这一点对青年教师而言，显得尤为重要。我们要"换一种思路，换一种生存方式"来消除"知足常乐"所带来的消极影响，打破思维定式的束缚，从"应该怎么做"和"不应该怎么做"的框框中解脱出来，充分发挥自身的创造性思维，挖掘自身的潜力。

有这样一个例子：

上海市有位叫茅嘉凌的小学生，小学毕业后未能进入重点中学，因而失去了学习的信心，自愿当了小徒工。谁知三年后，他读小学时发明的"穿绳器"却获得世界发明奖，茅嘉凌这才重新获得了求学的机会，但已失去了黄金般的三年岁月。

这件事说明了按分取人，往往把那些学有创见却考分不高的学生挡在重点学校门外。但是，如果不这样做，那么又如何在招生中保证公正？试想，这样有创见的学生到了重点学校后，在沉重的课业下还能有所建树吗？

谈到教育创新，不能不涉及教育哲学。现在，在教育领域出现的一些形而上学的东西，缺少辩证观，缺少发展观，然而就是这些左右教育改革的重要因素。学校的管理者、教师不能正确、全面地看待发生在课堂上的各种问题，不能面对信息时代下学生身心发生的变化，不能面对或正确审视自己的教学行为，而是以一种排斥、习惯、僵化的理念去消极对待新事物、新情况、新问题。因此，作为一名在专业化道路上积极探索教育创新的教师，作为职业化道路上发展的教育管理者，在其成长道路上要有哲学思想。正如冯友兰先生所说的："哲学的用处，不在于增加实际的知识和才能，而是使人改变自己的生活态度，使人对宇宙与人生的理解体现出一种人格、胸襟和气象。"

法国科学家约翰·法伯曾进行过一个很著名的"毛毛虫实验"。他在

高效师德培养艺术实践

一个花盆的边缘放上一些毛毛虫,让它们首尾相接,围成一个圈,同时在离花盆周围6英寸的地方撒了一些它们最爱吃的松针。由于这种毛毛虫天生有一种"跟随者"的习性,因此它们一只跟着一只,盲目地跟着前面的毛毛虫,绕着花盆一圈圈地爬行。令法伯感到惊讶的是,这群毛毛虫当天在花盆边缘一直走到精疲力竭才停下来,其间曾稍做休息,但是没吃没喝,连续地走了10多个小时。时间慢慢过去了,一天,两天……守纪律的毛毛虫队列丝毫不乱,依然这样没头没脑地兜着圈子。连续几昼夜之后,它们饥饿难当,精疲力竭,一大堆食物就在离它们不到6英寸远的地方,结果却一个个地饿死了。

毛毛虫的悲剧就在于它们的这种盲目的追随,它们没有自己的目标,缺乏自信,只能随大流,从而导致自己悲惨的命运。当然这种结局也在于跟随着的毛毛虫缺乏足够的信息。而我们的教师首先应该确立自己的发展目标,而不是盲从跟风,应该具有敢于争先,突破条条框框的勇气;其次,所确立的目标要适合自己并有利于自己的职业发展,在具体实践中不断地进行调整,在不同的阶段中找到自己发展的位置,确定不同层次的职业发展目标。要做到这两点,就应该树立与时俱进的创新教育理念,加强学习与信息交流,尽力解决那种由于信息不对称、判断能力差所带来的弊端,减少盲从行为,理性地看待问题。

创新型的教师要善于思考。也就是说要有自己的"思想"。而这种思想的形成就应当建立在学习、理解、批判、质疑、建构和通过消化吸收进而创造的基础上。因此,教育创新的基础在于教育管理者、在于教师。而创新型教师的形成要具备创新意识,要具有发现问题、分析问题、解决问题的能力。亚里士多德说:"思维是从疑问和惊奇开始的。"当一个人长期处于无问题的状态,则说明其没有积极思考,没有进取,也就没有发展和创新。创新型学习,要从传统学习模式中解脱出来,向创新型学习模式转变。当然,积极的学习心态尤为重要。

创新型教师应该敢于否定自己、超越自我。以英特尔公司副总裁达维多的名字命名的"达维多定律",认为一家企业要在市场中总是占据主导地位,那么它就要永远做到第一个开发出新一代产品,第一个淘汰自己的产品。这一定律的基点是着眼于市场开发和利益分割的成效。人们在市场竞争中无时无刻不在抢占先机,因为只有先入市场,才更容易获得较大的份额和高额的利润。英特尔公司在产品开发和推广上奉行达维多定律,始终是微处理器的开发者和倡导者。他们的产品不一定是性能最好的和速度最快的,但他们一定做到是最新的。为此,他们不惜淘汰自己哪怕是市场上正卖得好的产品。

创新教育的根基在于有一大批创新型教师的涌现。在社会急剧变革的今天,我们应该顺应潮流,做一个教育改革的实践者,从否定自己开始,不断地追求卓越,不断地攀登高峰。在基础教育课程改革的实践中,潜心研究,勇于探索。如果我们还死守以往"经验"不思进取的话,那么将来肯定是会落伍的。

1993年美国大选中,克林顿曾经说过一句话:"我们要改变游戏规则……"而布什总统却说:"我有丰富的经验!"所以,布什落败的一个重要原因,是输在"往后看",而不是"往前看"。

所以,作为一个优秀的教师,重要的一点就是要树立起与时俱进的先进的创新教育理念。只有具备了先进的教育理念,才能指导教师做出不凡的成绩。

二、观念要创新

现在的大部分教师,只是满足于"知足常乐"的现状,缺少一种胸怀国家、奉献教育的远大理想。这种观念也局限了教师的自我发展方向。

墨子说过:"志不强者智不达。"作为教师应给自己的人生定一个大航向——"要做教育家,不做教书匠"。只有树立这样一竿标尺,才会激起更大的热情和干劲,也才能干出一番轰轰烈烈的事业。

那么,先让我们来看看什么是"教书匠",他们又是怎样做老师的。

"教书匠"一词源出于旧时一些安贫乐道的教书人的自讽,现在人们借用它来形容某些目光短浅急功近利舍本逐末的教师。这些教师只把眼睛盯在学生的考试成绩表上,学生取得了好一点的成绩,他们就沾沾自喜,得意非凡,至于学生们将来会成为一个怎样的人,则不在他们的关注之列。同时，他们把学生的成绩当做用来同其他老师一较高低的筹码。尽管他们有些也能够辛辛苦苦，甚至兢兢业业地工作，却终难逃脱出一个教书匠的窠臼。他们常常不自觉地伤害学生，窒息学生心灵深处那些质朴美好的东西而不自觉；他们没有更远大的追求，他们没有真正承担起一个知识分子的社会职责，甚至也不能算是一个真正意义上的知识分子。自古以来，中国知识分子就有着"处江湖之远，而忧其君；居庙堂之高，而忧其民"这样一种关心国家、关心民族命运的传统。正是这样一群人，才使得我们的民族千秋百代世世相传，历经患难而长盛不衰。也只有这样一群教师，才能够培养一代又一代社会所需的人才。

反思当今的教育状况，像鲁迅式的大学教授、朱自清式的中学教师和斯霞式的小学教师实在太少了。要改变这一现状，除了要创造适宜的土壤和气候，让更多的教育家涌现，让他们来办教育，创新教育外，最重要的就是我们的每一位教师都能树立起"要做教育家，不做教书匠"这样一种与时俱进的观念。

那么，教育家又是什么样的教师呢？教育家型的教师，并不一定都是才高八斗、学富五车的教师，但他们都具备这样的气质。他们都怀有对事业的激情，有科学而严谨的头脑。教育家型的教师纵使也难免有这样那样的不足，却常常能够透过自己人格魅力的光华，于潜移默化中给学生以深层次的熏陶和感染，教育家型教师是极具创造性和影响力的教师，达到了教师职业成就的顶峰。

一个"教书匠"是谈不上爱不爱教育的，因为教书只是他的职业，只有"教育家"才谈得上爱教育，因为教育是他的事业。

说到这里，可能有的教师会说，做个"教育家"，天方夜谭吧？我这么一个不起眼的普通老师，怎么会成为教育家呢？其实，很多问题看起来非常神秘，但做起来并不是很难。教师处在教育的第一线，在自己身边，每天都发生着许多值得深思的案例。如果真是个有心人，这一切都会成为财富，并托举我们逐渐到达一定的高度。

我们很多成名的教育"大腕"，诸如魏书生、宁鸿彬、于漪、李镇西等，不都是这样做的吗？而他们先前看似目的性不强的很多随笔，经过整理，便成了深刻揭示教育规律的著作了，而他们就是我们这个时代的教育家。看到这里你会不会觉得做个教育家并不是一件多么难的事情呢？

有句话叫：不想当将军的士兵不是好士兵。想成为"教育家"重要的是想不想，而不是能不能。当然，想当将军的士兵不一定就能够成为将军，但至少他有可能成为将军。所以，教师要成为"教育家"重要的是"想不想"，而不是"能不能"成为"教育家"。

有这样一则故事：

在一个建筑工地上，有三个工人在堆砖。有人问第一个人，你在干什么？他说，我在堆砖；问第二个人，他说，我在赚钱；问第三个人，他说，我在建高楼大厦。后来，第三个人经过艰苦努力成了一名建筑师。

从这个小故事我们可以看出：观念的转变是根本，只有教师自己切实转变了观念，把教育当做一项事业去做，才能获得成功，才有可能成为一位好老师。你是想做一个教书匠，还是想当一个教育家，眼光不同，追求不同，境界自然也就会不同。

其实，教育家并不神秘，他们也是普普通通的教育工作者中的一员，他们也有缺点和不足，而且可能因为大力推进改革创新，其缺点和不足还更容易表现出来。但是，教育家又是不平凡的，教育家是广大教育工作者的杰出代表。

那么，教育家型的教师具有哪些不同的素质呢？

作为一个教育家型的教师，首先要有自己的教育思想，有对教育的独立见解，有对教育理想的不懈追求。自古以来人们对教育的期望、对教育的理解就有不同，因此，每个人都有可能具有自己的教育思想。但是教育家的教育思想更深刻，更系统，更自觉，更富有创见，并且更能坚持自己的教育信念。

教育家不仅有思想，更要有实践，能在实践中不断深化自己的教育思想，不断丰富自己的教育智慧，不断提高教育艺术。他们善于把知识的传授与人的发展结合起来，善于把个人的发展与集体的发展结合起来，善于把学生的发展与教师的发展结合起来。他们把抽象的理论、先进的理念融汇到了每一个具体的教育细节中。

其次，教育家的思想须不断创新，能够与时俱进。教育家的思想不是一成不变的，教育家应该是一个追求卓越、富有创新精神的教师，而不应该亦步亦趋、因循守旧，毫无灵性可言。他应该不断探索，不断创新，是一个教育的有心人。一个人为什么能够成功，往往在很大程度上是因为他是个有心人。如果年复一年、日复一日地重复自己，不思进取，不求变化，固定在自己的思维模式中不愿意挣脱，自然不会有什么成就可言。

教育家还必须具有伟大的人格。教育是挚爱，这种爱，越是无私，越是深厚；教育是思想，这种思想越现实，越智慧；教育是信仰，信仰越坚定，越有力量；教育是追求，追求越执著，越有成果。在追求理想教育的道路上，有思想的冲突，有人际关系的矛盾，最重要的是有行动的风险。没有"捧着一颗心去，不带半根草回"的大爱，没有"我不入地狱，谁入地狱"的大义，没有"敢为人先，争创一流"的大志，就不能成为大教育家。苏格拉底、裴斯泰洛齐、马卡连柯、孔子、陶行知……当我们提到这些名字的时候，联想到的往往是他们视学生如己出，视学校如家庭，视教育如生命的形象。真正的教育家，留给人们的是思想，更是人格。

教育家不同于"名师"。作为一名优秀教师，名师要爱学生，有良好师德，是优秀的教学方面的专家，他们对规定的教材领悟得很深刻，对学生有充分的了解，并能够把两者很好地结合起来，把规定的内容教给学生，让学生掌握标准答案。但教育家不同，他关心的是教什么，为什么教，他所影响的是一个时代的人。

当然，要想做个教育家，还必须有持之以恒、坚持不懈的精神，而不是"三分钟热度"。许多年轻教师，听到了名家学者的讲座，马上得到激励，满腔激情地规划着自己的事业蓝图。但激动了一下，兴奋了一下，还没来得及实施，热情便消退了。在平时工作中，种种独到的体会也会跑上心头，但因为懒惰，还没有付诸笔端，这些"思想的火花"就烟消云散了。作为中小学的教师，手头应该有一个厚厚的本子，随时记录下平时的所失和所得，记录下自己点点滴滴的教学思悟，时间长了，自己就会发现自己在不断提升。

一个想成为教育家的教师，还必须从最基础的做起，扎扎实实多读一些书。不读《论语》、不读陶行知、不读杜威、不读苏霍姆林斯基,恐怕很难成为教育家。任何一位教育家都不可能离开前代人的教育财富。事实上,很多的教育家,只不过是把别人的财富应用到自己的教育实践中,提出很多理论上的共鸣而已。现在不少教师找不到感觉,就是因为自己"根基"太浅。作为一个教师,需要各方面的知识,一个知识面不广的教师,很难真正给学生以人格上的感召力。

提醒我们的教师们,不要把教育家看得多么神秘,也不要把教育家都想象成那些"德高望重"的老教师,其实,每一个教师,甚至是年轻教师都有可能成为一个教育家型的教师,关键在于是否对教育充满了热情,是否能做一个有心人,是否执著,是否有恒心,是否把教育当成事业来做。也许我们一辈子都成不了教育家,但至少那应该是我们对自己,对教育未来的一种负责精神,这样,我们也就问心无愧了。

三、有好的教学方法

在现实的教育教学工作中,有些老师确实存在着思想上懒惰的问题,把教学看成简单的重复。其实,教学上的每一节课,都是一个创新的过程。

也许你教上一届学生时有一个相当得意的教法,没准用在今天的学生身上就是一个败笔。"教学有法,教无定法"是指教师应该善于使用教材,但是又不要照本宣科,为教材所束缚住。下面我们来看一个英语教学案例:

郭老师在讲小学英语课本第一册第五十二课时,将小学阶段的英语教学要求、原则贯彻始终,教学过程层次清晰,由浅入深,安排合理。

突出听说训练,注意培养学生的语言交际能力,而且较好地运用了滚雪球、打埋伏的教法。

上课伊始,通过"连珠炮"式的发问,我们了解到郭老师将后一段的学习内容已经通过"duty"逐步铺垫。

例:…

How many people are there in your family?

Who are they?

How many days are there in a week? What are they?

这种"duty"形式恰是本册书里最后两课书的教学内容,而且语言的交流形式已超越了课本的内容。

老师又根据值日生自我介绍的家庭情况,向全班同学提出若干个问题,以考查学生的注意力、听力和口头表达能力。一开始教师就将全体学生引入到听与说的英语语境之中,接着教师以 Free Talk 形式进行复习。

出示幻灯片,同时用英语介绍:

Picture 1. T: Mary and Tom are talking on their way home. What are they talking about? 然后全班两人一组自编对话。

教师给全班分四小队,找两对学生通过竞赛形式,让学生表演他们自编的对话。

Picture 2. 教师在原有幻灯片 Mary 和 Tom 两个人物的基础上又增添了一个新的人物 Dick,边介绍:Dick is coming, He's Tom's brother. They're twins, What are they talking about?

(Practice in three) 三人一组进行编对话,然后教师找两组进行对话表演,并对他们自编表演情况在小队竞赛栏中填上成绩。老师根据幻灯片上出现的三个人基础上又加上一只小狗,同时用英语介绍,让学生将已编的对话再增添新的内容。

英语是一门实践性很强的学科,是人们用来表达和交流思想的工具,只有把英语当做一门实践课来教,才能真正把英语当做交际工具来应用。英语教学的目的是培养学生掌握听、说、读、写等言语交际能力。教学的基本顺序为:听先于说,说先于读,读先于写。不同的教学阶段有不同的教学目标与要求,应采用不同的教学方法。

小学阶段处在英语学习的最初时期,要求以培养学生的听、说能力为主,兼顾读写能力的培养。应采用视听说领先、读写及时跟上的教学方法。

案例中的老师设计精心,逐渐深入,通过画面及语言创设情境,使学生将已学过的语言内容重新组织,既考查了学生听力、语言运用能力,又为新课学习作好了铺垫。

(一)新课导入新颖、独具匠心,优化教学内容

第五十二课内容较平淡,如果按原课照搬地讲,肯定不会吸引学生,教学效果不佳。而这个老师用实物 bag(书包)引出:

What's in my bag? Guess! 通过猜谜的形式,不仅设悬念吸引学生,同时可以大量复现学生已掌握的词汇"A pen, A ruler, A book……",最后教师出示一张本班一个女生照片,边说:"Look it's a photo."这时全班学生都很兴奋,虽然 photo 一词学生从未听说过,但他们一看照片,马上理解 photo 的意思,教师在学生无意注意中将 photo 一词巧妙地打了埋伏。

教师指着这个女生的照片介绍"This is a photo of a girl. She's your classmate. Who's she?"

"who's this girl?""who's she?"一句虽然学生没学过,但学生能根据情境听懂,由此可看出教师很注意语言的功能性,并注意暗示教学。对"Who's this girl?"的回答,学生能说:"She's xxx."课文中只提供了一个"She's my friend",但教师又引导学生说:"She's my classmate."在此基础上又引出"What class is she in",然后板书再进行操练。

接着教师又出示一张年轻妇女的照片,又让学生猜"who's this woman? Who's she? Guess"以引出"She's…""woman"一词是生词,但并不影响学生对整句话的理解,而这次猜谜有两个目的:其一,对"Who's she?"这个问句几种回答的反馈,考查学生能否在真实的情境中去运用;其二,引出 What her name? 而此陌生女子照片出现是利用悬念,促使学生的思维活动,新课情境设计真实,吸引学生,有趣味性,给原课无疑增添了色彩,同时巧妙地突破了该课的语言难点。

进一步优化教学过程:

郭老师将本课的幻灯片显示出来,并介绍:"This boy is Dick. This is Rose, and this little girl is Lucy. Lucy is Rose's friend. What are they talking about?"让学生三人一组根据本课情景编对话,找一组表演。然后教师说:"Now Let's listen to the tape. What are they talking about?"教师利用教学中的每个环节,都促使学生积极思维,发展学生的想象力和语

言的创造力。

（二）注意教学中的迁移艺术

根据有意义学习的教学理论，一切新的有意义的学习都是在学生原有的基础上产生的，不受学习者原有认识结构影响的学习是不存在的，所以一切有意义的学习必须包括迁移。郭老师在这一节课里成功地运用了这一原理。在生词的教学中，老师根据单词的音形关系及发音规律设法利用学生已掌握旧词的基础上引出新词，而且在教新词之前，老师把本节课要出现的辅音字母 g h l 以唱拼音歌的形式为新词教学作了铺垫，在学单词"girl"时，老师先问"Who can spell the word 'bird'?"待学生答出后老师又问"Yes, but who can spell the word girl?"学生自然答出，教师充分挖掘学生原有的潜能。然后教师出示一组词，"bird, girl, sir, dirt"，通过拼读规则让学生再读生词，力图使学生掌握拼读规律；教师不是只着眼于让学生学会，而是着眼于使学生会学，为今后的自学奠定基础；学生不仅通过正迁移自己能拼出单词，获得成功感，同时激发了同学们的兴趣，增强了他们的学习信心。其他的词如"her"也是以启发式引出的，但教师列举了"father"等与其同形异音的词进行比较，以防止负迁移的干扰。

（三）利用多媒体教学设法使学生的有意注意和无意注意交替发挥作用，寓教于乐，优化教学方法、手段进行情感教学

卡斯特尔指出："我们建立了合理的、很有逻辑性的教学过程，但它给学生积极情感的食粮很少，而引起很多学生苦恼、恐惧和别的消极感受，阻止他们全力以赴地去学习。"可见教学过程合理，但缺少情感，很难调动学生的积极性，更无法激发学生的学习兴趣，全面提高学生的素质。

郭老师在教学中很注意情感投入，她始终笑容可掬，对待学习困难的学生耐心帮助，微笑地给予鼓励，体现出以情激情、以情促知、以情培能、以情育人的教学风格，面向全体学生，不让一个学生落队。

1. 利用声、光、色及实物等教学手段，使学生处于兴奋状态

郭老师能合理使用照片、幻灯、书包、录音机等教具，创设情境，促进教学活动，特别是郭老师在为加强 What's her name? What class is she in? 的句式掌握，通过唱自编两首英文歌曲，进行巩固，既让学生大脑放松，又起到了巩固新句的作用，还为课堂增添了活跃气氛。

2. 训练形式多样化

教师注意了训练目标的专一和形式的多样化，在操练中，教师以"The girls, The boys, Row One, Line Four, Part One, Part Two."从全班……小组……两人……个人，从双边活动到多边活动起伏多变，充分体现出高密度、快节奏、广信息、重交际的教学原则。

3. 注意引入激励教学方法，练习趣味化

"教学的艺术不在于传授本领，而在于激励、唤醒、鼓舞"，这节课教师恰恰采用语言、情感、情境、竞赛等激励手段，积极创设一个乐学的氛围。郭老师抓住小学生好表现的心理特点，以击鼓传花的游戏对全班同学进行新课掌握程度的反馈，公平地对待每一个学生。教师还利用学生好胜的心理，将全班分成四队竞赛，将表现出色的小队加分以示鼓励，获胜小队的每个人喜气洋洋。最后教师通过一幅全家人的照片让学生编新对话，进行巩固，并以小队形式进行检查竞赛。

从整体课来看，突出重点，操练到位，脉络清晰，学习自然，注意在交际中学语言，课堂气氛活跃，不仅表现在形式上，而且体现在学生思维活跃上，达到了强化发散思维的功效，切实由始至终贯彻了全面性、主体性、发展性、实效性原则。

这节课存在的不足：在英语初级阶段，要把好语音关。girl 个别学生发音 [l] 不准时，教师应及时纠音。see [si:] 齿音发 [x]（个别学生）。

总的来说，通过这样一节课，虽然不足以教会教师如何去创新教学的方法，但能给我们的教师以启示：只要我们每位教师不断钻研，提高自身的素质，有创新意识，改革教法，就一定能上出符合素质教育的好课。

教学有法，教无定法，贵在得法。教学方法很多，但没有固定不变的教学模式，只有富有变化的教学方法，才能适应形势发展的需要，才能符合教育创新的要求，才会受到学生的欢迎与肯定。

四、与时俱进

老子指出"圣人处无为之事，行不言之教"，这为教学开启了智慧之门。"无为"教学就是要依教学之理、顺学生之性,消解教师不当的"有为"给教学带来的干扰和阻滞,在教师貌似消极"无为"中实现师生真正的积极"有为"。

"无为"教学智慧的基本特征,就是要求教师在教学中不能"越俎代庖",更不能"包办代替",而是要通过引导使学生进行自化,从而达到师"无为"而生"自化"的目的。老子"无为"思想对教学的启示,与一些著名教育家的言行似乎不谋而合。

"我已经有十六年多的时间没批改过一篇学生作文了。"魏书生语出惊人。他采用投机取巧的懒惰方法,特别培养学生互评互改作文的能力。从易到难的十条批改要求,循序渐进便于操作,学生的积极性比老师还高。事实上,其学生作文能力稳步提高。懒惰背后蕴涵着他过人的胆识、高超的教学智慧。

现在倡导学生自主学习、个性学习、合作学习,自主体验,自主建构知识的意义。教师懒惰的更高境界是学生自学自评,因为"一千个读者,就有一千个哈姆雷特"。

早在三百多年前,捷克教育家夸美纽斯就在《大教学论》一书中指出:要"寻求并找出一种教学方法,使教师可以少教,但是学生可以多学"。美国当代人本主义心理学家罗杰斯倡导"非指导性教学",认为"没有人能教会任何人任何东西"。这就是说在教学过程中,学生要学会任何东西,最终都要通过自己来实现,而不可能依赖教师去完成。教学实践也表明,当教师不过多地干预学生,给学生的学习尽可能多的自主时,反而能够激发他们的学习天性,收到出乎意料的教学效果,这就是"无为"教学的功效之体现。

"无为"教学启示我们,教师之"为"要"到位",但不能"越位"。教师之"为",务必立足于"学为主体"之上,决不能喧宾夺主;教师之"为",重在"授之以渔",决不能"越俎代庖"。然而在现实中,常见的情况是教师首先把知识切碎、嚼烂了,再通过简单的灌输方式喂给学生,这完全背离了"无为"的教学宗旨。

在实现自动化教育的过程中,聪明的教师应该学会10种方法:

给学生一个空间,让他自己往前走;
给学生一个时间,让他自己去安排;
给学生一个条件,让他自己去锻炼;
给学生一个问题,让他自己找答案;
给学生一个困难,让他自己去解决;
给学生一个机遇,让他自己去抓住;
给学生一个冲突,让他自己去讨论;
给学生一个对手,让他自己去竞争;
给学生一个权利,让他自己去选择;
给学生一个题目,让他自己去创造。

看似没有教,但是教会孩子的是自己对自己负责的精神。看似没有管,但是激发孩子的是自己想要学习的欲望和需求。最核心的一点,就是给了孩子以自由,让他们自己去发展和创造。

现在看来,我们的老师并不需要事事亲为,有时候,懒惰才是真正的艺术,其真谛就是把学生推到前台,教师隐到台后把学习和进步的机会还给学生。

干什么事情都要有苦干精神,但更需要有科学的有效的方法。教育学生更需要这样。

一个成都的初中生,发明了一个自动洗脚器,不用倒水,还有足浴的功能。记者问他为什么要发明这样的东西,是什么动力,他说是懒得倒自己的洗脚水才发明的。懒是原因,并说懒惰可以带来发明创造,当然这是要做聪明的懒人。

现在的许多教师就是太勤快了,明明是学生要做的事情一定要自己来做。结果是学生没有学好,自己学得倒是顶呱呱的。许多人还认为这样的老师是好老师,是师德高尚的表现。有些学校,要把学生的学习包起来,白天教不会,还要在晚上带到家里继续教。老师不休息,学生也不休息,一同苦熬。

这种教师,他们勤勤恳恳地将一年的工作重复了几十年。从教时间与实践智慧并不成正比,要知道,教师的实践智慧并不依赖于工作时间。教师的实践智慧更重要的是依赖于非工作时间中的反思。美国学者波斯纳有一个教师成长公式：教师成长＝经验＋反思。而各种现代教育实验正是激发了教师的反思状态，立志"改变教师的行走方式"，很重要的一条就是让教师学会懒惰，过反思的生活，有智慧的生存。

现在，教师被灌输了大量的教育理念和方法，很难有教师自己的真正的反思。在繁忙的现象背后，是教师的智慧的丧失。在这样的情况下，不可能产生大师，因为我们缺少一个宁静致远的懒惰环境。

在这个竞争日益激烈的社会中，几乎越来越多的人成为精神上的病人，甚至是精神上的囚徒。更为可惜的是他们并不一定能真正地感觉到这一点，他们多数认为这只是工作量太多所造成的疲惫，有一些人甚至以此为荣，因为这代表着"成功"。

那么，让我们看看勤勤恳恳的老师怎么样呢？

据2004年《文摘报》载，上海和北京等地的调查显示，知识分子的平均寿命比其他社会角色短了近20岁！据上海社科院2005年初公布的"知识分子健康调查"显示在知识分子最集中的北京，知识分子的平均寿命从10年前的59岁降到了调查时期的53岁，这比1964年第二次全国人口普查时北京人均寿命75.85岁低了20多岁。

相比其他职业来说，教师职业的确是一种压力较大的职业。做教师非常辛苦，特别需要懒惰的智慧，需要休息和放松。懒惰是大智慧。智慧重在创造。教师懒惰的心态是教育智慧和身心健康的必要条件，教师应学会享受懒惰的生活方式。懒惰不仅使教师得到放松、思考、反思，而且可以开阔教师的视野。这就需要我们的教师找寻智慧的教学方法，创新自己的思维方式，要"懒"出成果来。唯有如此，教师就可以把平和的情绪和开阔的视野带到工作中来，改善教育质量，创新我们的教育。

五、终身学习精神

教师要与时俱进，必须具有不断的学习精神。因为，只有不断地学习，才能达到创新教育的目的。

教育教学是一项繁复的工作，要求教师具有渊博的知识基础、深厚的文化底蕴、良好的教学素养。这就要求我们的教师要有不断学习的精神。

教学相长,教师,常被看做知识的象征,没有知识就不能为师,所以,知识修养是教师赖以为本和创新教育教学方法的基础,也是赢得学生尊重、树立教师威信的重要条件。因为在学生看来,教师首先应该是学识渊博、专业精深的人。而学生常常又会因崇尚教师广博的学识,从而产生对教师的敬慕之情并产生刻苦学习、奋发向上的内驱力。《学记》很早就意识到这一点,它把学识渊博,并能够灵活运用知识去分析解答学生提出的各式各样实际问题,作为择师的重要条件,认为这是教师必不可少的人格特征。那么,作为一个合格的教师,应具备哪些方面的知识呢?

(一) 精湛的业务知识

古人云:"师者,所以传道授业解惑也。"这就要求教师必须具有精湛的业务知识,"要给学生一碗水,教师必须具有一桶水"。业务不精的教师只能是误人子弟。

1. 精深的专业知识

"教书"是教师的天职,而教师的专业知识是教学能力的基础,是履行教师职责的基本条件。教师只有掌握了精深的专业知识,并能做到举一反三,触类旁通,运用自如,"教书"才能得心应手。不仅如此,教师还要了解、掌握本学科的最新发展动态,开阔教学视野,不断更新和完善自己的知识结构。

当今世界,科学技术日新月异,新知识、新技术层出不穷,新信息、新观念迅速传播,这就要求教师必须与时俱进,勤于钻研,勇于探索,开拓进取,善于接受新观念,勤于汲取新知识、新信息,使自己始终站在知识的前沿,只有这样才能满足学生对新知识的追求。

2. 渊博的综合知识

要培养学生的全面素质,教师必须首先具备全面素质,必须具有高层次的人文素养和科学素质。科学素质是指教师的专业知识水平,人文素养乃是指教师的精神世界及其兴趣、爱好、品格等。不难设想一个没有高尚精神生活,没有对美具有强烈追求的人,能在学术上作出重大贡献。

从另一方面讲,在信息时代,青年学生智力发育和身心发育异常迅速,他们思想活跃,兴趣广泛,有着强烈的好奇心和求知欲,接触知识的渠道也空前广泛,只有教师具备渊博知识才能满足他们的要求。

因此,在精通专业知识的前提下,教师还应积极拓宽自己的知识面,不断扩展自己的兴趣爱好,以不断满足学生的求知欲望。

(二)在创新教育教学的过程中还应注意把学习和以下几个问题结合起来

1. 知识储备不能仅局限于实用

我们教育工作者的职责不是单一的传授给学生某方面的知识和技能,而是要有促使他们全面发展、健康成长的丰富、系统的知识。这就要求教师的知识不能太单薄,而要以全面的知识素养为根基。我们常说要给学生一碗水,自己必须要有一桶水,但是,如果学生要的不仅仅是水呢?他还要米怎么办?他还要面包怎么办?你有没有?你没有该怎么办?

比如你是教数学的,数学知识你是没有问题,要是课堂上出现了其他知识你又不具备怎么行?所以教师不能教哪门学科就学哪门学科的知识,还要兼顾学习其他学科的知识。同时,光有教学方面的知识还不够,诸如人文方面的、社交礼仪方面的,为人处世方面的知识要具备,这样在教学中才会游刃有余,否则就会捉襟见肘。

我们不能辱没"知识分子"这一无限光荣的称呼,所以,要通过不断地学习,充实自己的能力,提高自己的水平,做一个专业知识精深、文化知识广博、社会知识丰富、有创新精神的合格教师。

2. 教学技能不能仅拘囿于经验

教学工作是一项不断探索、与时俱进、常做常新的系统工作,它有规律可循,但没有一成不变的经验可依。我们面对的是具有独立个性的、不断发展变化的学生,不同的年龄,不同的时期,不同的环境,学生的差异性是显而易见的,我们不能靠固有的经验去适用一切学生。

有这样一个寓言故事:

一头驴子每天给主人驮货物到河对岸去。有一天,它每天必经的桥断了,它就涉水过河,上了岸以后,它感觉背上的货物越来越轻,不禁暗自得意。因为它这天驮的是盐,过河时盐被水浸湿后溶化了,越来越少,所以越来越轻。第二天，它又驮了两大袋货物过河，有了昨天的经验，它还专门往水深的地方趟，不料背上的货物却越来越重，任凭它怎样挣扎也无济于事，最后淹死在河里。它不知道今天驮的是棉花，不会像昨天的盐一样遇水后越来越少，驴子凭经验丢了性命。

有的经验可以借鉴，但是如果过于迷信以往的经验而不知变通，其结果往往适得其反。有的教师为什么教了十几年甚至几十年的书，教学水平没有长进，教学质量还是提不高呢？就是因为他从来没有更改过自己的教学设计和教学方法，单凭以往的教学经验来应对千变万化的学生。在教学上我们不仅要尊重规律，更要尊重学情。

孔子告诉我们要"教学相长"，学生都变化了，有长进了，老师还能原地踏步吗？因此，我们的教师决不能固守个人已有的经验，而是要不断地改革、创新、探索新的教学方法，以适应新课标的要求。

3. 履职意识不能仅停留于形式

教师是一个特殊的行业，从事这项工作仅仅完成本职工作远远不够，因为我们的工作对象是"人"，而处于学习成长过程中的"人"——学生更是一个特殊的群体。

我们要胜任"育人"这一工作，除了要有足够的专业知识外，还要有无私的奉献精神、勤奋的园丁精神、积极向上的拼搏精神、认真执教的敬业精神、博大的爱心、高度的责任心等。教师不但要具备这些职业素养，而且要时时处处践行，把这些职业素养真正潜化为教师的一种气质。

我们不能只在学生面前像个老师，在学校里像个老师，我们要能不管在什么时候，什么地方，都体现出教师这一职业的知识与素养，体现出教师这一称呼的高尚与光荣。

广博全面的文化知识，熟练高超的教学技能，高尚无私的道德品质，是学生所希望的，也是我们教师所必需的。一个好的教师，一个优秀的人民教师，一个敬业爱岗的模范教师，不仅具备学富五车的渊博知识，还要不断地学习，不断地汲取，不断地创新，才能把清新的活水源源不断地输送到学生的心田，浇灌学生纯净的心灵，让他们最终绽放出美丽的花朵。

第三章　在师生交往中体现师德

第一节　学生是师德的基础

对于教师职业道德，我国当前提出了八个方面的要求，即依法执教，爱岗敬业，热爱学生，严谨治学，团结协作，尊重家长，廉洁从教和为人师表。这八个方面都是和教师所从事的教育事业息息相关，以教师与学生的交往为切入点来体现的。教师要完成的每一项工作，都必须以学生为基础，为学生的发展服务。师生在交往中的教师职业道德是十分重要的，它直接关系到育人的成败。本文试图通过案例的研究与分析，阐述师德在教育过程中的意义、地位和作用，同时引发广大教育工作者思考，让师德在教育教学过程中，在与学生的交往中增色添辉。

第二节　在师生交往中体现师德

一、班主任工作交往中的师德

学校按班级组织学生的教育活动是班主任工作交往的体现。班级既是学校的细胞，也是学校教导工作的基本单位，更是学生学习、活动的基层集体。只有把一个班的学生很好地组织起来进行教育和教学活动，才能使这个班的学生在德智体美劳等方面得到发展；只有把教育目的和教学计划很好地落实到每一个班才能提高全校的教育质量。

班主任是班级的教育者和组织者，是学校领导进行教导工作的得力助手。他对一个班的学生工作全面负责，组织学生的活动，协调各方面对学生的要求，对一个班集体的发展起主导作用。我们常听到社会上"某某老师是我的亲老师，我是他的亲学生"，言外之意，就是这位老师是这位学生当年的班主任。从这一点来看，班主任在所有任课教师中与学生的亲密程度、重要程度要高于其他老师。在此同时，也就凸显出班主任工作对学生成长的重要性。没有哪一位学生在学生时代与班主任关系紧张而在成长过程中顺利且得到良好发展的。因为，学生在校学习的时间与班主任接触时间最长，受班主任影响最大。俗话说，什么样的老师带出什么样的班级，培养出什么样的学生。班主任的言谈举止、行为表现、思维方式和人格风范等诸方面对学生有很大的影响。

二、师生在教学交往中的师德

"教育是人的教育"这句名言，首先意味着教育是由教师（是人而不是机器）完成的教育。无论科学技术如何发展，出现多少先进的教学软件和媒体，教师的作用都是不可能替代，只是其发生作用的形式随着时代的不同而有所不同。

当代教师虽然无法成为苏格拉底和孔子（伟人是不可能复制的），但是能否拥有与他们类似的某些品质，至少能够对他的学生心灵产生深刻而持久的影响？所谓真正的教育，德国哲学家雅斯贝尔说过，"意味着对人的灵魂深处的深刻变革。"即使我们不能使每个学生都在晚年为他的教师写本《回忆……》，但至少在他一生的活动中，处处可以或隐约或清晰地发现当年恩师的身影，甚至可以说，这个学生的思想与精神气质是他的老师思想和精神气质的合理延伸，这样的教师是令人羡慕的。

德国社会学家韦伯主张：一个民族国家的发展变迁是以民族国家的文化精神的发展变迁为前提和动力的。

教师的文化精神主要体现在课堂教学中，最直接、最明确地体现在教师的言行中，是教师的气质、性格、修养和品德的全面反映，并内在地蕴含或预设了教师取得成就的方向和程度。

在传统的教育教学中，师生之间的关系是"我与他"而不是"我与你"的关系。学生在教师面前是一个异在的他者，尚不足以成为一个具有平等人格的"人",所以使教师的"教学"难以进入学生的内心,难以与学生的精神和灵魂相遇相生。并非所有的教学都称得上是"教育",它是教学所努力达到的终极目的:使教学成为"教育"。它意味着师生双方心灵的相互敞亮,意味着使学生在灵魂深处发生某种程度的深刻变化。

北大任期最长的校长蒋孟麟说过的一段话:有真学术,才有真教育;有真学问家,才有真教育家。他们的学问或学术是以人类思想文化的精华为背景的,体现在课堂教学中自然就有超出一般的精神气质。

即使他的学生在别人看来愚陋不堪,令人生厌,根本不值得为之献身,为之呕心沥血,他仍然会无悔无怨,时刻怀着"不如此便心怀内疚的心情",站在讲台上,表情严肃而内心充满激情;即使他用了一百分的力气,只收到一分的效果,他仍能够说:孩子们充满了希望,让我们耐心等待吧,那么这时候我们才能说,他具有了精神领袖的气质,他听到了信仰的召唤,并触摸到了教育的真谛。

教育要为21世纪培养人才,就要求这些人才具有较高的创造能力、竞争能力。但是,陈旧的教育思想把学生视为知识的容器,教育方法采取灌输式,这种教育传统可能抑制学生创造力的发展,从而影响到科技人才、管理人才的培养。课堂教学本是教师和学生交流的重要场所。通过课堂上的师生互动和交往,教师用自身的道德风范、做人的准则及其人格魅力等因素创造一种和谐的教育环境,使学生在不知不觉潜移默化中接受良好的思想、健全的人格以及探究知识的精神和科学态度的教育,从而学会如何学习、如何生存、如何合作和如何待人……

现在的社会要求我们每一位教师,除了真诚地面对学生,要以真情实感来感动学生外,才华是不可缺少的。没有才华的老师就像一个没有肉和没有血的骨骼一样,学生需要获取各种各样的信息和资料,希望教师能传授给他。除了教师的人身经历外,还有教师的自学方式、专业水平和对信息的捕捉处理能力,这些对学生以后的成长都很有利,包括教师自学的风格。你是否具备创新的素质?你的实践能力怎样?你待人处事的能力如何?如此等等……新形势下教师的才华,在能力的方面应该有新的要求。

三、师生在课外活动交往中的师德

课外活动是指在课堂教学任务以外有目的、有计划和有组织地对学生进行多种多样的教育活动,它是学生课余生活的良好组织形式。

我国教育历史上就有组织学生课余活动的实践。《学记》指出:"时教必有正业,退息必有居学。"说明古代学校既有正课学习,又有课余活动。在现代社会,科学技术和社会生产的迅速发展,使社会交往日益广泛,这就对人的发展既提出了更高的要求,也提供了更多的条件。在课余生活中积极的教育因素越来越丰富,它们对学生身心发展的影响作用越来越明显。

苏联著名教育家苏霍姆林斯基认为,课外活动是学生"智力活动的策源地",课外活动能使"青少年迈上科学思维的道路"。他认为课外活动是学生"个性发展的一个重要条件","只有当孩子每天按自己的愿望随意使用5—7个小时的空余时间,才有可能培养出聪明的、全面发展的人来,离开这一点去谈论全面发展,谈论培养素质、爱好、天赋、才能,只不过是些空话而已"。

第三节 尊重学生 公平对待

在这一层次中,平等公正是核心要求,也是最基本要求。早在2500多年前,大教育家孔子就提出了"有教无类"的教育理想,并且亲自践行了不分贵贱、不分贫富、不分年龄、不分国籍、不分美丑、不分恩怨、不分材质、不分优劣、不分个性、不分亲疏的教育思想,不以个人的私利和好恶为标准。第一本教育学专著《大教学论》的作者夸美纽斯则发自肺腑地指出:"从童年培养儿童的公正时起,在对待他们的态度上也应是公正的。"教师职业道德要求全体教师必须做到公平、公正地对待每一个儿童,没有偏私,没有偏爱,没有隐瞒。除了做到孔子做到的"十不"之外,还要做到不分种族、不分肤色、不分宗派、不分性别、不分婚姻状况、不分政治或宗教信仰、不分家庭状况、不分社会或文化背景等。

尊重学生人格就是将学生作为平等的人格主体予以应有的尊重。谈到尊重，尊重包含三方面的含义：一是尊敬与敬重；二是重视并严肃对待；三是行为庄重。1959年联合国通过的《儿童权利宣言》和1989年通过的《儿童权利公约》不仅明确了儿童"生存、发展和充分参与社会、文化、教育生活以及他们个人成长与福利所必需的其他活动的权利"，而且对如何尊重儿童提出了具体要求。《中华人民共和国教育法》、《中华人民共和国教师法》、《中华人民共和国义务教育法》、《中华人民共和国未成年人保护法》等对教师尊重学生人格都提出了相应的法律要求。例如，《中华人民共和国未成年人保护法》明确规定："学校、幼儿园的教职员应当尊重未成年人的人格尊严。不得对未成年人和儿童实施体罚、变相体罚或者其他侮辱人格尊严的行为。"事实上，尊重是一种无形的教育力，他能够有力地促进学生健康发展，能够增强学生的自信心，达成苏霍姆林斯基提出的"让每一个孩子都能抬起头来走路"的教育理想。同时，教师尊重学生人格还能赢得学生对自己的尊重与爱戴，达到《礼记·学记》中描绘的"亲其师，信其道"的境界，并进而促进学生自由而全面地发展。尊重学生人格包括尊重学生的潜能，因材施教；尊重学生的个性，因势利导；尊重学生的差异，长善救失。

关心爱护全体学生，一方面强调的是关心爱护。关心爱护就是始终把全体学生放在心上，重视之、爱惜之、保护之。另一方面，关心爱护的对象是全体学生。教师的关爱必须是泛爱，即面向全体学生的爱。关心爱护全体学生，就是关爱学生的学习与健康，关爱学生的思想与品德，关爱学生的成长与进步。关心爱护全体学生的理想就是真正实现伟大的人民教育家陶行知先生提出的"爱满天下"。

典型案例

另类绰号[①]

"陈老师，您看张蒙，他又在给女同学起外号了！"班干部西西又来办公室告状了。我把头伸向窗外，只见这一群正在进行体育课自由活动的孩子们

---

① 陈琳. 另类绰号 [J]. 河东教育, 2007 (4).

又在因为起绰号的事"大动肝火"呢！我静观其变。果然，不一会儿，李婷抹着眼泪向我哭诉："老师，难道就因为我嘴巴大就得叫'大青蛙'吗？"还没等我亲自去"捉""罪魁祸首"，他居然自己"送上门来"："老师，她还管我叫'武大郎'呢！"听着他们的"申诉"，我真是又好气又好笑。确实，这一段时间以来，班里经常会因为这些事闹得不团结，怎么办呢？

何不寻找一些新异的刺激，引起新的兴奋中心？于是，经过再三思索，我决定让"雅号卡"这个小小的"文明使者"走进我们五年级三班。"同学们，老师想请大家根据自己的性格特点、兴趣爱好、个性特长，为自己封一个'雅号'，好吗？要充分表现你的与众不同之处噢！当然，不好意思的同学可以请大家来帮助。"一石激起千层浪，教室里顿时一片沸腾，不一会儿，只听：

"我提议，田靖雅号为'小刘翔'，因为她在我们班跑得最快！"萧文静发表意见道。

"我同意，每次运动会她都为我们班争得很多荣誉，而且她的名字也有代表意义呢！"

"我给自己封个雅号叫'小贝多芬'，不知大家有没有意见？我的电子琴曾获得全国比赛一等奖，钢琴也已拿下十级证书。爱好作曲的我今后要以贝多芬为榜样，长大争取做一名杰出的音乐家。"听了孟菲的发言，教室里热烈的掌声已作了响亮的回答。

"老师，我以前爱叫王弈'小四眼'，可现在我知道自己错了，这样的称呼对他是极不尊重的，今天我要向他道歉，并且想赠给他一个雅号'小棋圣'，因为他的围棋下得简直棒极了，将来一定能够超过聂卫平！"

纯真的孩子，纯真的语言，再看王弈早已感动得不知说些什么好。

不一会儿，"故事大王"、"小夜莺"、"足球小将"、"小文通"、"开心果"、"小诗人"、"双绳健将"纷纷从这个团结向上的集体里诞生了，同学们把获得雅号的快乐写在脸上。

这时，我发现只有韩冰低声不语。是啊，以前她听到的是"大肥猪"、"大懒蛋"的称呼似乎比听到自己的名字还多，再加之自己的学习困难，唉……

"不能丢下她！同学们，咱们一起给韩冰同学封雅号，好吗？"我的一席话，大家陷入了沉思，"封个什么好呢？"

这时，班长站起来说："她平时最关心集体，放学后经常主动做卫生，而且谁有了困难，她都能热心帮助，我建议，韩冰叫'热心肠'，而且我们都应该做'热心肠'，好不好？"

"好！"同学们异口同声地回答，教室里又是一片沸腾。只见韩冰红彤彤的小脸蛋儿露出了美滋滋的笑容。

第二天，教室的课桌上都摆着同学们精心准备的自制"雅号卡"的材料：白板纸、小相架、废纸盒……课下，他们在上面绘上自己喜爱的、充满丰富想象的精美图案，每幅图画都代表着自己雅号的特殊意义，再贴上自己的一张小照片，嘿，瞧！上面的形象个个活灵活现。有的还邀请老师、同学、家长写下对自己的祝福语。

"'小画家'，帮我画只鹰好吗？"这是平日里最爱叫姚兰"大座钟"的阎晓龙在请求她帮助绘制"雅号卡"。

"'小棋圣'，中午咱们杀一盘？"

"没问题，'小问号'。"

听着他们以特殊的方式彼此亲切地交流，我真的很开心。从此，再没有人给别人起绰号了。

课上，老师根据"雅号卡"的称呼（无论哪一个科目，老师都能一目了然）提问。课堂上那种纯粹的师生关系渐渐消失了，取而代之的是一片融融的朋友情。

小小"雅号卡"，情系你我他。大家终于明白了每个人身上都有闪光点和良好的道德情感，健康向上的班风也在不知不觉中形成了，班集体更加和谐、融洽，课堂学习效率也提高了。谁又能说教师不是这项活动的受益者呢？

案例评析

爱的前提是尊重，教育的前提也是尊重。假如没有尊重，就不可能有爱，也不可能有教育。在这里，既有教师对学生的尊重，又有学生对学生的尊重。陈老师将"雅号卡"引进了自己的班级。从封雅号到对学困生的关照，从自制"雅号卡"到班集体的和谐、融洽，这里既透露出教师对学生的尊重，又引导学生相互尊重。尊重是教育的前提，也是爱的前提。引导学生学会尊重他人，是教师必需的一项修炼。

相关链接

陶行知的"四块糖果"

一次，教育家陶行知看到学生王友用泥块砸同学，当即制止，令他放学后到校长室来。陶行知来到校长室，王友已等在门口准备挨训了。可一见面，陶行知却掏出一块糖给他，并说："这是奖给你的，因为你准时，我却迟到了。"王友惊疑地接过糖。陶行知又掏出一块糖放到他的手上："这第二块糖也是奖给你的，因为我不让你再打人时，你立即就停止了。"王友瞪大了眼睛。陶行知又掏出第三块糖果："我调查过了，你用泥块砸那些男生，是因为他们不遵守游戏规则，欺负女生；你砸他们，说明你正直善良，且有跟坏人作斗争的勇气，应该奖励你啊！"王友感动极了，他流着泪后悔地喊道："陶校长，你打我两下吧！我错了，我砸的不是坏人，是自己的同学啊……"陶行知满意地笑了，又掏出第四块糖递过来："为你正确地认识错误，我再奖给你一块糖，只可惜我的糖用完了，我看我们的谈话也就完了吧！"

面对犯错误的学生，大教育家陶行知没有劈头盖脸地训斥，更没有请家长，而是在调查研究的基础上，对犯错误的学生进行了充满爱的教育。这种教育彰显着大教育家对学生的尊重，透露着对教育的理解。陶行知对学生的爱是朴实的、真诚的，教育的艺术是高超的。被毛泽东称为"你是我二十年前的先生，你现在仍然是我的先生，你将来必定还是我的先生"的徐特立先生，在任长沙女子师范学校校长期间，有一次，学生与厨房工友之间产生矛盾，并打碎了厨房的一篮子碗，工友们要求开除学生。徐特立先生得知此事后，只是写了一首小短诗贴在公告栏中："我愿诸生青出蓝，人财物力莫摧残。昨宵到底缘何事？打破厨房碗一篮。"学生与工友见到后，都纷纷到徐校长处承认各自的错误。什么是尊重？这就是尊重。

什么是爱？这就是爱。什么是艺术？这就是艺术。在两个故事中，陶行知先生与徐特立先生的所作所为，彰显着他们对学生深深的爱、教育的智慧与技巧。

第四节　严慈相济　良师益友

对学生严慈相济，就是对学生的严格要求必须建立在爱的基础上。假如对学生的严格要求没有建立在爱的基础上，很容易导致学生将这种严格要求理解为教师对自己的"苛求"。《礼记·学记》早就写下了这样一段名言："凡学之道，严师为难，师严然后道尊，道尊然后民知敬学。"苏联著名教育家马卡连柯则论述了自己教育学生的基本原则："尽可能多地要求一个人，也要尽可能地尊重一个人。""把严格要求人和尊重人结合起来，这不是两种不同的东西，而是同一种东西。"因此，严慈相济中的"爱"是有目的的、服从社会要求的、理智的、严格的爱。严慈相济中的"严"：首先，必须建立在善意的基础上；其次，必须为学生所真正理解与接受；再次，必须是客观的、合理的要求；最后，必须是学生能够做到的。教师必须做到严而有格、严而有度、严而有方、严而有理、严而有恒。总之，爱与严是共生的。爱是严的基础，严是爱的升华。

做学生的良师益友，这是针对教师职业道德角色规定的。正如赞科夫所言："教师既是学生年长的同志，同时又是他们的导师。无论对集体，还是对个别的学生，都时刻不要放松自己肩负的指导责任——这一点正是应该做到的，虽然做起来相当困难。"这就要求教师：一方面，应该做学生发展的指导者、促进者、点拨者、合作者、帮助者、引导者、辅导者等。这就要求教师在履行这一职业角色时，务必注意不断提升自己的职业精神、树立自己的职业信念、改善自己的职业道德、丰富自己的职业知识、提高自己的职业能力，最终发展成为教育的行家与教学的里手，即良师。另一方面，应该做有利于学生发展的朋友。这就要求教师在履行这一职业角色时，务必把学生当做活生生的人去看待。在此，孔子提出的"己所不欲，勿施于人"的消极处世观，"己欲立而立人，己欲达而达人"的积极处世观，应该给教师做好学生的益友以启示与启发。事实上，教师只有成为学生的益友，才能全面地了解学生、理解学生、宽容学生与信任学生。应该特别指出的是，教师只有做到将心比心，敞开自己的心扉，才能打开学生紧锁的心扉，也才能成为学生的益友。

典型案例

冷漠也是一种激励①

莫小倚慌慌张张地跑到学校的时候，同学们都已经在早读了，教英语的张老师正站在教室门口，看到她，冷冷地说："莫小倚，迟到一次，自己给自己记过吧！"

一句话，莫小倚刚刚还格外紧张的心，蓦然就变成了一种难以抑制的委屈，眼圈霎时就红了。片刻，她昂起头说："知道，我会的。"然后便一头冲到自己的座位上。

莫小倚知道，记过三次，就等于失去了年终评三好学生的基本资格。

其实，莫小倚以前根本不曾迟到过，自打背上书包那天起，就有着提前半个小时进教室的习惯，这是第一次。

昨天晚上她怎么也睡不着，很兴奋。考试结果出来了，第一次英语拿了个第一，莫小倚有些不敢相信，又有些自豪和得意。自己其他学科都特别出色，可英语老是停留在全班第三的位置，教英语的张老师似乎从来就不曾正眼看过自己，更别说一张温柔可亲的笑脸了，这让莫小倚心里总像是长了草，乱糟糟的，有事没事儿就翻看英语杂志、背单词，暗自发誓一定要让张老师对自己另眼相看。

是的，另眼相看！莫小倚就是这么一个女孩，早已习惯了赞扬的目光，容不得别人眼光中透出的一丝冷漠。然而，张老师还是一如既往的冷漠，这种冷漠让莫小倚变得愤怒而不安，所有的骄傲和热情似乎就在那一个冷漠的眼神中瞬间冷却下来。

莫小倚从书包中取出发下来的那份英语试卷，想给自己一些满足感。

---

① 崔红玲. 冷漠也是一种激励［N］. 中国教育报，2009 (8).

是的，这时，或许只有这张薄薄的卷子能给自己一些满足和自豪了。看着看着，嘴角不自觉地勾起了一抹笑意。

或许是太入神了吧，感觉有人站在自己身边的时候，莫小倚吓了一跳，抬眼，正迎着张老师冷冷的眼睛："最简单的地方你给了一个错误答案！"言毕，扭头大步走了开去。

莫小倚的脸却蓦地通红起来。咬着笔杆，她恨恨地说道："下次，下次，一定不让你小瞧！"

接下来的日子，莫小倚不允许自己有丝毫的放松和马虎，英语如此，其他科目亦是如此。随之而来的，是莫小倚开始不那么自以为是了，身上那些被赞扬堆起来的锋芒渐渐地消失了，人也变得平和了，开始有成绩差一些的同学围在她身边请教功课了。

年终成绩跻身学校第一是莫小倚想都不曾想过的，然而莫小倚还是被一片热烈的掌声推上了领奖台，举起大红奖状、向台下鞠躬的一刹那，透过一张张羡慕和赞扬的脸，又看见了张老师那双眼睛。那眼神依然是冷冷的。莫小倚那颗被喜悦充溢的心，一下子就平静了下来。低头下台时，张老师淡淡地说："成绩只是一时的，并不代表会是一世的。"

从那以后，每每取得了什么让他人艳羡的荣耀，莫小倚还会激动，但再不会骄傲，更不会得意，张老师的冷漠似乎成了她的一块心病，每每要得意起来的时候，心病就会犯，从而浮躁的心就会在瞬间回归平静，觉得一切并没那么了不起。在这种心态下，莫小倚走进了大学，又很顺利地考取了一所名牌院校的研究生。

多年后，莫小倚和中学时代的一位同窗谈起逝去的时光，感慨之余，同窗突然说道："知道吗？你一直是张老师的一块心病。"

莫小倚听了，摇头叹道："我知道，可我不知道自己为什么就成了他的心病了，一直不明白他为什么对我那么冷漠？"同窗笑道："一开始，我们也不明白，后来，张老师生病了，我和几个同学去探望，张老师说起你时，很自豪，说你是他最看好的一个学生，只是不得不狠下心来对你冷漠。你是一个出色的学生，勤奋、聪明，但身边赞扬的目光太多了，他担心那些东西会让你忘记迈开脚步继续前进……"

第三章　在师生交往中体现师德

听着听着，莫小倚忍不住满目潮湿起来。是的，当自己被鲜花和掌声重重包围起来的时候，谁又能说冷漠不是一种强有效的激励呢？

案例评析

记得《荀子·宥坐》曾记载了大教育家孔子的一个教学故事。有一次，孔子携弟子游览鲁桓公庙，见到一个文物。孔子便问守庙人："这是什么器皿？"守庙者答曰："这大概就是宥坐之器。"孔子说："我听说宥坐之器，虚则欹，中则正，满则覆。"并让弟子灌水试验，结果正如孔子所言。孔子便抓住时机及时而教，发出嗟叹："唉！哪有骄傲自满而不自取灭亡的人呢！"从小学时起，就背过了毛主席的一句语录："谦虚使人进步，骄傲使人落后。"也听说过："响鼓仍需重锤敲。"张老师在发现莫小倚习惯于赞扬的问题后，唯恐莫小倚被这些东西缠住前进的步伐，刻意采取了两种教育：一种是冷漠的眼神；另一种是言语上的"敲打"："最简单的地方你给了一个错误答案！""成绩只是一时的，并不代表会是一世的。"正是由于张老师的冷漠，才使莫小倚在以后的人生旅途中取得了让他人艳羡的荣耀，虽然还会激动，但再不会骄傲，更不会得意忘形。爱与严本是一回事，爱是严的基础，严是爱的升华。

相关链接

巴尔扎克和他的老师[①]

有一天，一位老妇人拄着拐杖来拜访巴尔扎克。她拿出一本学生的作文本，说："亲爱的巴尔扎克先生，您是一位大作家，我想求您一件事，请您仔细看看这本作文本，并回答我，这个孩子的作文水平究竟如何？今后的前途又会如何？"

巴尔扎克十分仔细地看完了这个作文本，然后问道："你是孩子的母亲还是奶奶？"

"不是，先生。"

---

① 张光圻. 巴尔扎克和他的老师 [J]. 青年文摘（红版），1983（12）.

"那一定是亲戚?"

"也不是。"老妇人一直摇头。

"那么,恕我直言奉告你,这孩子出息不大。仅从字迹来看,这个孩子就显得很迟钝。"

"是吗?"老妇人大吃一惊,"不过,您当上了声名远扬的大作家,怎么连您自己的字迹也认不出来了?这是您读小学时用过的许多课本中的一本呀!"

"啊,老师,是您……"

巴尔扎克无论如何也意想不到,自己孩提时代的老师到现在还珍藏着自己的作文本,不禁羞愧得满面通红。通过这件事,巴尔扎克改变了自己以往凡事过于自信、武断的性格和习惯。

"十年树木,百年树人。"巴尔扎克的小学教师对巴尔扎克的教育并没有因学生早已毕业而终结。在白发苍苍的年龄,她仍在关注自己那已经成名成家的学生巴尔扎克,并发现他成名以后一度过于自信,处理事情有些轻率、武断,她采取了登门造访的方式,妙用巴尔扎克自己小学时期的作文本对其进行了适时适度的教育。这段轶事表现了老师对巴尔扎克深深的爱。

三毛为何自杀[①]

三毛,原名陈懋平,后改名为陈平,祖籍浙江。1943年3月26日生于重庆,是律师陈嗣庆的娇女。她自幼酷爱文学,把读书当成"玩"。三岁时,她就对张乐平的《三毛流浪记》、《三毛从军记》着迷,一边猜一边向家人问字,就这样,既弄懂了内容,又认了字。学龄前"玩"着读了《木偶奇遇记》、《苦儿寻母记》、《爱的教育》、《安徒生童话集》、《格林兄弟童话》等书。1948年,三毛随父母去台湾,当时她6岁,刚上小学,对太浅的语文课不感兴趣,却特别爱读《国语日报》、《东方少年人》、《学友》等报刊。有时还偷读鲁迅、冰心、郁达夫、巴金、老舍等人的"禁书",对鲁迅的《风筝》感动得不得了。

---

① 摘编自《三毛的右脑思维与自闭症》,http://limngcui.blog.hexun.com/10861771d.html.

第三章 在师生交往中体现师德

　　小学五年级时，她迷上了《红楼梦》，在中学里，也因沉迷于《水浒》、《今古传奇》、《复活》、《死魂灵》、《猎人日记》、《莎士比亚全集》等"闲书"而不能自拔，以致初二第一次月考，她四门课不及格，数学更是常得零分。

　　初中二年级第二学期，因为怕留级，她决心暂不看"闲书"，跟每位老师都合作，凡课都听，凡书都背，甚至数学习题也一道道死背下来，她的数学考试竟一连得了六个满分。这引起了数学老师的怀疑，就拿初二的习题考她，她当然不会做。数学老师即用墨汁将她的两个眼睛画成两个零鸭蛋，并令她罚站和绕操场一周来羞辱她，严重地损伤了她的自尊心。回家后她饭也不吃，躺在床上蒙着被子大哭。第二天，她痛苦地去上学。第三天去上学的时候，她站在校门口，感到一阵晕眩，数学老师阴沉的脸和手拿沾满浓浓墨汁的大毛笔在眼前晃来晃去，耳边轰响着同学们的哄堂大笑。她双眼顿时变得异常沉重，不敢进校门。

　　从那天起，她开始逃学，她不愿让父母知道，还是背着书包，每天按时离家，但是她去的不是学校，而是六犁公墓，静静地读自己喜欢的书，让这个世界上最使她感到安全的死人与自己做伴。从此，她把自己和外面的热闹世界分开，患了医学上所说的自闭症。这个数学老师就这样残暴地摧毁了三毛的自尊与自信，使她成了一个孤独的孩子。

　　好在父母疼爱她、理解她，当他们了解真相后，立即为她办了退学手续。自此，她"锁进都是书的墙壁……没年没月没儿童节"，甚至不与姐弟说话，不与全家人共餐，因为他们成绩优异，而自己无能。她曾因此自卑地割腕自杀，为父母所救。为了使女儿走出自闭症，父亲不仅亲自教她古典文学和英语，还请人教她学钢琴，学山水画，习花鸟画。可是，她只对书感兴趣。直至她在姐姐二十岁的生日会上认识了画油画的陈涛，惊奇于油画的"立体感"，问明了陈涛的老师是顾福生，她也要拜顾福生为师学油画。就是这个顾福生，把她慢慢从自闭症中解救出来，因为他了解她的过去和性格，深知她没有绘画的天才，就引导她走上文学之路，成长为著名作家。然而，令人非常遗憾的是，这种自闭症最终还是夺去了她的生命。

当然，三毛的自闭症除了教师过度惩罚的原因之外，也许还有自己气质抑郁的原因，愿意阅读伤感类图书的原因，人格脆弱的原因以及右脑发达的原因等。然而，我们也不得不说，初二数学教师不问对象的过度惩罚是其自闭症形成的主因。这名数学教师毁了三毛的一生。

　　长期以来，部分中小学教师在教育学生的过程中，"严"字当头，忘了严而有格。何谓"格"？我理解严而有格的"格"：一是指分寸。所谓分寸，就是说话或做事要有适当的限度。二是指中庸。大教育家孔子不仅提出"中庸"的思想，而且进一步反对"过"与"小及"，指出："过犹不及"（《论语·先进》），强调执两用中，灵活执中。何谓中庸？朱熹在《四书集注》中解释："中者，不偏不倚，无过无不及之名。庸者，平常也。"三是指度。在哲学上，度是指一定事物的质的数量界限。在这个界限内，量的增减不改变事物的质，超过这个界限，就要引起质变。惩罚作为教育的一种手段，其实也有一个界限，超过这个界限，惩罚的正面作用不仅会完全丧失，而且有可能产生副作用。因此，教师的"严"要注意以下几点：一是必须做到严而有格。二是必须建立在爱的基础上。没有建立在爱的基础上的严格，在很大程度上将被学生理解为苛刻。

第五节　保护学生　维护权益

　　这是对教师关爱学生这一职业道德的最低要求。一是因为中小学学生绝大多数是未成年人，依据《中华人民共和国未成年人保护法》第三章第十六条："学校不得使未成年学生在危及人身安全、健康的校舍和其他教育教学设施中活动"，第十七条："学校和幼儿园安排未成年学生和儿童参加集会、文化娱乐、社会实践等集体活动，应当有利于未成年人的健康成长，防止发生人身安全事故。"二是因为保护学生安全是教育赋予教师的义不容辞的职业责任，能否保护学生安全是检验教师职业道德水平高低的一个重要的底线标准。

　　保护学生安全，首次被写入教师职业道德规范之中。保护学生安全，尤其是保护中小学生安全，是教师的天职，也是教师应尽的第一义务。保护学生安全包括：一是教师组织学生参加各种各样的教育教学活动时，必须要保证学生安全。二是教师在学生安全受到威胁时必须挺身而出，保障学生安全。三是教师必须尽可能地防止校园暴力的发生。四是教师必须未雨绸缪，积极开展生命教育，通过生命常识教育、生命安全教育、生命价值教育等，引导学生学会认识生命、尊重生命、珍惜生命、热爱生命。

关心学生健康，这次也被首次写进教师职业道德规范之中。学生健康包括身体健康与心理健康两个方面。目前，我国中小学生的身体健康与心理健康都不容乐观。在身体健康方面，近视率持续走高，身体素质全面下滑，已经成为教育的顽疾。教师必须严格执行国家的各项规定，做到精教、精学、精练、精作，不得随意侵占学生的休息、娱乐、体育锻炼的时间。在心理健康方面，首先，教师在教育过程中务必注意把握学生的心理特点，留意学生的心理变化，不得开展有损学生心理健康的言行。其次，教师要积极对学生开展心理健康教育，防患于未然。再次，教师务必要注意对家庭离异、亲人去世、处于心理断乳期等学生的心理健康予以特别关注。最后，教师要多与学生、学生监护人进行语言交流与心理沟通，以准确把握学生的心理变化情况，因时施教。

维护学生权益。这次修订，一是将保护改为维护。因为维护是维持与保护的合称，维护包含保护。二是将合法权益改为权益。因为权益是法律所赋予的学生应该享受的不容侵犯的权利，自然是合法的。《中华人民共和国教育法》第五章第四十二条对学生权益有明确的规定：

第四十二条受教育者享有下列权利：

（一）参加教育教学计划安排的各种活动，使用教育教学设施、设备、图书资料；

（二）按照国家有关规定获得奖学金、贷学金、助学金；

（三）在学业成绩和品行上获得公正评价，完成规定的学业后获得相应的学业证书、学位证书；

（四）对学校给予的处分不服，向有关部门提出申诉，对学校、教师侵犯其人身权、财产权等合法权益，提出申诉或者依法提起诉讼；

（五）法律、法规规定的其他权利。

典型案例

"范跑跑"事件

"范跑跑",原名范美忠,1997年北京大学历史系毕业后到自贡蜀光中学当教师,不久因为课堂言论偏激辞职,后辗转深圳、广州、重庆、北京、杭州、成都从事媒体、教师行业。5·12地震发生时,任四川都江堰光亚学校教师的他丢下学生一个人跑出了教室,5月22日在天涯上发帖《那一刻地动山摇——5·12汶川地震亲历记》,文中细致地描述了自己在地震时所做的一切以及自己的心路历程。

据描述,范美忠当时正在四川都江堰光亚学校上语文课,课桌晃动了一下,但范根据对地震的一些经验,认为是轻微地震,因此叫学生不要慌。但话还没完,教学楼猛烈地震动起来。"我瞬间反应过来——大地震!然后猛然向楼梯冲过去。"后来,范美忠发现自己是第一个到达足球场的人,等了好一会儿,学生才陆续来到操场,随后他与学生有一段对话:

范:"你们怎么不出来?"

学生:"我们一开始没反应过来,只看你一溜烟就跑得没影了,等反应过来,我们都吓得躲到桌子下面去了,等剧烈地震平息的时候我们才出来。老师,您怎么不把我们带出来才走啊?"

范:"我从来不是一个勇于献身的人,只关心自己的生命,你们不知道吗?上次半夜火灾的时候我也逃得很快。"

接着,范美忠对一位对他感到有些失望的学生说道:"我是一个追求自由和公正的人,却不是先人后己、勇于牺牲自我的人!在这种生死抉择的瞬间,只有为了我的女儿我才可能考虑牺牲自我,其他的人,哪怕是我的母亲,在这种情况下我也不会管的。因为成年人我抱不动,间不容发之际,逃出一个是一个。如果过于危险,我跟你们一起死亡没有意义;如果没有危险,我不管你们也没有危险,何况你们是十七八岁的人了!"

范美忠写道:"这或许是我的自我开脱,但我没有丝毫的道德负疚感,我还告诉学生,我也绝不会是勇斗持刀歹徒的人。"这些话如一石激起千层浪,在论坛上炸开了锅,他因此被千万网友称为"范跑跑"。

(摘编自 http://baike.baidu.com/view/1613806.htm.)

案例评析

2008年的汶川大地震震惊着世界,也感动着世界。在生与死的选择中,涌现出了一批英勇献身的人民教师:死死护着桌下4名学生的东汽中学教导主任谭千秋老师,救下13个学生再也没有回来的映秀小学严蓉老师,用血肉之躯保护2名学生生命的映秀镇小学张米亚老师……然而,范跑跑却选择了无视学生的生命,逃之夭夭,并振振有词。继后,安徽长丰县双墩镇吴店中学的两名学生在课堂上打架,被曝授课的地理教师杨经贵没有制止,而是坚持继续上课,以致一名学生死亡。杨的作为被网友称为"选择站在三尺讲台上当看客",其本人也被冠以"杨不管"的绰号。

记得有人说:"你选择了某种职业,其实你就选择了一份责任。"而保护学生的安全,从教育的视角分析,这是教师的第一责任,是教师的天职。从法律的视角分析,这是法律赋予教师的义务,因为中小学生是未成年人,保护未成年人是教师应尽的义务。

第六节 在师生交往中体现师德的案例分析

案例1

从没戴红领巾引发的……

● **背景材料**

在我参加工作的第三年,任五年级语文教师及班主任,那时学校为培养学生良好的学习和生活习惯,每天要进行一日生活评比,佩戴红领巾是其中的一项。作为班主任的我紧抓学生各方面的管理,总觉得自己带的班不能落后,我不能比别人差。直到发生了一件事,使我觉得还有比名次、奖状更重要的……

那是开学一个月后的一个早晨,进校铃声刚响,突然一个女同学气喘吁吁地闯进办公室报告说:"老师!张某没戴红领巾给班里减了分……"

急得她语无伦次。我忙上前问清原因：原来是班里一名同学没戴红领巾，同班的另一名同学怕他进校时被减分，就从楼上扔下一条红领巾给他。张某不但不马上戴好红领巾，反而把这件事报告给值周生。听到这儿我第一反应是今天的评比我们班得不了满分了，这是张某造成的。于是我气急败坏地"命令"这位女同学："把他给我叫来！"

当我劈头盖脸地质问张某：为什么这样做？你知不知道你没戴红领巾学校值周生要给咱班扣分？你为什么上学不戴红领巾？别人给你还不马上戴上等一连串的问题时，他却坦然地说："老师，我没错，他们弄虚作假，他们不对！老师您说呢？"

当时，我一下子就愣了，几分钟后我有气无力地说："你先回去吧。""老师，再见。"我望着张某的背影，喃喃地说："是我错了！"

● 引发思考

这是刚上小学五年级的学生，老师对刚开学不久学校的检查是实事求是还是弄虚作假？这既是小学生的真切体验，也是如何在学生心目中树立教师形象和学生如何认识学校教育的初步尝试，更是培养学生成为什么样的人的重要问题。老师气急败坏地质问，学生从教师外在形象表现已经知道老师生气了，但这名小学生并没有被老师的严厉质问所吓倒，反而很坦然地回答老师，这是出乎我们常人预料的。学生回答的话语是那样地坚定、自信、铿锵有力。

班主任老师应当采用下面的哪种处理方法？

（1）详细地给他讲班集体荣誉的重要，作为班集体当中的一员，应该怎样维护班集体的荣誉。

（2）给学生介绍学校值周生的作用，学校为什么要进行评比，扣分将给本班带来什么，全班同学会怎么对待被扣分的同学。

（3）对该同学的表现给予正确评价。做得对的地方给予充分肯定，做得不对的地方给予指正。

（4）借此机会和学生进行交流，帮他分析这件事的利弊。重点帮助学生培养良好的组织纪律性，明确佩戴红领巾是少先队员应该养成的良好习惯。指出今后要争取严格要求自己，各方面要按学校的具体要求去做。

（5）面对面地批评后，学生不承认自己有错，老师要对学生进行严格教育。如果总听学生的强词夺理，班集体良好风气就无法形成，为此，要对此事给予足够的重视。拿到班上去讲，让大家从此做到时时处处为班集体着想，维护班集体荣誉，争创优秀班集体，借此培养学生的集体荣誉感。

除上述方法外，还有哪些好的方法和措施？

● 案例回放

事后我反思了自己当时的做法，找到了症结——一味地想不减分，忽视了得满分的前提。学校生活评比的目的是为了培养学生的生活和学习的习惯与能力，满分并不能完全证明我的工作做得好。

于是我就这件事情在班里表扬、肯定了张某同学的做法，并公开向他道歉："老师错了，张同学今天的言行教育了我，老师谢谢你。"同学们向张某投去了赞许的目光，为他鼓掌。

班会上，我让同学们就这件事展开讨论，大家各抒己见。最后，我们共同受到教育，达成共识：不管什么情况，发生什么事情，对集体或个人有什么影响，我们应该始终坚持"诚实第一，做人实实在在，做事踏踏实实"。

由于我及时对学生的正确做法充分肯定、予以表扬、公开道歉和承认错误，虽然这次检查班集体没得满分，但我的行动，深深地教育了全班学生，学生从教师身上学到了做人要做诚实的人。正像著名教育家陶行知先生说的："千教万教，教人求真；千学万学，学做真人。"从此，我班学生在各方面都坚持以踏实、认真、诚实和守信为行动准则。学生都积极用自己的实际行动维护班集体荣誉，杜绝了弄虚作假的现象，各项工作走在了全年级的前列。非常欣慰：是我班的张同学教育了我，也教育了我们全班同学！我们师生在共同成长啊！

● 案例分析

在这则案例中，学校检查学生佩戴红领巾，学生张某没戴红领巾，同班同学为了不使自己的班级在检查中扣分，从楼上扔下一条红领巾给他。而这名同学不但没有把红领巾戴上，还把这件事向负责检查的值周生说了。同学们很气愤，把事情告诉了班主任老师。这是一则典型的个别学生与班主任在班级管理过程中发生的思想认识上有异同、道德水准上有差别的案例。从班主任老师处理学生的具体做法来看，明显表现出老师开始与全班大多数同学意见一致：只要不给班上扣分，采取什么方法都行。张某被老师叫去挨批评后，同老师分辩："老师，我没错，他们弄虚作假，他们不对！老师您说呢？"这样交流的话语，使班主任老师一下子愣住了。为什么会愣住了？你能分析出当时这位老师在想什么吗？

从班内学生向老师告张某的状，到老师劈头盖脸地批评，张某却理直气壮地说出自己做法的正确理由，并用征求意见的口气问老师"您说呢"，这样简单的几句对话交流，使当班主任的老师深感惊讶，并被学生的做法所打动，进一步认识到学校搞红领巾检查评比的目的所在，检查出自己作为一名人民教师，出于眼前利益，忽视了学校搞评比活动的宗旨，于是自己及时进行了反思，并就此事在全班同学面前作了自我批评，也向张同学道了歉。此时此刻教师是在与学生思想的碰撞中受到感染和教育。语言上的交流、思想上的碰撞，让教师及时纠正了错误的做法。班主任老师还利用班会，让全班同学针对这一问题展开讨论，抓住机会，在自己深受教育的基础上，倡导同学们向张某学习，肯定张某做法的正确之处。班主任老师的这一做法，是以自己的实际行动、诚实的态度和有错就改的精神及灵活可行的措施体现出一名育人者的精神风貌，使全班同学都受到了教育：一是做事要诚实，实事求是；二是不管是谁有错都要勇于承担，并及时改正；三是淡化名利，坚持原则；四是鼓励学生大胆交流，互相帮助，学会做个正直的人。

班主任的这种做法是我们大力倡导的，也是师生共同成长的真实写照。

你认为这位班主任的做法还有哪些需要改进和补充？谈出自己的看法。

案例2

希望老师遭批评

● **背景材料**

这是发生在某小学的一件真实的事情。该校每月要进行卫生评比。各班卫生评比成绩与班主任工作绩效挂钩，奖惩分明。五年级（4）班是全校卫生红旗班,学校的流动红旗一直没有被其他班夺走过。班主任老师对此工作十分重视,根据学校的总体要求,安排由卫生班长负责的班内卫生三人领导小组,负责本班的卫生工作。这三名同学是公认的集体荣誉感、责任心和服务意识都很强的班干部。可在一次全校卫生大检查时,班主任老师突然有病去医院,结果班内卫生红旗被其他班夺走了。

● 引发思考

班内卫生红旗被其他班夺走,这意味着什么?说明卫生领导小组成员在这次老师不在的情况下,没能组织好全班卫生扫除工作,出现了丢分的地方(即不符合学校卫生检查标准的地方);另一方面也反映出在班主任老师不在的情况下,是班干部没有认真负责?是领导水平有限还是学生不听话?我认为,起码是班干部没有在学校检查之前对班内卫生进行彻底检查,可以说是班干部的失误。

当学生干部工作出现了失误,也确实认识到自己做得不对时,老师找到这几名同学进行批评。按常规学生应该很愧疚,应该主动承认自己的错误,并向老师保证一定会改正错误。但案例中的这几名同学,在老师批评之后(尽管老师用攻心战术反将他们补充说了这样做的后果)告诉他们:你们这样做老师是要挨学校批评的,出乎老师预料学生肯定并严肃地点头表示"就是这个目的"!这在我们做班主任工作中是很少见的。起码是学生心里可能这样想,但不敢这样做,而案例中这几名学生居然表里如一,就这样做了。

这时的班主任老师可能有多种做法:

(1)先把学校的各项评比得分看清楚,弄清是哪方面扣了分。然后和领导小组成员一起分析,找出问题的原因,追查负责人的责任。

(2)召开班会,撤换班长和领导小组成员,引进竞争机制,竞争上岗,以此教育全班同学,让每位学生都明白:干部做不好工作就要被撤换。

(3)班主任老师先做自我检查,向全班同学道歉:因为自己有病,没能和全班同学一起搞卫生,造成被学校扣分的问题,责任全在于老师。并以这次卫生红旗被其他班夺走为契机,对学生进行一次集体荣誉感、责任感、进取心以及做事要认真细致等方面的教育。

(4) 用此次卫生评比的结果教育全班同学，竞争是残酷的，你不努力，不前进就必然被别人超过。用辩证唯物主义的观点分析这次失利的原因，号召全班同学不要灰心、不要气馁，振作精神，争取下次评比把流动红旗夺回来！

(5) 对这次评比结果不加任何评价，而是从另一个角度切入。如：让每个学生写一篇日记，"我眼中的班集体""我喜欢的班干部""我喜欢的老师""假如我是班长"等；或召开"我为集体献一计"主题班会，让大家为班集体发展献计献策，从侧面教育学生。

你认为哪种做法更好一些？

我想班级不同，学生的年龄各异，老师所采取的方法也会不尽相同。我们先来看看案例中的班主任老师是怎样做的。

● 案例回放

第二天早操时间，学校公布了评比结果，我班的卫生红旗被其他班夺走。我一听十分恼火，回班后大发脾气，中午把三名干部叫到了办公室，狠狠地批评了他们，说他们奴隶性，没有老师监督就不能做好工作，辜负了老师的信任，还说要撤换他们。

我认为自己的批评有理有力，他们肯定会低头认错，我还用攻心的战术对他们说："你们难道愿意老师因为你们而挨批评、受惩罚吗？"谁知这句话一出口，班长便肯定而严肃地点了点头。

什么？我不相信自己的眼睛，又问了一遍同样的问题，依然得到了同样的答案。

我惊讶地问道："为什么？""因为您经常批评我们和惩罚我们，所以我希望您也挨一回批评。"班长镇定地说，我顿时语塞了，天哪！这就是我的学生，在我心里一直认为是最好的学生！居然想让我挨批评！

我心存侥幸地希望她能收回自己的尖刻，然而我的希望却落空了。班长坐在办公室的椅子上依旧泰然自若，对自己说过的话没有要收回的意思。望着她的神情我突然感到自己的脸在发烧，好像做错事的人是我，面对她的勇敢和真实，我真切地感受到了自己的虚伪和矫饰。

我没有再提刚才的事，故作镇静地聊了一会儿班上其他方面的事，然后就让他们回去了。……独自坐在自己的办公桌前,我的心情久久没能平静。

● **案例分析**

这位班主任老师在班级管理工作中,遇到了这样一位敢于讲真话的学生。从学生成长的角度看,我们认为是可喜的;但从教师班级管理工作看,实在让老师感到尴尬,但仔细品味是有其根源所在的。

班主任老师的心久久不能平静,他在想什么?这位老师可以说被学生(自己始终认为是自己的得意门生)的做法所触动。老师习惯用成人的思维方式去教育学生,用传统的师道尊严去批评学生,班内出现问题,从不愿从自身找原因。这次学生的做法,完全出乎教师的预料,学生的举动把教师击得语塞了,心跳了,一时弄不清是谁错了。此时的教师像挨了重击,完全没了主意,心里的滋味别提多么难受。"我居然被学生治了!学校里的老师们怎么看我?怎么评价我的工作?"

这时的学生心里有些得意,同时也有几丝害怕。得意的是终于找到给班主任提意见的机会了,由此老师肯定能改掉动辄就批评我们的毛病;害怕的是如果老师真的怒了,可能要处理我们,撤我们的职,甚至可能在班上大批特批我们……

当今社会,在市场经济的大背景下,学校管理者采用经济管理的方法管理教师队伍。而学生信息来源比较广,对事物的看法敏锐、思维活跃,有时在他们力所能及的情况下,仍然不能改变教师对待他们的态度和做法,他们会采取必要的行动以引起老师注意。

案例中这位班主任遇到的情况,从另一个侧面也反映出这位老师可能平时很爱批评学生,批评的态度可能也比较严厉,同时还有惩罚。学生尝到了挨批评的痛苦感受和受惩罚的难堪,于是就创造条件"让教师也感受一下挨批评的滋味",力争让老师吸取教训,今后尽量少批评学生或改进批评的方式方法。学生给教师提意见的方法可称之为"妙"!可教师能接受吗?

案例中的班主任老师认识到这个学生敢说真话,但是否真正认识到自己在班级管理工作中存在的问题,已经使学生产生逆反心理;老师与本班学生沟通不够;老师与学生的交往多存在居高临下的指责或教训;老师把学生找来，学生仍坚持自己的观点时，老师没有给学生以行为方法上的指导，只是"没有再提刚才的事，聊了一会儿班上其他的事"。这样做是否能对学生真正起到教育作用？学生的目的是否能够达到？他们是否还要采取措施？老师这时完全清楚学生是在给自己提意见，自己应当借此机会与学生进行心与心的沟通和交流，广泛听取意见更好地做好工作。其实，学生并不是真正想让流动红旗飘走，而是想要教师改掉爱批评人的毛病，同心协力地搞好班上的工作，学生的这种需要得不到满足，很可能还会出现其他举动。

这则案例中的班主任老师应该怎样做，才能更有利于学生的发展？请老师们发表意见！

以上两则案例，都是班主任在班级管理工作中遇到的问题，两则案例的共同之处都是遇到了敢说真话的学生。这一点我们应该感到高兴，因为教育的目的就是为了培养人。班主任和学生接触的时间多，交往多，在与本班学生交往过程中，老师的言谈举止、所作所为以及音容笑貌等多方面因素都会对学生产生影响。有人曾经说过："教师本身就是一种教育环境，就是一种教育因素。"教师如何利用自身的教育因素或教育环境对学生实施教育？关键要靠教师自身素质。班主任是学生的教育者和引路人，是他们学习的榜样。班主任应有崇高的社会主义道德、饱满的工作热情、永不止息的进取精神，言行一致，表里如一，为人师表，这样才能在学生中树立崇高的威信，给学生以强有力的教育影响。

两则案例向班主任老师提出了共同问题：怎样贯彻学生实事求是的精神、怎样因势利导教育全班同学、怎样在学生面前真正树立起教师的威严、怎样把班集体引向健康发展的道路……作为班主任老师，应该减少自己对学生的伤害。对幼小的孩子我们不能想教训他们就教训他们，想对他们好就对他们好，把"发泄"和"施舍"冠冕堂皇地称之为"严格"和"信任"。要把学生当成一面镜子，时时照一照，不要让虚伪、面子、荣誉和利益损伤学生的心灵，毁掉教育事业。

案例 3

"我服您了"的背后

● 背景资料

张同学在一所农村中学读初二,家里只有他一个独生子,母亲因生他难产而早逝,他一直跟奶奶和父亲生活在一起。

因失去母亲,奶奶、父亲及所有的亲戚朋友对他百般呵护,疼爱有余,管教不够,他养成了许多不良习惯——打架、骂人、抽烟、喝酒、根本不学习……初二第一学期,因到小卖部购烟而与该店的服务员发生争执,他找来硫酸,趁夜间店内服务员开窗睡觉之时,向窗帘喷洒了硫酸,伤及室内人员的腿部,故此被拘留。

释放后,回校继续就读,学校找原班主任谈接收时,原班主任老师坚决不接收,最后,学校只好把他分配到我这个班里(因为我是当时全年级唯一的党员)。

张同学第一天(周一)早晨来到班上时,他用脚咚的一声将门踢开。正在讲桌上批阅作业的我和早已到齐的聚精会神学习的同学都被吓了一跳,齐刷刷地抬起头向他望去。这时,他做了个鬼脸和几个滑稽的小动作逗得全班同学笑得前仰后合。然后向教室内唯一的空位子走去,整个班的早自习就这样被搅了。

我一言没发,仍旧平静地低下头批阅学生的作业、备课。第一天上午的课结束了,张同学已在课下时间和班上部分大个男生混熟了。每节课的任课老师也都不同程度地反映给我:"你班这回可要乱。"言外之意,来了个"害群之马"。

● 引发思考

在教师的教育生涯中,不可能总遇到听话的学生,特殊的情况总是存在。像案例中的这位同学就是比较少见的。当学生已经滑到了犯罪的边缘时,教师的作用可以说是双重的:一是帮他改掉坏毛病,另一个则是引导和教育他如何做人。此时如果推一推他的人生就有可能毁灭(这决不是危言耸听),拉一拉他的人生可能就是另一种景象。

对这类学生，哪位老师都会感觉棘手，这种局面或类似这种学生所造成的情境你遇到过吗？如何做好他的转化工作？你认为以下几种处理方法哪种更科学有效？

（1）当学生用脚踢开教室的门时，作为班主任的你怎样处理？

a. 马上把该生叫住，让他到教室外面或办公室去，针对这一问题，及时对他进行说服教育。如果他不听，可以把他送交学校。班内不收留这样的学生。

b. 对该生不加批评，而是对全班学生及时进行正义感教育，让全班同学明辨是非（孤立他，让他没有市场）。

c. 借该生这一举动，因势利导，把早自习改为介绍集体中的新成员。从理解和信任的角度向全班同学简单介绍该生，同时也把班集体情况介绍给他，然后安排他加入小组，介绍班干部，最后让大家用掌声欢迎他。

d. 根据本班情况和班级发展目标等，让该生感觉到班集体的氛围，尽快融入集体中。

e. 实事求是地把该生的情况介绍给大家，让全班同学对他有个清楚的了解，同时也给该生一种无形的压力，以此制止住他的不良行为或不良影响的再度出现，对他提出新的要求和希望，鼓励他重新做人。

（2）假如是你遇到此类情况会如何处理？怎么收场？后续工作如何进行？我想你的办法会更有效吧！

a. 用谈话的方式。这次谈话对于学生和老师都是非常关键的，因为是对这一特殊学生的第一次交流，也意味着师生交往的开始，俗话说：一个良好的开端是成功的一半，依照您做老师的经验，这次谈话都应该谈哪些内容？以什么形式最好？

针对这则案例，请你设计一个谈话方案。

b. 案例中这位老师对学生的教育方法，我认为必须是建立在已有一定工作经历、工作经验和收到一定教育效果的基础上才能采用的。否则，像张同学这样（开始思想素质、行为习惯等方面基础比较差）的学生，班主任老师采用冷处理，会出现把握不住班集体的风气，控制不了班内变化局面的现象。要主动与学生沟通，在沟通中理解，在交流中尊重，让学生在晓知中明理，在激情中导行。要以"捧着一颗心来，不带半根草去"的诚心对待教育事业，对待每一名学生。创造条件，采取措施，让每一名学生都得到健康、全面的发展，您的想法如何？

c. 如果你是一名新教师或年轻教师，根据你自身的能力和水平，谈话应从哪方面入手？谈话进展和内容怎样安排？

d. 你认为还可以采用什么方式？假如他软硬不吃，旧习不改，你有什么好办法转变他？

（3）你在自己的教育教学工作中，是否也遇到过类似或比这还有过之而不及的学生？你的成功经验是什么？有何感悟？

● 案例回放

最后一节课是班会，我利用中午时间已做好了充分准备，原来计划的内容马上改成主题为"谈'笑'"的讨论会，同学们在我布置和动员之后，稍加准备谈得非常热烈：

从笑的种类"大笑、微笑、假笑、狂笑、冷笑、讥笑、嘲笑、开心地笑……"到笑的原因"因高兴而笑、因兴奋而笑、因快乐而笑、因不满而笑、因鄙视而笑、因讨厌而笑……"一直到笑的目的，直到兴致勃勃的发言被老师严肃的话语打断："我希望你们以后的笑，要笑得有价值、有目的，不要傻笑。"班内部分同学仿佛理解了老师临时更改主题，组织这次班会的意义所在。

周二、周三……一直到周末，张同学几乎每天都有问题出现。可我一直没有主动找他对他进行教育，班上很多同学不解。我的目的是稳住全班，先让他充分表演，以便有的放矢地确定对他教育的切入点。

第二周的周一，我仍旧在讲桌上复备上课内容；全班同学仍旧安静地在自己的座位上学习。忽然，门轻轻地被推开，进来的就是张同学。他轻轻地把门关上，走到我的讲桌前："老师，我服您了！"他大声说。"这话从哪说起？"我小声追问，他仿佛得到什么真理似的，说："我昨天去找了混蛋、青眼、黑煤球（学生的绰号）等人（这几名都是我上几届所教的已经毕业转变比较大的学生），他们说了，您这个人特仗义！让我别气您，他们给我讲了您的好多事！我真的服您了！从今以后您让我怎么做我就怎么做！"我微微一笑，轻声说："你先回座位，中午放学后，我请你到我办公室，咱俩好好聊聊。"他同意了，低着头回到自己的座位上。

中午，我从学校食堂买来包子和汤，我们一起坐下，他毫不客气地边吃边滔滔不绝地和我聊起来：原班主任怎么治他；他怎样把老师为难哭了；父亲打他，他怎样躲在草垛里过夜；原来所在班的同学都怎么怎么怕他；他怎样带领全班同学找学校领导要求换老师……。在他话语的空隙我及时插话，进一步摸清他的心态，这次聊天，我对张同学的情况基本有所了解，同时我们也初步建立起师生情分。

随后，我根据他自身的优势给他分配了任务，指导他学习，帮助他改正……整个班集体中他是我谈话最多、交往最频繁的唯一一名"好学生"。在他的成长中虽有所进步，但问题多于成绩，不良的习惯不是三天五天就能改正的，但我一直鼓励、赞扬并支持他，我公开在班上讲：我允许一个人犯错误，但必须尽快改正；尽量不要重复犯一种错误。他自身有了积极性，能够产生巨大的修正错误的内趋力，就一定会进步。

初三毕业时，他已成为一名体育成绩优秀、班集体荣誉感强和学习成绩进步较大的合格毕业生。真是"浪子回头金不换"啊！

● **案例分析**

已到犯罪边缘的这类特殊学生，对于我们教师确实是件倍感头疼的人。但是，这类学生有着自身的特点：其一是胆子大，做事不加深入思考；其二是哥们义气浓，敢为朋友两肋插刀；其三是虚荣心强，最怕别人不把自己当回事；其四是缺少爱（包括家庭的）等。这类学生的转化工作需要教师用爱心唤起他们内心的震撼——既要投入大量的、无私的爱，又要不厌其烦地反复做工作。只有这样才能使他们接纳教师，只有接纳了教师这个人，他才能接受你给予的教育和你授予的知识。

怎样才能让他先接受老师这个人呢？俗话说：人格只能由人格来塑造，情操只能由情操来陶冶，性格只能由性格来培养。教师要从社会道德的最底线——尊重做起，以本身良好的人格、高尚的情操和健康的性格来影响学生。这种内隐的和外显的因素是教师无声的教育因素，将对学生产生巨大的教育力量，从而使他们折服。

案例中的班主任老师，对张同学进行的救治并没有放任自流，迫使他重犯错误。如果教师不积极教育和纠正张同学所养成的恶习，很可能就断送了他的青春。挤他走有两条道，一是放着他，很快就会重新进局子（指拘留所）；另一是狠管，让他待在班里不好受自动退走。班主任老师当时也很矛盾。但出于一颗良心，也处于教师的责任心，还是尽最大努力帮助教育他，苦口婆心、体贴入微和精心的教育终于使他转变了。这位学生，最终成为了一名合格的毕业生，成为班上的体育班长，历次校级以上的体育比赛第一名都归属于该班。毕业后这名学生经常来看这位班主任老师，他深有感触地说："是我的班主任指给了我人生的道路，改变了我的人生！要不我早加入黑社会了，也可能我早就吃枪子儿了。"

案例中的这位学生可以说是比较特殊的学生，但班主任老师在与他交往的过程中，采取了观察、了解、冷处理、尊重、信任、沟通及交流等多种方式，更重要的是借助于外力，即已经毕业的思想转变比较大的学生的力量，使这名特殊的、想跟老师较量较量的学生对老师从心底有了一种敬佩之情。班主任对这一特殊学生采用的教育方法，可称为先观察，再沟通及多交流，最后达到用自身的人格魅力感化学生的目的。学生由刚到班上想跟老师挑衅的心态转变成"我服您"的顺从心态，最关键之处是这位老师对所教过的历届学生都是那样认真负责，都是那样以诚相待，都是那样尽心尽力，都达到了最佳的教育效果。所以，赢得了历届学生的好评，这些人形成一股强大的教育力量（尤其是各届学生中的闹将）。他们就像宣传队，为老师毫无代价地做着大量的宣传工作，没有他们，可能老师遇到的新问题也许更多，费的精力更大，个别问题生也很难转变。所以，我们做教师的必须清楚：只要你兢兢业业、踏踏实实并自始至终地做好教师应当做的每一项工作，善待每一位学生，付出应有的努力，一定会在育人的道路上收到意想不到的效果。

但是，教师们日复一日，年复一年与学生打交道，整天待在学校里，站在讲台边，接触不到外面广阔的世界，获取不到丰富的信息，长期做着周而复始的工作，时间久了热情可能消退，责任逐步淡化。尤其是对一些习惯不良、学习成绩较差、又经常惹是生非和出现问题的学生而感到厌烦和缺少理解，用一种很偏激或怪异的眼光看着他们，这是我们教师最忌讳的。教师的职业是太阳底下最光辉的职业之一，言外之意就是他是塑造和培养人的职业。只有专心致志、持之以恒、不断探索、总结经验、吸取教训及提升自身人格素质，才能"桃李满天下"，真正品尝到为人师的乐趣。

教育首先是一种保护，保护那些成长中的孩子们固有的好奇心和求知欲，保护孩子们的求异和可爱的错误，而这种保护是建立在宽容基础上的。苏霍姆林斯基说过："要像对待荷叶上的露珠一样，小心翼翼地保护学生弱小的心灵。晶莹透亮的露珠是美丽可爱的，却又是十分脆弱的。一不小心，露珠滚落，就会破碎，不复存在。"

青少年时期道德面貌还处于形成阶段，犯错误的可能性更大，几率也更多些。但是，他们的任何行为都不能与成人的同类行为相提并论，如果我们用恨铁不成钢的思想让孩子立刻醒悟并且痛改前非，今后绝不能再用这样的心理去批评或责怪学生，很可能在孩子心目中落下一道很深很深的伤痕，以致他以后连做一个诚实人的愿望怕都没有了。所以我们在教育孩子时，要处处从孩子心理出发，从孩子特征出发，慢慢了解孩子或引导孩子，把爱留在孩子心坎上。

"爱"是人世间最美好的情怀，而教师的爱就像黑暗中的一盏明灯。开放的社会及宽松的教育模式则要求师生关系融洽，应当建立在平等和相互尊重的基础上，以期成为一种和谐的统一体。

案例 4

那节"嫩绿的——"语文课

◉ 背景资料

当我回想起上小学二年级时教我的 C 老师，那节语文课的情景至今仍时时出现在我的脑海中。

上课铃刚刚响过，全班同学立刻走进教室坐好，等待班主任老师来上语文课。全班同学好像比以往任何一天都精神都兴奋！因为今天有上级领导来检查我们的教学工作，其中就要听我班的这节语文课。我是班长，在上课之前老师就已经动员大家要争取多举手和多发言，要积极些。

讲完新课后，开始练习用词说话。很多同学争先恐后地举手，但都被老师的"不——对"狠狠地"枪毙"。学生兴奋地用自己农村生活的常识回答着老师的问题，可就是不知为什么——被否定了。

● 引发思考

（1）这位教师（现已退休）的做法究竟怎样？学生用自己积累的生活经验和用词说话，错在何处？

（2）教师在教学中，如何正确处理好传授知识与培养能力的关系？结合本节课，谈一谈怎样将德育寓于教学之中？

（3）教师教学的基本功都有哪些？最基本的是什么？

（4）案例中的这位教师需要在哪些方面加强？应该怎样加强？我们如何在新课程改革中避免此类问题的出现？

（5）课堂教学中怎样实现教师和学生的平等交流？怎样通过课堂学习加深师生的友情？真正让学生"亲其师，信其道"？

（6）怎样使课堂成为师生互相学习和交流的场所？怎样使学生首先对教师这个人能积极接受，其次才是接受他所传递的知识？你有何良策？

● 案例回放

大家像往常一样，认真地听老师讲解，课进行到最后老师让大家用"嫩绿"一词说一句话。全班同学思考片刻，便积极踊跃地举手回答，"张同学你来说。"老师开始提名了，只听到张某用铜铃般的声音回答"嫩绿的麦苗"，"不——对！坐下！"老师用拉长的"不"字强调着对这名学生答案的否定，此时老师的面部表情也略带几丝轻蔑。其他同学仍把小手举得高高的，意思是"我能说正确"，争先恐后地抢着要回答。老师这时叫到了李明，"嫩绿的花叶"这声音仿佛比刚才同学的发言更加响亮，该生用很自信的神态等待老师的夸奖，"不——对！坐下。"得到的是相同的评价。这时，其他同学仍举手想要回答，但手举得都没有原来那样高、那样急切了。老师又叫了一名同学，自己的音量和音调显然不如前两名同学那样高昂和清脆。"嫩绿的小葱""不——对，坐下。"还是同样的评价！老师这时还带有几分不耐烦。"怎么了，都不对？"从其他同学的表情中可以看出他们在发问。

这时老师说："你们好好想想，谁还能回答？"这时又有同学举起小手，但多数是举起的手不时地又缩了回去，又举起又缩回去，显得很不自信。老师点到了一名男生，"嫩绿的柳芽""不对，坐下吧！"老师有些着急了，得到同样评价的学生一个个你看看我，我看看你，仿佛不解地问：我们的答案错在哪里？这时班上鸦雀无声，兴致勃勃的、争先恐后的学习气氛消失了，同学们那种激情此时也荡然无存。

作为班长的我，心里很不安。按常规老师该叫我了，在老师的再三鼓励下，"别怕，大胆说，使劲想！"我把手从课桌里慢慢地向上举，一点点儿露出指尖、指头、手掌……这时老师看见了立刻叫起了我，我忐忑不安地用很微弱又夹杂着颤抖的声音回答："嫩绿的小草"老师立刻拍了一下讲桌，紧接着听到："哎——你们看看，你们看看，人家是怎么学的！非常好！非常正确！请坐！"

老师的兴奋开始吓了我一跳，后来慢慢地感觉自己终于答对了，没有挨批评！当时老师后边还说了好多表扬的话，我当时什么也没听见，只知道自己没有答错。

这件事已经过去十几年了，但每当我想起那节语文课总有一种说不出的感觉。这就是我的班主任，这就是我的语文老师，她究竟教给了我们什么？在课堂交往中，她究竟培养了我们什么？使我们学到了什么？

这节课的语文老师，下课后自我感觉良好，边踏出教室门边对我们说："到关键时刻，还是我班的班长做劲（不空场且说得准），没给我下不来台啊。"言外之意圆满结束了这节课，而所有被老师定为答案"不对"的几名学生仍不知错在何处，莫名其妙地相互看着。课下当其他老师问及"您为什么对前面几位同学的答案都持否定意见"时，这位老师很认真地拿出教学参考书指给大家看：教学参考书就是这样一个唯一的答案。

● **案例分析**

这是一位已经小学毕业多年的学生所写的真实感受，我们暂且不去说这位老师水平如何，只是看一下这位老师的做法。

案例中的学生来自农村，他们对农村的植物很熟悉，嫩绿的小葱、嫩绿的麦苗、嫩绿的花叶及嫩绿的柳芽等，他们的回答都是正确的，应当予以肯定、给予鼓励！

此案例中的老师，在课堂讨论过程中让学生发言，根本没有考虑学生答案被否定时的心理感觉，否定方式如此一致，如此生硬，如此绝情。学生在这样的引导下，在与老师交往过程中，感觉到的是什么？是教师的不留任何情面的否定，是对学习兴趣的挫伤，是对学习积极性的打击。他们学到的是什么？是教条主义的知识，是枯燥的唯一答案，是所有来自生活的知识完全被唯一书本上的标准答案所代替。他们看到的是什么？是教师对学生的不尊重，对学生的蔑视。学生如果长期在这样的环境里交流，培养的是什么样的精神？塑造的是什么样的人格？得到的是什么样的教育？能否使身心得到发展？潜能得到开发？

巧妙的课堂管理，对在课堂教学环境里发生的一切负全部责任，这才是高明的老师，而不是"控制的怪物"。教师应当把自己看成是学生学习的催化剂，而不是知识的导管——只把知识传给学生。教师在走上讲台前，应对所教的该门课有足够的知识和能力，这是教学最起码的要求。

著名教育家陶行知先生曾经说过："什么是教育？教人变。教人变好的教育是好教育，教人变坏的教育是坏教育。活教育教人变活，死教育教人变死。不教人变，教人不变，不是教育。"教师就是以课堂作为教育的主阵地，在课堂教学中，在师生交流和互动中教学生变，而案例中老师的做法称得上是好的教育吗？在当今新课程改革的形势下，教师应该是教育教学活动的设计者，是教育教学活动的组织者，是学生行为的观察者和帮助者，是学生的朋友和父兄。学生在与教师一起的课堂活动中学会知识、学会理解和创新，并学会如何合作与做人。

案例 5

"台风"的悬念

◉ **背景资料**

这是一节乡级评优课，老师在课下做了精心的准备，很想在此次评优活动中获奖。

评优课这天，上课铃刚刚响过，老师走进教室，打破常规（没有让全班同学起立）地直接导入新课。

"同学们，今天我们来学习'台风'的内容。"王老师用洪亮的声音说道，并拿起粉笔在黑板上板书"台风"。"什么叫台风呢？有没有人回家看书，自学了书上的内容？"老师的话音刚落，班上有同学举起手想回答。老师边叫同学回答边表扬同学们学习的热情和自学的积极性，但一个个答案都未能使老师满意。大家怀着期待的目光，盼着老师讲出准确的答案，而老师却把这作为悬念留了起来，先讲了台风的分类及台风给人类带来的利害等内容，全堂课老师讲得津津有味。

最后，老师好像认为吊学生们的胃口已经到时，便大声地说："同学们，我们已经了解了很多有关台风的知识，那么到底什么是台风呢？"待全班同学注意力全部集中到老师的面部时，老师认真地说："台风，就是从台湾刮来的风。"并随后用红色粉笔写在黑板上，加上了下画线。

● 引发思考

（1）老师的这种创新，带给孩子们的是什么？

（2）学生从教师身上、在与教师交流过程中学到了什么？我们的学生如此下去，久而久之创新能力真的能培养起来吗？

（3）身教重于言教。教师对待科学知识的态度、掌握科学知识的水平及表达知识的方式等方面因素都在潜移默化地影响着学生，通过师生的课堂交流，教师多方面素质都在学生面前暴露无疑。因此，教师应该怎样修炼自己的教学基本功？

（4）请根据课改的要求和你的见解说出案例中这位教师哪个地方是可以学习的？哪些地方需要改进？

● 案例回放

当老师把自己创造的"台风"定义写在黑板上，并加了下画线以示强调时，课堂开始骚动，同学们小声议论，好像对此持怀疑态度。"老师，按照您的说法，台风只能中国才有啊？因为只有中国有台湾。"一个身材魁梧的同学站起来向老师发问。

"哎——，不是，其他国家也有。因为台风可以绕弯、搭群地刮过去。"老师回答着。

"老师，书上怎么不是这样说的呀？"又有一名同学向老师发问。

"我常跟你们讲，不要死读书，读死书。要创新、要拓展自己的知识面，要开阔视野，把知识学活……"老师解释着。

下课铃响了，这节课就这样结束了。

这节课虽然教师做了精心准备，但终因教学内容具有科学性错误而没能评上优秀课。从教师的其他方面，如教学环节、教学方法和教学的组织形式等方面做得都比较好。课下，学生们围着教师继续探讨，该教师因为是一位老教师，平日与学生关系很好。对学生的追问出于无奈，只好说："我们各自都回去查查资料，看有没有此种说法。"其实，此时的教师心里是忐忑不安的。因为他自己清楚，台风的结论纯属自己编纂的。

● **案例分析**

这则案例中，该教师认为自己在教学中要有所创新，故此，在课上毫无科学依据地创造出自己认为正确的"台风定义"，在课堂交往过程中，注意启发学生，调动大家的积极性。从学生对老师所出示的结论持不同态度来看，学生跟老师关系较好，有不同意见就敢向老师提出，从这一点来说，这位老师平时很注意跟学生交流，而且能做到平等交流，但就教师对知识的传授环节出现科学性的错误这一点可以肯定地说，教师的严谨治学不够。毛泽东曾经说过："知识的问题是一个科学的问题，来不得半点的虚伪和骄傲。"科学是老老实实的东西，不允许发挥什么灵活性。

教学不仅是单纯地传授知识，教师通过教学留在学生心目中的人格形象，是通过知识的传授过程和培养学生的科学精神以及做人的方法等方面清晰明朗起来的。教师不应以"总是正确的指挥者"的面目出现，而应表现出自己"也想不明白，只是有这样一个想法"。这样以问题引入的方式，鼓励同学们课下查阅大量资料，更有利于调动学生主动学习的积极性，培养学生不迷信"权威"的进取精神和创造意识。

在这则案例中,教师最后的处理方法还是可行的,他让学生回去查资料,一是缓解了当时课堂的尴尬局面;二是促进学生对问题的继续探究精神。该教师具有与学生沟通和交流的本领,教师的关怀、善良是赢得学生信赖、尊敬的最好方法。

真诚与真才是教师吸引学生的两大法宝。学生对教师有很敏感的情绪取向和专业取向,诚是师生间情感联系的黏合剂,是把教与学组合成统一体的化合物;才是师生课堂交流中的化合物,是教师取信于学生的一个重要资本。

课堂是教师专业活动的主要舞台,教师要追求完美的课堂效果,要让学生觉得上课是种享受。学生爱上的课都是顺畅、愉悦和充满美感的课。在教师的指挥下,学生始终带着一种高涨激动的心情学习、探索和思考,在学习中意识、感觉到自己的智慧力量,体验创造的快乐。

案例 6

"故意捣乱"

● 背景资料

数学课上,张老师认真地讲解着新知识。随后还组织学生积极的讨论。

这是一节几何初步知识课。学生们拿着手里的学具,左拼拼,右挪挪,在探索中学习,在操作中讨论着……正当学生们兴趣盎然之时,授课老师提出了这样一个问题:"看小黑板,找一找,这个图形中共有几个角?"老师挂出事先准备好的小黑板。同学们积极行动起来,有的点数,有的边画边数,有的用学具挪动着,拼摆着,琢磨着。片刻后,老师说:"谁找好了,请举手回答?"

同学们都积极举手,把自己所数的答案告诉老师:"3个"、"4个"、"5个"、"6个"……

"好,咱们看谁找得准、找得全、找得对。我请几名同学到前边在黑板上边指边数。"四名同学一个接一个地来到讲台上,用小棒比划着向全班同学演示着自己所数出来的角,当最后一名同学讲解话音刚落,突然听见教室最后边的座位上有一男孩扯着嗓子兴奋地喊:"不对不对,我说有7个也对、8个也对、无数个更对!"

老师顿时生怒,"故意捣乱是不!不想学出去!"

全班同学的目光也齐刷刷地转到了该同学身上。

● 引发思考

(1) 遇到突如其来的情况,老师应该如何面对?如何处理?这是教师驾驭课堂能力的重要体现。你认为此时的教师对这位兴奋地扯着嗓子喊话的学生应如何因势利导?

(2) 怎样做可以做到在既不影响全班同学学习,也不打击前面发言的同学,同时也能保护这位学生的积极性?掌握的度是什么?怎么确立结合点?

(3) 学生如果还继续扯着嗓子喊,坚持阐述自己的理由,老师这时怎么办?

(4) 如果学生不给老师留面子,痛斥老师知识浅薄"小学的知识都讲不对",假如是你,你会怎样收场?

(5) 教师是有效地实施教育目标,保证教育质量的一个最重要因素,但如何做到呢?历史上历来就有教育过程中以教师为中心,还是以学生为中心的争论。课堂就是教师和学生交流的场所,师生通过知识这一载体进行交流。你能谈一谈课堂上师生交流与交往的经验吗?

● 案例回放

此时,下课铃声响起,老师表扬了讲台上的四名同学,并肯定了"此图中有六个角"的答案是正确的。然后,用愤怒的眼睛瞪了瞪那个在座位上喊话的同学,宣布下课。

课后,许多同学跑到刚才被定为"故意捣乱"的那个同学面前,问他为什么惹老师生气。该同学用笔一边在本子上画,一边给围过来站在他身边的同学讲自己答案的理由:"此图有七个角,是在平面范围内;有八个角,是在周角范围内;有无数个角,是在什么范围内我说不好。我爸是教高中数学的,我看我爸在备课的时候画过,我也问过,他说:绕一圈就是一个角，可以绕无数个圈，所以就有无数个角，还可以反着绕呢，也可以绕出无数个。以后咱们上高中要学！……""你们说是我捣乱还是咱们老师没讲对呀？"同学们向他投去了羡慕的眼光。此时，他们好像心里也在琢磨着什么。

该生认为老师批评委屈了他，从此产生了与老师唱反调的心理。他经常课上故意捣乱，经常给老师挑出毛病。因为他很聪明，现有知识的学习根本压不住他，在学生中又很有威信，故此师生对立情绪愈演愈烈。

● 案例分析

从这位教师此时的面部表情，可以窥测到她的心里对这位学生是极不满意的。一是不举手就发言，影响了课堂教学正常的秩序；二是故意与教师教学唱反调。如果此时的教师，冷静地思考一下自己所提出的问题，补充说明是在"小学阶段所学的平角范围内或是周角范围内"考虑，全体学生就会在教师引导下准确地找出图中存在的角，而教师没能这样做。

实际上，教师在教学中不可能全部解决学生想到和提出的所有问题，但是绝不要因此限制学生的思维驰骋，而应当引导他们在发展的方向上积极思考、有所发现、有所领悟或有所质疑。这样才能体现问题本身更多的价值，这种价值的实现是教师在问题及求解过程的设计中，应该花大力气考虑的环节。

你看这名学生讲得多么认真！说得多么好啊！他的父亲是一位中学数学教师，该生在父亲备课时看到过这样的图形，甚至比这个图形还复杂。出于好学，他曾经向父亲请教过该类问题，父亲的教导他深深地记在脑子里。在今天的课堂上老师出了这样一个图形，他开始没在意，但在同学的发言过程中，他联想起父亲讲过的知识，兴奋地说出了自己的想法，虽然没有举手、未经老师允许就脱口而出的做法有些违反纪律，但孩子对知识认真的态度、兴奋的表情、聪明的才智和敢于求异的思维，都是我们课堂交流过程中应肯定和提倡的。这时的教师应如何对待学生，这是关系到教师树立什么样的学生观的问题。如果教师认为学生爱提一些稀奇古怪的问题是爱思考和求知欲强的表现，就会耐心细致地去解答；反之，如果认为这是成心捣乱，就会对学生生厌，特别是在力不胜问的时候，很可能会对学生恶语中伤。这位教师没有及时发现孩子的闪光点，没能及时捕捉到孩子的知识来源，更没有追问孩子所说答案的道理，多么好的师生交流、生生交流的机会被教师断送了。而且，无故给这位敢于发表个人见解的孩子以"故意捣乱"的罪名加以封杀。

此时的教师如果能够因势利导，让大家听一听这位同学的见解，会给全班同学留下终生难忘的一幕。这位同学好学和好问的精神，学生求知的欲望，以及教师尊重人、理解人与平等待人的好作风……都会使学生终生受益无穷。同时，教师如果能意识到自己教学中的欠缺，只让同学们看图找有几个角，没有确定平角还是周角的范围，主动向学生表现出虚心，效果会更佳，学生还可以看到知识的权威不光是老师，老师也有考虑不周的时候，无形中培养了学生不迷信权威、勤于思考的好习惯。同时学生们也找到了身边学习的榜样，会更加促进今后学生之间的交流、学习和互助，同时也更加敬佩自己的老师，因为教师用自己知错就改的实际行动为学生们树立了榜样，而最受感动的应该是这名敢于阐述自己观点的学生。老师如果这样做，他的自信心得到保护、求知欲得到加强以及表达能力得到充分展示……这样一举多得的做法何乐而不为呢？

作为教师，你要真诚地面对你的学生，不能因一个师者的这种尊严而高高在上，这样就缺乏一种身心的交流。中国古代孟子讲过一句话："爱人者，人恒爱之；敬人者，人恒敬之。"作为教师，我们要爱学生、尊敬学生，这就是真诚。我们要真诚地面对学生，他们是一个个活生生的人，不能一味要求学生这样或是要那样。

教师的人格是教育的基石。一个教师如果不把他的学生放在心上，他又如何要求他的学生喜欢他的课呢？教学不是个人表演，应该建立在教是为了学的基础之上。哪些内容应该由老师讲？哪些内容应该让学生自己解决？教师留给学生的应该是问号，而不应该是句号。知识固然重要结果不容忽视，但对于学生而言，更重要的是善于提出问题，提出解决问题的办法。这应该是这则案例给教师们提出的思考。

案例 7

老师，您能对我笑一笑吗？

● 背景资料

我做教师已30余年，教过了几千名学生，使我至今记忆犹新的是这样一件事：

那是我刚参加工作第二年。作为一名新教师学做班主任工作，心中充满了责任与自豪，因为能够亲自陪伴仅比我小几岁的学生们长大。我可以按照自己的理想来塑造一个班集体，成为几十人的小领袖。

那是我刚接的第一个班。作为新教师和班主任的我，面对这几十名比自己小不了几岁的学生，我想一方面用和他们朝夕相处，参与他们的课间活动来赢得孩子们对我的好感；另一方面要用我的严格要求、严肃表情让他们怕我。

日子一天天过去，我班学生真的取得了令人羡慕的成绩，我很满足，因为作为新教师，最大的幸福莫过于看到自己的工作取得了成绩，看到我用自己辛勤的汗水浇灌出的花朵结出了硕果。我暗暗地为自己取得的可喜成果而高兴，但是有一天，我在学生的"师生交流"笔记本中看到了这样的内容，使我的心情久久不能平静。

"课间活动本来是放松的时间，特别是对我这个学习成绩不佳的学生更是如此，可是，我非常不愿意班主任老师课间跟我们一起玩。因为，在老师心目中好学生样样都好，差学生样样都差，我不愿意看到老师那像课堂上一样严肃的面孔。在游戏中，每当老师面对好学生时，总是微笑着并鼓励着，而对我这样的学生，不是视而不见，就是一脸严肃的表情。即使在游戏中我玩得很出色，老师也只是用轻蔑的眼睛看了我一眼。我真的不希望老师在课间活动的10分钟里也这样对待我！老师，您也能对我像对好学生那样笑一笑吗？"

● 引发思考

（1）教师与学生课间一起活动，确实是和学生沟通交流的好方法。但是，我们教师的表情却引起学生如此大的感受！教师在和学生们一起活动中，如何做到让学生心理放松？

（2）怎样根据学生的年龄特点设计丰富多彩的课外活动？如何有效地促进每个学生的发展？

（3）课间活动及课外活动是学生最喜欢参加的，教师怎样用自身的人格魅力影响教育学生？怎样做到有的放矢？

（4）对班集体当中出现的非正式群体，如何通过活动进行引导？

（5）我想你一定有很多这方面的经验，请你谈谈看法。

◉ 案例回放

看到这里，我的心情久久不能平静。我真的没有在意这些，我真的没有故意这样去做，我是不是由于太爱那些出色的学生而忽视了那些更需要关爱的脆弱心灵？难道我的笑脸及我的眼神真的能起那么大的作用？

回顾与学生们一起课间活动的一幕幕、一桩桩，真的没有什么特别的印象来向学生解释的理由。我暗下决心用实际行动来回答这位学生，并改正自己的不足。

我应该很好地感谢这位学生，因为是他使我明白了：喜欢好孩子是人之常情，一句表扬、一个微笑和一个欣赏的眼神对好孩子来说是锦上添花，对那些需要支持鼓励的学生则是雪中送炭。"雪中送炭"；比"锦上添花"更辛苦、更重要！教师不要吝啬那一个鼓励的眼神、一个欣赏的微笑或一个支持的点头——尤其不要吝惜将它们给中等生和后进生。

◉ 案例分析

爱心与责任心是相互联系的，爱心是指对人或事有真挚的感情。这是人做好事情的最重要感情基础，有了这种感情做基础就会满怀热情地、全身心地投入到工作中，教师有了这种纯真的爱，就会热爱学校，善待学生，尊重学生的人格，以欣赏的眼光去看待每一个学生，就不会讽刺、挖苦、歧视、体罚或变相体罚学生，就可以减少或避免对学生的"无意伤害"，有了这种爱，就会对工作尽职尽责，为人师表，从而赢得学生的爱戴。

案例中这位教师，善于与学生沟通和交流，在课间活动中和同学们打成一片；利用课间活动接触学生、了解学生，随时掌握学生的动向，以便更好地施教。可没想到的是学生（尤其是自己认为是稍差一点的学生）把老师的每一个表情、动作都看在眼里记在心上，并且与教师对自己的评价联系起来。老师在很大程度上可能是无意的流露，但学生却看得如此重要，因而写入日记给教师提出建议，以使自己的心理得到满足，同时也提醒教师应该关注我们了。爱学生就是要公平对待有差异的学生，把每个学生视为自己的子弟。教师可能需要对某些学生投入更多的关注，但不允许偏爱，更不允许歧视某些学生。学生最希望教师对所有学生一视同仁，不厚此薄彼；他们最不满意教师凭个人爱好，偏袒某些学生或冷落、歧视某些学生。公正，是学生信赖教师的基础，而博爱是教师做到公正的前提条件。

教师只有在公正的前提下，才能对每一名学生付出真挚的爱，学生才真正从内心里做到"亲其师，信其道"。古人云：民不畏我严而畏我廉；民不畏我威而畏我公，就是这个道理吧。

师生情是世界上一种特殊的人际关系，而师生情往往超越自然与本能的因素，很少为本能和欲望、与利益的权衡所驱使。它是心与心亲密接触撞击而产生的火花，它是语言难以表达的强烈的感情共鸣，它是一种摒弃功名目的的纯现代的人间真情。一个教师的人格修养和道德情操，首先集中在这样的焦点上——爱！对学生的爱。苏霍姆林斯基认为："教师职业道德，最重要的一点就是教师对儿童深厚的爱。"他说："我在生活中，什么是最主要的呢？我可以毫不犹豫地回答说，爱孩子。"他主张：老师应用整个心灵拥抱孩子，把一切力量与智慧都倾注在孩子们身上。他认为：爱孩子的感情是书本上学不到的。他取决于教育者真正为孩子成长而奉献的精神，取决于在实际的教育中与儿童们融为一体，和他们休戚与共，推心置腹。

作为教师不应该，也不允许忽视学生。教师关注每一位学生，实际在无形当中给学生一种鼓励、一种奖励，学生就会加倍努力。教师关注学生，对学生的成长起了相当关键的作用。

第四章 教师师德的自我修炼

第一节 师德在课堂教学中的养成

实施教育的主渠道是课堂教学。就师生关系而言,师生接触最多的时间是在课堂,这就给广大教师在课堂教学中如何提高自己的师德素质提出了更高的要求。那么,在课堂教学中对师德素质有怎样的要求呢?我们从以下小节里来说明师德素质是怎样养成的。

一、师德在课堂教学中的养成和显现

(一)主题内涵

课堂教学,即教学工作的中心环节,是教师职业道德实践的主要阵地。它不仅是每位教师职业道德养成的主要径程,而且是教师德性修养水平及其教育效能集中显现的主要平台。教师在课堂教学中,既要维护科学文化的尊严,履行传递人类文明的社会职责,完成既定教学任务,达成预设教学目标,同时又要以人为本地促进人的社会化发展,履行教书育人的天职,尊重并关爱学生,使每个学生学有所获。因此,无论是出于对教师职业道德发展(教师专业成长)的关注,还是出于对教师德性的教育效能实现(促进学生发展)的关注,首当其冲我们都应聚焦于课堂教学中的教师职业道德问题。

然而,课堂具有不可预设性,教师如何在课堂教学中体现科学精神与人文精神的协调,就需要教师在课堂教学工作中尽职尽责,不但要教会学生"学会学习",而且还要以身示范教会学生"学会做人"。这还需要教师

在每个教学环节上都始终不忘职责,自觉履行职业道德,这是教师积累职业经验,求得专业发展的关键所在,也是教师职业道德发展不可或缺的基本路径。

(二)具备师德的核心

概括的讲,课堂教学中师德的基本内涵是一个教师人格、能力及价值观三大维度构成的综合体,其核心内涵是服务。在通常情况下表现为以人为本、时代精神、平等合作和为人师表四个关键用语。有一个核心:服务。现代师德的核心是服务,集中表现为提高学生素质。包括:强化学生的主体意识,做学生成长的引路人,为学生发展创造良好的环境。能力是基础。现代师德必须具备创造性,接受新事物、新思想、新观念的学习能力;具备兼收世界文化精华,继承民族文化传统的传承能力;具备把握社会发展方向的创新能力。人格是动力。健全的教师人格是师德的根本,崇高的教师品质是师德的灵魂。现代师德必须强调独立自尊性和民主利他性这两个人格特性。价值观是方向。师德在促进教师主体内在知、情、信、德、行诸因素协同发展,舍弃旧传统,弘扬新道德的过程中,其必备的价值取向不能丧失,如科学精神、人文意识、奉献品质和创新观念。

(三)完善人格的关键

每个人的身上都隐藏着原子能,只是很少有人能够点燃它;每个人的大脑中都有一个金矿,只是很少有人开采它;每个人的身后都沉睡着一个神通广大的巨人,可是很少有人唤醒它。耶稣、释加牟尼和穆罕默德成为万民崇拜的圣明,这是精神能量的发挥;孔子思想成为中国民族数千年来的精神支柱,这是道德能量的发挥;比尔·盖茨用小小的窗口获得了疆域远大于成吉思汗的帝国,这是智能的发挥;泰森用自己的一双铁拳打出了世界拳王,这是体能的发挥。

我们要相信每个学生内心都蕴藏着积极的资源;要相信每个学生是可以变化发展的;要相信每个学生都有各自的特长和才能。教师正是基于这样的信念,才会在教育和辅导中对学生充满爱心和热情,充满积极的期待,才能帮助学生健康成长。而有效课堂教学学习的一个关键问题,即建构多元化的学习方式,也即构建和谐的课堂文化,良好的课堂心理环境是师生情感的交融,也正是这种文化的最好体现。

和谐的课堂文化,首先是一种学习共同体的文化。而"教学相长"这句古朴的教育信条,用现代精神加以诠释就是学习共同体。课堂里不只是使学生受到教益、得到成长,其实教师也在课堂教学活动的过程中不断成长。和谐课堂教学是师德养成和显现的最好途径。

二、案例分析

案例 1

由"讲桌上的水"而带来的……

● **背景材料**

上课铃响了,我走进初三(1)班教室。"起立——""坐下!"我目视全班同学,准备将教科书和教案放在讲桌上。可低头一看,水已浸湿了大半个讲桌,教案和教科书根本无法放,只好放在第一排同学的桌上。"这是谁干的?"我本能地问了一句,教室里鸦雀无声。怎么办?要是追问下去,会影响本节课的教学任务完成;要是不再追问,不了了之,又觉得面子上过不去。可冷静一想,我何不就此导入新课呢?于是拿起粉笔在黑板上写道:请看命题,"讲桌上的水不是从楼顶上漏下的",是否是真命题?有几个同学举手回答:"是"。"为什么?你怎么知道是真命题?"同学们你看看我,我看看你。"老师知道你们想什么,这节课我们不追究水是谁弄的,只探究水是不是从楼顶上漏下的。"由于我的态度诚恳,教室里的紧张气氛立即缓和下来,同学们也积极进入思考状态。我提示大家一起来分析,此命题的题设是什么?结论又是什么?一个同学答道:题设是"讲桌上的水",结论是"不是从楼顶上漏下的"。"很好,大家想一想,假设是从楼顶上漏下的,那么楼房顶部会有什么现象?"我接着启示。"楼顶是湿的"、"有小洞"、"有裂缝"——显然,这已经激发了学生的思维,课堂气氛也随之活跃起来。

最后我总结:这种不是直接从题设推出结论,而是从命题结论的反面出发,经过推理论证与正确地事实相矛盾的证明问题的方法,就是这节课我们要学习的一种新的证明方法——反证法。

导入新课后,我和同学们一起分析了两个例题,接下来让学生阅读反证法的定义并完成课文分析及课堂练习。最后,强调运用反证法证明的三个步骤,本节课的教学任务完成得很轻松。

下课后,有个学生走进我的办公室,"老师,桌上的水……","好了,认真完成作业,就是最好的认错。"学生走出了办公室。

本节课我将"讲桌上的水"这一事件作为命题,很巧妙地导入新课。既化解了课堂上师生之间僵持紧张的气氛,又为导入新课寻找了一个良好的素材。

● 引发思考

(1)对于案例中"课桌上的水",要做到既不影响课堂教学正常进行,又能教育个别学生,你认为教师还可以采取哪些不同策略?

(2)如果案例中这节课的内容无法与"课桌上的水"联系起来,你会如何处理?

(3)在你的教学经历中,记忆深刻的处理课堂突发事件(或成功或失败)的历程与体会是怎样的?

(4)教师在课堂教学中,既要维护科学文化的尊严,履行传递人类文明的社会职责,完成既定的教学任务,达成预设教学目标;同时,又须以人为本地促进人的社会化发展,履行教书育人的天职,尊重、关爱学生,使每个学生学有所获。然而,课堂具有不可预设性,教师如何在课堂教学中体现科学精神与人文精神的协调呢?

● 案例分析

首先,我们无须否认:案例中有几分巧合、几分幸运,因此教师得以将计就计、临场发挥的而智取成功。其次,我们也不排除有教师能以另样的应对策略取得同样一份精彩和一份成功的可能。因为,案例中的教师透显出的教育机智与专业功底,没有平素的潜心修炼与长期积累是不可能有的,缺少对教育教学工作的一份执著和责任感也是不可能有的,这确实值得初任教师者学习一番。

众所周知,教师的基本职责就是"教书育人"。教师职业道德的核心内容首先就在于：在教育教学工作中，教师要尽职尽责。不但要教会学生"学会学习"，而且要教会学生"学会做人"。那么，教师如何履行职责，既教好书又育好人，尤其是如何在课堂教学中将二者有机统一，这就需要每位教师从课前、课上到课后持续不断地努力。首先，以课前充分准备为基础，不但包括每节课前的"三备"：备内容、备学生、备方法；而且还要包括坚持不断地对专业理论的学习和对他人教学经验的借鉴。其次，更为重要的是在每个不可完全预设、不可重复的课堂上，教师需根据自身特点与状况、学科内容与教学目标、学生的一般特征和现实表现以及鲜活的教育情景灵活把握，而不必拘泥于课前准备方案的机械执行。再次，充分利用课后时间，教师及时总结反思每节课上师生互动的过程与结果，这是教师积累职业经验、求得专业发展的关键所在，也是教师职业道德发展不可或缺的基本路径。

案例中的教师面对讲桌上有水而无学生认错或解释的现实教学情景，不占用课堂教学的有限时间，去一味地追究"桌上的水"的责任，而是在不放弃既定教学目标的前提下，因地制宜，就地取材，以"课桌上的水"设置命题，将预设的导入环节内容灵活调整、重新组织，巧妙导入新课内容"反证法"的学习。避免了抑或是教师的尴尬，抑或是学生的难堪以及甚至受伤害的场景出现，并以诚恳的态度减少了学生对教学设计的突兀感，消除了学生对教师"兴师问罪"的疑惧心理。课后，有关学生主动到办公室向老师承认了过错，教师再度给了谅解与宽容。事后，教师对整个事件做了反思与总结，为我们提供了以上的案例。

其间，我们看到了不仅有教师教育智慧的展示，更有教师人格魅力的彰显。一堂课结束，学生在知识上学有所获的同时，感受了教师的一份宽容与厚爱，增进了师生情感。整堂课上，教师教得自如有序而身心愉快，学生学得主动轻松而记忆深刻，这无疑让师生共同得到了提升，实现了超越。

至此，我们看到了课堂教学中，教师如何巧妙应对突发事件、成功导入新知识学习的案例，也看到了在课堂教学中，教师如何从导入环节开始，自觉践行职业道德规范的成功案例。当然，一节课不但有导入环节，还有学习新课的中间环节以及结束环节，都需要教师始终不忘职责，自觉履行职业道德。

每位教师对课堂教学中突发事件的处理，直接影响一节课的教学质量，同时也反映教师的职业道德水平。有高度责任感的教师，在任何情况下都能从教学各基本要素上挖潜力，使教书与育人职责高度统一于课堂教学中。主要表现为：在教学目标的设置上，将促进学生的智能发展与情意人格发展协调统一；在教学内容的组织上，充分挖掘其中的教育因素，努力做到科学性与教育性的统一；在教学方式、方法的选择与运用上，以有利于学生学习、有利于学生发展为根本标准，坚持以学生为本，尊重学生的主体性。另外，在师生互动交流中，教师按照规范性、有效性与审美性统一的要求，恰当运用有声的言语和无声的身态变化，成功传递教育教学信息。总之，教师需要尽心尽力地用教育智慧，并保持一份执著，为全体学生的发展服务，从而得到教师自我价值的印证和提升。

在现实的课堂教学中，存在不少教师责任感缺失的各种表现，虽未在本案例里涉及到，但常可散见于我们随意走进的课堂。有的课堂，可谓自始至终都在师生互动中进行，看似全班学生参与教学互动，但是否每位学生都进行了主动思考探究、是否都获得了最大限度发展，却不得而知；有的课堂教师则在有意无意间以一个眼神、一句"潜台词"，中伤了学生的自尊心或自信心，如此等等。教师在课堂中的点点滴滴，无不影响着学生的健康成长。

在课堂教学中，教师是否尽心尽力地履行教书育人的天职，有赖于教师自身的职业道德观、职业良心的调控。而如何尽职尽责也不可能或不应该通过外力加以框范限定，这不仅有赖于教师职业道德的践行，而且有赖于教师教育智慧的运用。

在课堂教学中，有些教师虽对教学有一定的理性认识和工作热情，但是，缺少在课堂教学实践中持续一定时间的积累，就不可能有丰富而深蕴教育智慧的教育机智。因而，对不可预设的课堂教学，就难以灵活自如地调控把持，自然无法顺利达到预设的教学目标，也无从实现美好的职业道德理想。

在《案例教学》（孙军业著，天津教育出版社出版）中，记录了"我想成为一名好教师"这样一个案例。

我毕业于某师范大学中文系，今年应聘成为某市重点中学的教师。开学前，学校领导安排我任初二（3）班班主任兼语文任课教师。

为此，我主动找到这一班级的原班主任了解情况。原班主任张老师告诉我，这个班级学生比较活跃，学习成绩两极分化比较严重。大多数学生上课时表现较好，但有几个学生总是违反课堂纪律。

回到家里，我想：我在师范大学学习时，教育学、心理学成绩都是优秀，又喜欢教师这个职业，我应该能成为一名好教师。我找了几本关于教育学、心理学的书籍，又找出了大学时的学习笔记，认真地把"教师应遵守的职业道德规范"、"学生的个性差异"、"师生关系的协调原则"、"课堂教学的基本要求"等内容逐一温习一番。而且，为了能给学生留下美好的第一印象，主动请教数位有经验的语文教师，并反复修改教案，在家里自觉进行多次模拟教学，直到自己完全掌握教案为止。

开学的第一天，我很早就来到学校，做好了课前准备。第一节就是语文课，我踌躇满志地走进初二（3）班的教室。刚一进教室，原本吵闹的学生立即坐好，安静下来，看着自己。我很满意，微笑着走到了讲台上，说："各位同学，早上好，我是你们的新班主任和语文老师，我姓李，我希望能和大家成为好朋友，一起拥有一个愉快的新学期。现在让我们彼此认识一下，我开始点名，叫到名字的同学请站起来回答'到'。"

点名时，学生们十分安静，我觉得自己已完全控制了课堂，然后宣布了本学期语文课的要求和学生在课堂上应遵守的规则，接着开始上课。不久，情况发生了很大的变化，有的学生开始小声说话；有的做小动作；有的学生和同桌打闹、嬉戏；有的学生看小说……虽然多数学生仍安静地听课，我还是很生气，自己不停地大声喊：

"张某，坐好！"

"朱某某，我希望这是我最后一次看见你讲话。你如果再讲话，我要请你出去了。"

"岳某某，你不要把语文书画得乱七八糟！"

"大家安静一下!"

"王某,你不要总是玩你的铅笔盒!"

我喊的声音越大,自己越深刻地感觉到自己丢失的东西越多。我拿起教鞭狠狠地敲着讲台,巨大的声音回响在教室中,学生们一下子安静下来,都看着我。突然之间我开始恨这一切,恨自己。

噩梦般的第一节课,使我在做教师的第一天觉得万分沮丧。感觉自己的班级是一个战场,自己越是想在与学生的争斗中取胜,课堂就越失控。我觉得自己已为这一次课准备了很长时间,但还是很失败。自问在师范大学读书时,教育理论考试成绩都是优秀,为什么就不能应对课堂教学中的问题呢?

案例 2

问题在谁

● 背景材料

我教那个班时才 22 岁,得承认当时我有点害怕。我最怕的是学生纪律太差,他们不听我的。所以,我小心谨慎地提防着不端的品行和反抗的行为,决定将他们很快清除。

当时就有这么一个学生,名叫兰迪,个头高大,年纪也比其他人都大,但他学习却不够好,在课堂上他从不回答任何问题,我知道他可能会是一个麻烦。

果不出我所料,大概就在第三天的英语课上,他懒懒地在位置上坐下,并把脚长长地伸到过道上来。于是,我严厉地责备了他,要求他坐端正,这起到了一定的作用,但是我必须一而再再而三地批评他。第二天又是这样,最后我被激怒了,实在忍无可忍,就走到过道上,将自己的脚伸到他的腿下把他的腿猛踹回去。

就在那一刻,他毫不掩饰地、憎恨地看着我,我知道自己多了一个敌人。从那以后,情况一天比一天糟糕。上课时,我每次看他时,他都好像漫不经心地在做其他事;故意不及时交作业;懒懒地把腿伸到过道上来,然后猛地收回去,好像突然记起来似的。

最后，我只好找到副校长弗兰克林·罗德，他在学校纪律管理方面非常出色。我向他描述了兰迪的行为，最后说："他肯定有问题。"弗兰克林·罗德接下来说的话让我终身难忘。

"你确定是他的问题吗？"他问。

"什么？"

"你确定是他的问题？是他故意疏忽的？是他故意挑衅的？也许恰恰是你的问题呢？"

那样一个简单的问题将我转变了过来，也确实改变了我的职业。此后，我开始以完全不同的方式来了解兰迪和其他大部分学生，我总是喜欢问一问：如果我是他们，那么我的感觉会是什么样的？

● 引发思考

（1）你所在的学校课堂里，能常见到类似案例中教师的做法么？你怎样看案例中教师在课堂上对学生兰迪的做法？

（2）你在课堂教学中遇见过类似的问题吗？你是如何应对的？

（3）如果你是案例中的老师，你会事后去求助于学校领导吗？为什么？

（4）教师职业道德不同于一般道德的特殊性就在于：它不仅具有个人价值，要求教师独善其身，与人为善。而且更重要的是，具有教育价值，要求教师维护学生的利益，促进学生发展。由于教学的本质表明：课堂教学是师生双边互动和交往的过程，那么，教师如何将职业道德实践的动机与结果（即学生发展）有机统一呢？

（5）有一项对百名教师与学生的随机调查，问题是："你热爱学生吗？"90％以上的教师回答："是"。然而在向这百名教师所教的学生询问"你体会到老师对你的爱了吗？"时结果却有90％的学生回答是："没有体会到！"[①]

现实中，教师对学生只要有一份爱，就一定能有爱的效应（期望效

---

① 朱永新. 困境与超越：教育问题分析［M］. 朱永新. 朱永新教育文集. 北京：人民教育出版社，2004.

应）吗？为什么？

(6) 有一位英语教师亲历了这样一个片断：

一天下课时，我边收拾东西边笑着问一名学生：期末考试打算考多少分呀？他很自信地答道："我想考 70 分以上！"因为他基础太差，又经常不完成作业，以前也未考过及格成绩，而且语文、数学成绩也不好。所以，看见他有这种想法，我很高兴地点了点头。刚要说话，只听语文老师笑着插嘴道："你听他的，他还能考上 70 分？能及格就不错了！"数学老师刚好走进教室，听了这话，不假思索地抢白道："真是的，说得比唱得还好听，就你这懒样儿，语文、数学都不及格，英语还能及格？要是你能及格，谁都能及格了！"话音没落，只见这学生的脸刷地红到了脖子，羞愧地深深埋下了头……

你认为这位英语老师应当如何处理这个问题？

● 案例分析

课堂管理是课堂教学顺利进行的根本保证，也是提高课堂教学质量的有效途径。课堂行为管理是课堂管理的重要组成部分，它不仅有助于维持良好的课堂教学秩序，约束和控制有碍学习的问题行为，而且有助于激发学生的潜能，调动学生学习的积极性，提高学习效率。在现实的课堂教学中，问题行为总是难以避免的。课堂的问题行为一经产生，如果缺乏及时而有效的管理，不仅容易引起师生间的冲突和课堂纪律问题，影响教学计划的实施，而且还会影响学生的心理发展及人格形成。

案例中年轻的教师首先能认识到课堂纪律的维系对于教育教学过程与结果的重要性，上课前就对学生的情况，包括个别学生做了一番了解。无疑，这表明教师持有一份应有的教育理性。但是，正因为了解到了个别学生的特殊情况，同时也因为自己尚属于新任教师，缺乏成熟的教育教学经验，所以，伴着教育的理性，教师也自然表现出对这一个别学生与自身都缺乏充分的信任与高期望。然而，教师对所观察的现象未做分析研究，便毫不犹豫地首先给予学生严厉的责备，若见收效甚微就接着再三批评，直至学生屡教不改而教师以武力镇服学生。在整个过程中，教师没有忘却课堂管理的责任,但逐渐淡却了原有的教育理性,以致最后丧失教育的理性,也不再以教师的"善"来维护教育的人道,进而导致了对这一个别学生的教育公正的缺失。又代之以感情用事,看似是出于无奈,实则采取了可谓"以毒攻毒"的下下策。虽然换来了课堂教学秩序的暂时的表面稳定,但教师深深地意识到:从此,在学生兰迪心里留下了对教师的一份怨恨和一份敌意,必然也给教师进一步进行课堂管理、构建良好的师生关系留下了更深的隐患。因为,根据心理学有关研究:人只有在其理智与情感处于和谐状态时,活动效率才最高。毫无疑问,课堂教学中教师的主导作用从某种角度来说,就应体现在不仅使自身而且使学生,在教与学的互动及师生交往中,双方的理智与情感都处于和谐状态。只有这样,教学活动的效率才会是最高的。而案例中的学生兰迪,在教师的武力制服下,显然已不可能有良好的情感状态,如果不能及时调整,必然会持续影响后续的整个学习活动过程与结果。

故此,教师虽未做深入的分析判断,但是,依然凭着那份责任感,主动向有成功经验的校长求助,寻求更好的解决问题的策略。从校长的一句简单的反问中,获得了启迪,开始了反思:是学生的问题,还是教师自身的问题。由此,教师开始调整心态,尝试与学生心理置换,设身处地体会学生的心理,从中反思自身的态度与行为。在调整心态中努力改变自己应对学生的行为方式,从而寻求解决学生各种问题的最佳路径,不断提升自我。

上述案例出自于一位具有13年教龄的教师之手,他以自身初任教师的经历与转变,给了我们很好的启示:

第一,在课堂教学中,教师不仅应持有教育的理性,具有高度的责任感,同时也应体现教育的人道,给予学生关爱和尊重。教师对不同的学生都应讲求教育的公正。这样,通过教师将教育的核心伦理范畴——教育理性、教育人道与教育公正,集中体现于课堂教学中。对于课堂教学中学生的种种表现,教师不应站在自己的角度去理解、判断,而应学会与学生换位思考。这样,教师多一份理性,对学生多一份理解,也就多一份宽容。师生间便多了一份和谐,多了一份教育的契机,自然也就多了一份成功的希望。

第二，从教师的专业成长过程看，正是由于经历了从不成熟到成熟的转变过程，教师才能从中感受到自身职业的魅力，由此结下了对教师职业的深厚感情。13年过去了，教师始终没有忘却不成功的经历，并愿与同仁分享。

第三，从教师的专业成长路径看，在教师的专业成长中，亦即教师职业道德的发展中，既需要教师在长期教育实践中独立探索，又需要教师善于与同行合作交流。但更为重要的则是需要每位教师自身不断地反思、总结。只有多种路径相结合，教师才可能逐步提高专业发展（包括职业道德与职业技能）水平。

另外，从《教学的艺术》所记录的一位学生对教师的回忆中，我们能够更清晰地看到：在教师专业成长和课堂教学中，教师如何保持教育的理性，自觉维护教育的人道，并根据学生的个性特征，自主体现教育的公正，由此对学生一生的成长产生影响。

库克小姐觉得我很害羞，因此，她在课堂上从不叫我起来回答任何问题。老师让我们写有关个性的作业，我的题目是《每一片叶子都有一个灵魂及它是如何被吹起的》。交了作业后，库克小姐问我是否愿意把我的作文与全班同学分享，她的话是那么地尊重、那么地柔和，让我无法拒绝。我用颤抖的声音将我的作文念完，她谢了我。当我走出教室时，她建议我养成写日记的习惯并考虑以后从事写作生涯。这两个我都做了，我发现那段在库克小姐那里上英语课的经历对我的一生产生了很大的影响。

案例 3

他居然没有"起立"

● 背景资料

苏老师中途接了一个"据说"很不好管的班，需要担任班主任工作。由于事情紧急，没有仔细地了解这个班级的情况，她就直接上任了。

上任第一天遇到一件小事，深深地触动了她的心。那天，苏老师精神抖擞地走上讲台，沉稳地扫视了一遍整个教室。"上课！"这两个字果敢中透露出她对管理好这个班级的决心。"起立！"学生齐刷刷地站起来，像一片挺拔的小树林，一双双清亮的眼睛聚焦到老师的身上，教师的自豪感、神圣感在苏老师心中油然而生。她心中暗喜，心想：学生并不是"传说"中的那么不好管。她满意地用眼光从后排检阅到第一排，突然，苏老师怔住了，居然有人岿然不动地坐着——是坐在后排的一个大个子男生！

"绝不能轻易放过这个学生，一定要争取一个良好的开局"苏老师暗想。但她还是按捺住了怒火，只是用眼光告诉那位坐着的学生，老师已发现了他的诡计，希望他能赶快站起来，亡羊补牢尤未晚矣。然而，几十秒钟过去了，仍不见他有动静。这时，苏老师把眼光变得更加严厉，狠狠地盯着他。他居然回望老师，没有一丝恐慌和害怕。苏老师继续紧紧地盯着他，时间虽然不长，但明显已超出了组织课堂的常规，全班同学的眼光很快都集中到他身上。他的目光终于下移了，头也低了下去。然而，他还是坐在那儿一动不动，似乎眼里多了一分敌意！这样一来，苏老师真的要愤怒了，准备狠狠教训一下这个顽皮的学生。

● 引发思考

（1）你认为苏老师对那位同学的态度应该如何？
① 严厉批评。如果不及时处理，将难以树立威信。
② 假装没有看见。先不理他，以免造成课上对立。
③ 走到他身边，告诉他不能没有礼貌，要求他起立。
④ 他不起立应该有原因，所以暂时不批评，下课后了解情况再处理。
（2）你认为这位学生为什么会这样做？
① 学生比较调皮，想通过这种方式引起同学的注意。
② 也许这个学生上课前情绪不好，并不是有意与老师对立。
③ 这个学生可能以前就对苏老师有意见，所以采取对立做法。
④ 可能有一些其他原因。
（3）你在教学中有没有遇到过这种问题？如果遇到了，想想你当时是怎样处理的？

● 案例回放

苏老师告诉我们，当时她真的想严厉地批评这个顽皮的学生，但她还是强忍着怒火走了过去,用严厉的目光从上至下审视他,但当她的视线朝低处看的那一刹那,她被眼前的景象惊呆了……

她怎么也不会想到,赫然出现在自己眼前的,是一双小脚可怜地悬空在凳子边。她忙抬起眼光,有些哽咽地面对全班同学说:"请——坐下!"

这件事给了苏老师很深的震撼。从此,只要是这个班的课,她就请求所有任课教师不再要求学生起立,而是真诚地向学生们问好,而"老——师——好"的齐声回应,则在整个校园中久久回荡……

我们想起了类似的另一件事。

有位老师带着新奇、兴奋的心情,走上了一年级的讲台。有一天,上课提问,一个女孩竟钩着一个手指,只举四个手指回答问题。老师眼睛盯着她,她看看老师没理会;老师又瞪她一眼,孩子却冲老师笑笑。这时,老师是一肚子火:"还笑,站起来!"孩子却是一脸无辜。这位老师越看越有气:"把你刚才举手的姿势再举给大家看看。"孩子还没动,可眼里增加了屈辱。老师的火气更大了,一下子冲到她面前,低头去找那只藏在背后的右手,一下子老师傻了:那钩起的一个手指是根本不存在的——这是一只不健全的手!

"怎么会是这样?"老师像问自己,也像在问孩子。"妈妈生下我时,我就是这样的。"孩子哭了。

老师一时无言以对,沉默片刻后,这位老师认识到只有当众道歉才是她应该选择的最后的挽救办法。于是,这位老师就在全班面前郑重地说:"对不起,老师错了。"全班孩子都惊讶地看着老师,在那些惊讶的眼神中,老师分明看到了几分亲近。第二天,孩子告诉老师:"老师,我妈妈告诉我,今后别再举右手了。"

老师则告诉孩子:"不,你还举右手,它并不难看。学会知识你才敢举起它;有了知识和进取心的衬托,它是最健康、漂亮的手。老师更希望将来你能用这只手做更好的事情,让它成为你的骄傲,好吗?"孩子笑了,点点头。以后在课上,老师经常看到这只与众不同的手高高举起。也就在那个学期的期末,这孩子取得了优异的成绩。

后来，这位老师回忆起这件事时，动情地说："这件事发生后，我对所有的孩子都改变了态度。我学会了去了解、关心他们，我发现了他们的许多可爱之处，孩子也和我亲近了。"

● **案例分析**

也许你会对上述案例中老师刚开始的"不近人情"持批评态度，也许你会对第一个案例中苏老师的做法感到庆幸，幸好她能强压住怒火走到了那位"对立"学生的身旁，但你不能不为两位老师勇于反省自己的言行并及时采取措施，弥补对学生心灵造成伤害的行为而由衷地发出赞叹。由于残疾和误解孩子心灵所受到的委屈，强烈地震撼着两位老师的心，使他们深深地认识到：身体的残疾本来已经给孩子造成了痛苦，而由于自己的疏忽又让孩子受到委屈和屈辱，这就更加深了他们的自卑感——那本不该有的自卑感。而这种自卑感也许就会在这几分钟之间跟定他（她）一辈子，给他（她）心灵造成今生都难愈合的创伤，这是多么大的失误啊！两位老师的可贵之处就在于不仅没有原谅自己对学生的"误解"，而且勇于反省自己的行为，并诚恳地向被误解的学生道歉，使学生受伤的心灵得到了老师的理解和关怀，从而使师生情感交流更加融洽。

三、相关研究

（一）教学机智

北美"现象学教育学"的领袖人物之一马克思·范梅南教授对教育机智的研究表明："教育机智是一种我们拥有责任的表达方式，我们以此来保护、教育和帮助孩子成长。"；"从一般意义上说，意味着我们尊重对方的尊严和主体性，而且，我们试图对他人的智力和情感生活保持开放和敏感。"

一个富有机智的人要做到：

1. 具有敏感的能力，能从间接的线索，如手势、神态、表情和体态语言来理解他人内心的思想、感情和愿望。

2. 知道如何理解在具体的情况下具体的人，诸如害羞、敌意、气馁、鲁莽、高兴、愤怒、温柔、悲痛等情感。

3. 具有良好的分寸和尺度感。

4. 有道德直觉的特点，能感受到什么才是最恰当的行动。

在教学过程中，教师的教育机智表现为：克制；对孩子的经历坦诚以待；尊重孩子的主体性；潜移默化的影响；在情境中充满自信和临场的天赋。

教育机智意味着做那些对孩子好的和恰当的事，包括：保留孩子的空间；保护那些脆弱的东西，防止受到伤害，让破碎的变成整体；巩固好的品质；加强孩子的独特之处和支持个性成长。

（二）沃贝尔斯的师生交往类型

1. 指导型。教师的交往行为以任务为取向，对学生要求往往较严，对学生成绩有较高标准；师生间的关系不太密切，教师对学生的意愿和需要不太感兴趣；教师行为经常表现出友好或理解等特征，但不很明显。

2. 权威型。教师交往行为也是以任务为取向的，课堂上有明确的规则且教师时常提醒学生遵守；师生关系密切，课堂气氛令人愉快，教师十分关心学生的愿望和需要。

3. 容忍和权威型。是强调规则与学生自主相结合的一种类型。比权威性较少运用规则，重视学生的自主性；师生关系比权威型更为密切，学生支持和配合教师。

4. 容忍型。不重视规则或没有明确规则，学生的自由度大；教师能满足学生的愿望，学生能配合支持教师；教师的容忍行为有时会引起轻微的秩序问题。

5. 非决断/容忍型。强调师生合作，学生自由度较大。教师对学生十分关心，教师领导力小，有时会产生一些混乱，教师往往不能决断性地制止混乱。

6. 非决断/挑衅型。教师与学生处于一种相互敌视、对抗的状况，学生常常挑衅性地制造混乱，教师无力制止混乱。

7. 压抑型。课堂上有明确的规则，教师对课堂的控制很严格，对学生要求苛刻，不满足学生的愿望；学生表现顺从，但没有积极性，表现出对教师的恐惧，并不能专注于课堂活动。

8. 辛劳型。也以任务为取向，但课堂上的气氛时常变化：有时表现出有秩序、有时出现第六种类型的挑衅性混乱、有时又出现第五种类型的混乱；教师常常努力维持纪律，虽然成功地维持纪律，但常常筋疲力尽。

（三）教师的类型

德国心理学家端林曾经把教师分为六种类型：

1. 偏于宗教意识型。这种类型的教师认为，教师最重要的是道德，道德高尚才能成为儿童的模范并受他们尊重。

2. 偏于艺术意识型。这种类型的教师幻想丰富、情感强烈，对于儿童的个性非常容易体会，并且比他人更能深一层地了解学生，这些教师往往令儿童易于亲近。

3. 偏于理论意识型。这种类型的教师往往对所有的儿童一视同仁，但更愿意帮助天赋薄弱的人。他们可能相继发挥每个儿童的才能，主张诲人不倦，学生对这种类型的教师往往表现出敬意与仰崇的态度。

4. 偏于社会意识型。这种类型的教师认为，教育的目的是创造民族的文化。所以，他们重视传授知识，备课认真，并不断充实材料。这些教师往往更受学生的敬爱。

5. 偏于经济意识型。这种类型的教师表现为对效率的重视。认为教育的作用是，在使儿童以最少的劳力获得最大的效果。他们重视教育方法，重视联系社会生活实践。这些教师往往更受学生的重视。

6. 偏于政治意识型。这种类型的教师表现为贯彻照着自己的人格理想来培养学生的主张，教育学生时以领导自居，事事教训干涉，不让儿童去自由发展。这些教师虽然富有事业精神，但学生对他们往往感到畏惧。

（四）对教师提出的要求

1. 在上课铃敲响之前，务必精神饱满、信心十足地出现在学生面前，不要忘了以自己的方式向学生问好和道别。

2. 教学是一种仪式。教师走进教室，务必带着课本、教案和学生名册，并带着微笑、带着欣赏走进课堂。

3. 教师仪容和言行举止潜移默化地影响着学生。所以，美育，从教师的仪容开始；德育，从教师的言行开始。

4. 提倡对学生进行激励性和期待性的评价。

（五）展现教师良好的教学过程

比较全面和科学的观念是把教学过程视为：知识的建构＋思想情感的交流＋智慧能力的培养＋个性塑造的过程。换言之，是教师展示自己丰富、独特、完美个性的过程；是教师藉此以充分调动学生整个个性的内在力量来促进、深化、拓展教与学的过程；是师生之间独特的社会生活体验的过程；是师生，尤其是学生全面成长，特别是精神世界丰富、纯洁、深邃的过程；是使学生在教师引导下日益丰富而深刻地参与和有教养的人进行对话的过程。

良好的教学过程应该是充满智力挑战、怡人性情、益人心智、变化气质、滋养人生的精神漫游。只有这样，才有益于个体精神世界的丰富，有益于个性和创造力的培养。

（六）教师素质应该是一种资源

教师作为教育的主体，是教学过程中这一微观教育领域内教育资源的分配者。他们掌握着很多无形的教育资源，如关心、同情、理解，当然也包括惩罚、责骂等教育性因素的分配权。同时，教师素质本身也是一种教育资源，他对教育材料的解读与教学能力，是学生感受到的是最亲切与最真实的教育。

（七）教师教育理论与实践

美国学者费奥斯坦（Lynda Fielstein）与费尔普斯（Patricia Phelps）在研究教师教育的理论与实践时，认为有道德的教师，首先表现出"对自己和学生持有高期望"，同时表现出，"恰当地使用权利"；与学生"保持健康距离"；"公平评价学生的表现"；保护学生的隐私；自身"行为适当、始终如一"；"避免将个人价值判断强加于学生"。

苏霍姆林斯基说，教育是让一个人想把最好的方面展示给你看的那样一种东西。这是教师要学习的最根本的东西。现在许多教师培训没有讲到点子上，不知道把教师启发、引导到什么地方去了，没有引导教师发现最重要的东西。最重要的东西是教师能够发现一个生命的希望，发现一个生命的力量。如果一个教师不能发现一个生命的希望、不能用自己的劳动心血来唤起生命的力量的话，这个教师就不是一个称职的教师。教师怎样才能发现生命的力量呢？如果没有宽广的胸怀；总以为别人想干什么；不相信人；用一种不正常的眼光看人家、评价人家；总是以一种不好的心情去怀疑别人的积极性，是不可能成为一个好教师的。我以为，不管一个人有这样还是那样的弱点，一旦他表现出某种热情和积极性，这就是一种了不起的东西。保护这种积极性比什么都重要，作为教师一定要注意这一点。

第二节 教师的心理健康与师德密不可分

一、教师的心理健康与师德密不可分

随着市场经济和教育改革的不断深入和发展，人们越来越认识到心理健康对每一位教师的重要性，很多事例也充分说明某些教师缺乏师德的一个重要而深刻的原因是某些教师的心理不够健康。教师的心理健康状况与教师的职业道德表现有着极为密切的关系，尤其是教师的心理健康状况对教师的职业道德表现有十分重要的影响。

教师职业道德的形成要经历道德认识、道德情感和道德行为的完整过程。一个心理健康的教师会进一步把他对教师职业道德的认识在道德情感的推动下内化为稳定、深刻、牢固的道德信念。道德信念的内化才能使教师真正表现出道德行为，其道德行为才不会受外界的干扰与控制。只有道德信念内化，教师的职业道德表现才是自律的结果，道德的内化使教师的职业道德行为具有高度的自觉性和主动性。

相反，如果一个教师心理不健康，长期处于一种消极的心理状态下会对教师的职业道德行为表现产生极大的干扰。不健康的情绪状态使某些教师对职业道德产生认识上的怀疑，从而不能很好地把已经建立的道德认识内化到价值观念体系中去，甚至对已经建立的道德信念产生动摇，这就更不能体现出应有的道德价值精神。长期的心理失调、行为失调导致教师败

德行为的产生。所以,提高教师心理健康的永平对促进教师新时期的职业道德表现有重要意义。

二、案例分析

案例 1

心理失控干扰师德表现

● 背景资料

张某,女,38岁,小学一年级教师。小的时候父母对其要求比较严格,从上学到工作一直规规矩矩,对工作一贯非常认真负责。最近听说有个学校的学生在回家途中走失,使其老师受到学校严厉批评与惩罚的事情后,她总是担心、害怕自己的学生被其他家长接错了,甚至丢了或被坏人劫持。所以,张某上课的时候总是考虑这件事,以致上课时不能专心,讲课时常常走神,有时甚至不知道自己讲到哪里了,然后就开始点名,反复点名。下午放学时,她总是要反复核查家长的姓名与学生的姓名,有时还追到学校门口外面核查,有时检查几次都不放心。下班到家了还在想着每一个学生的事,进门后张某马上逐个给学生家长打电话,再给学校的传达室打电话问"有没有家长来找孩子的",每天如此。她自己也感到疲惫不堪,教学水平下降,学生考试成绩不理想。她还经常向学生发火,情绪很暴躁,有时竟表现出对学生的推搡行为。她自己感到很痛苦,有时虽然也明白自己的核查没有必要,可就是控制不住。

● 引发思考

(1) 张老师的教育教学工作为什么受到了干扰?
① 对教育教学工作的重要性缺乏足够的认识。
② 师德修养不够。
③ 对教学业务钻研不够,没有认真备课。
④ 缺乏自控力,担心没有必要担心的事情。
(2) 你认为导致张老师心理异常的原因是什么?
① 张老师个人的成长经历。

② 张老师好强、谨慎、墨守成规、刻板的性格特点。
③ 学校以及整个社会对教师的过高要求,导致压力过大。
④ 对某些突发意外事件或隐性事故的发生缺乏心理准备和应对策略。

(3) 病态人格的表现有很多类型,比如冲动型人格、偏执型人格、癔症型人格、分裂型人格、反社会型人格、妄想型人格等,在你的周围有类似现象的老师吗?

● 案例分析

张老师的表现是一种比较典型的病态人格问题,基本上属于强迫症。强迫症是由精神刺激引起的,患这种病的人以要求严格和完美为主要特点,强迫自己做某事,明知没有必要却不能控制,担心不该担心的事,做不该做的事。具体表现为:

(1) 做任何事情都要求绝对化,"完美主义者",苛刻,要十全十美,僵化而强求完美的倾向可以严重到明显降低效率的程度;

(2) 做事关注细节、规则、顺序、时间表等,按部就班,过分注重逻辑,失去了事物的主要方面、工作重点,忽视全局以致影响任务的完成;

(3) 人为制造规则。如果违反了做事的"程式"和规矩就不要或重做,缺乏弹性,浪费时间,自我怀疑,不宽容自己。

(4) 过分严肃、谨慎,顾虑太多,怕犯错误,犹豫不决,害怕或避免、拖延做决定,常有不安全感,穷思竭虑,反复考虑计划、行动是否得当,反复检查核对,惟恐出错。

强迫症产生的原因与心理及社会因素有关,过度的疲劳、紧张、精神刺激等可以诱发患病。有些患者往往是在生活中遇到了某些不完美的事,特别是幼年曾遭受剧烈的精神创伤,感到失望,所以就把注意力转移到自己的身上来了,似乎想用自身的完美来弥补生活的不完美或者是不相信自己,缺乏安全感。

患者的性格多具有敏感、固执、主观任性、急躁、好强、自制力差,或胆小怕事、优柔寡断、犹豫不决、谨小慎微、自卑、墨守成规、刻板等特点。

案例 2

暴躁导致的败德行为

● 背景资料

2003年冬月的一天下午,北京市某小学四年级的音乐课上,一位姓许的老师教学生学习音乐的八个音符,许老师多次领读后便让每个学生轮流发音。当轮到一名路同学发音时,有几个音符发音不准。尽管许老师多次纠正,他依然不能正确发音。当时,许老师特别着急,许老师越着急,路同学就越心慌,越心慌就越发不准。最后,许老师非常生气地让路同学打自己嘴巴两下,不听响还不行,以增长记性。当时路同学没有动手,许老师更加生气了,自己上前打了他两个嘴巴。之后,又有7名男生因发音不准被罚打嘴巴,有的同学打一下后嫌疼不打了,许老师便上前补抽一嘴巴。

● 引发思考

(1)你认为这位教师为什么会出现"暴力行为"?

① 他没有很好地学习教师的职业道德规范,存在认识上的问题。他不知道教师不应该如此对待学生在学习活动中存在的问题。

② 在教师的思想中也许有"不打不成材"的想法。

③ 他不愿意遵守教师的职业道德规范,对国家规定的教师职业道德规范有抵触情绪。

④ 过高的压力导致教师心理失调,进而行为失调。

(2)你认为暴躁性格对一位教师来说有哪些危害?

① 不能冷静智慧地处理课堂中的突发事件,挫伤学生学习的积极性。

② 情绪易失控,导致意识狭窄、行为失控,在现实生活中导致"激情犯罪"。

③ 影响教师循循善诱、诲人不倦的形象。

④ 危害学生的身心健康,影响学生的性格发展。

(3)有暴躁性格的人适合做教师吗?

① 不适合。

② 可以，但要尽快改正坏性格，加强性格修养。
③ 没关系。
（4）不良的性格可以调整吗？为什么？
① 可以。因为性格是在后天的生活中逐渐形成的。
② 不可以。因为性格是先天遗传的，是固定的，根本改不了。
③ 能改变。但比较困难。
（5）教师应如何对待学生在不同方面存在的能力差异？
① 有的学生就是特别"笨"，老师没办法。
② 只有不会教的老师，没有学不会的学生。
③ 一个人的智力成分是多元的，每个学生都有智力的强项和弱项，这是客观事实。
④ 教师要正确对待强和弱的关系，尽量"以强带弱"、"以强促短"，从而促进全面发展。
（6）认真负责、严格要求和暴躁有关系吗？
① 这是两码事，根本无关。
② 有关，严格要求免不了急躁。

● **案例分析**

　　这位教师的表现是典型的暴躁性格。暴躁表现为忍耐性极差，易激惹，易冲动，爱发"脾气"，常常伴随有突发的行为表现，这是一种不良的性格特点。具有这种性格缺陷的教师在教育教学过程中易急躁，容易与学生发生冲突，遇事不冷静，缺乏理智，缺乏涵养，爱发"火"，脾气大。哪怕是听到一句不顺耳的话，也要火冒三丈；在一定场合受到不利于自己的刺激就暴跳如雷，甚至会不顾一切地攻击学生；严重者甚至骂人毁物，对发生冲突的学生拳脚相加，违反教师的职业道德，甚至发生悲剧事件。

　　情绪暴躁的现象在中小学教师中比较普遍。有的教师因为在工作中碰到困难；有的是因为个人家庭生活或感情生活受到挫折；当然也有的是因为教师本身的一些性格缺陷等。比如，有的教师是在组织教学过程中，因为学生对老师提的要求不理解或其他违反常规的行为，就立刻皱起眉头，以非常粗暴严厉的声音斥责学生，诸如"想什么呢"、"听见没有"等话语铺天盖地而来，大声叫喊甚至出现粗暴动作，并把这种情绪很快转移和扩散到其他学生身上，出现损伤学生人格的行为。有的教师不能协调自己的情绪和行为，自制力差，情绪易失控，导致意识狭窄、行为失控、急躁、不能恰当地表达自己的情感。

近年来在圣洁的教育园地里，在现实的教育教学过程中，像"抽学生耳光"这类事件并非个别现象，发生了一系列令人难以置信的事情：许多孩子仅仅因为一点点轻微的过失就遭受到教师恶劣而又残暴的惩罚，比如：罚"吃苍蝇"、强迫学生互打耳光、往学生脸上刺字、剪断幼儿手指、用火钳烫伤学生……有些案件已经到了令人发指的地步。有些教师的严重心理问题如果不能得到及时的调节和解决，发展下去甚至会发生心理的扭曲，出现恶性膨胀，导致触犯刑律的恶性事件，如"激情犯罪"等，云南省就有一位教师因为受到校长批评后积怨在心而焚烧校舍，导致6名学生被烧死。

案件一：2004年的某天上午，哈尔滨市某小学正在上微机课的四年级学生丹同学和另外三名同学被班主任王老师叫回班级教室。王老师质问丹同学作业中为什么少做了三道题，孩子解释说老师留作业的时候自己正好去上厕所了，所以漏听了这三道题。王老师马上让丹同学补做这三道题和作业中算错的题，由于紧张，丹同学过了十几分钟还没做出题。王老师见状生气地在丹同学左颊上扇了两耳光，又在她右腮和右臂上掐了几下。后来，丹同学的伤经过医院诊断为左面部外伤，右面部痉挛，三叉神经压痛，右上臂皮下淤血。目前打人老师已被停职。

案件二：2003年4月的一天，按照学校的要求，重庆市一名丁姓的学生应于上午8时到校补课。但她未按时到校，其班主任汪老师询问她迟到的原因，用木板打了她，并当着某同学的面对她讲："你学习不好，长得也不漂亮，连坐台都没有资格。"12时29分左右，丁同学从该校中学部教学楼八楼跳下，经抢救无效，于当天中午12时50分死亡。经重庆市区人民法院审理一审宣判，被告人汪老师犯侮辱罪，被判处有期徒刑一年，缓刑一年。

在这些恶劣事件发生后，大多数教师本人都后悔万分，但为什么这些教师当时不能控制自己的行为呢？对此，人们不禁要问：被誉为"灵魂工程师"的人民教师，缘何频频"出轨"？"教师暴力"体罚学生何时不再成为教师的"家常便饭"？在高度重视未成年人思想道德建设的今天，我们教师的师德教育是不是也应该提升到同样重要的一个高度？在师德的掩盖下，我们教师是不是还存在更严重的心理危机问题？这些需要引起全社会的共同关注。

古语有"一日为师，终身为父"、也有"十年树木，百年树人"的说法，这都是说明教师在人类文明中扮演着重要的角色。没有身心健康的教师，就谈不上教育的进步。要培养学生的完善人格，教师首先要有健康的心理。

一个有道德修养的、具有高尚伦理道德精神的人，同时也应该是一个心理健康的人。这是因为人的生理、心理、精神这三个层面整合地构成完善的人格，心理健康与精神高尚密不可分，这在古今中外的理论中都有论述，其中前者便是一种社会规范。马斯洛也说过心理健康的人，应具备"基本哲学与道德原则"。

马斯洛的"自我实现"的人格，本身也是富有道德情操的人。自我实现的人坚持向着越来越完善的存在前进，而这也就意味着，他坚持向着大多数人愿意叫做美好的价值前进，向着安详、仁慈、英勇、正直、热爱、无私、善良前进。我国也有学者提出了心理健康的道德伦理标准，"能将其精力转化为创造性和建设性活动的能力"、"有较长远而稳定的符合社会进步方向的人生哲学、价值观和道德观"、"具有高度社会主义义务感和责任感"、"自我实现，尽己所能地贡献社会、创造人生"等。我们认为，一个人若是具备了进步的价值观、积极的人生观、责任感、奉献精神和正义感，那他就应该站在心理健康的人的行列里。

道德行为是衡量品德的重要标志。判断一位教师的职业道德，主要不是看他认识到了什么、知道了什么，而是看他是否能够做到言行一致、是否能体现出职业道德的行为。

教师暴力现象屡见于媒体报道，教师暴力现象是明显违背教师职业道德的，但为什么屡屡发生？这些教师没有接受过职业道德教育吗？我们的教师对学生"恨之入骨"吗？应该说都不是。我们认为大多数后果严重的、恶劣的体罚事件，主要原因和教师的心理健康状况有密切关系。不少教师都在承受各种压力，如学校对考试成绩的压力、家长的压力以及自身发展的压力和生活的压力，等等。压力过大，又不能找到恰当的方式释放和缓解，不能积极地进行自我调节，久而久之，积累起来发展成心理问题，教师就很可能把自己的不幸转嫁到学生头上，把学生当作发泄不良情绪的出气筒。有些心理不够健康的教师对学生的态度过于严厉，以过度惩罚的方式来获得心理上的成功感和平衡感，极易导致和学生之间的矛盾。一旦发生有学生不听自己的话，违反纪律，平时积聚在内心的压力和火气就会一股脑儿迸发出来，很容易做出难以控制的不理智行为。

从这些新闻媒体曝光的桩桩案例中，我们可以看到当前教师道德素质在迅速滑坡，已经出现严重的"师德缺失症"。我们不得不承认这样一个事实：这些令人发指的案件，尽管只是少数，但已经严重影响到教师崇高的职业声望！这些"灵魂工程师"频频"出轨"的案件，已经为我们的社会敲响了警钟！

我们完全可以这样说，未来一代建设者的思想文化素质与当前教师队伍素质是相通的。心理不健康的教师对学生身心造成的危害，从某种意义上来说已远远超过其能力低下对学生学业所造成的影响。教师心理健康是培养青少年心理健康的必要前提，在全社会已普遍关注和重视学生心理健康的同时，我们不妨试问：教师的心理健康得到应有的重视了吗？

在"师德缺失症"掩盖下出现了教师"心理危机"，教师频频"出轨"，首先表现出来的是师德问题。表面上是师德问题，根子实际上是由于各种心理问题造成的行为失调。我们的社会是个尊师重教的社会，对于教育整个社会都给予了足够的重视，但实际上人们真正关心的是学校的升学率以及一切围绕分数展开的事物。对于升学率以外教师自身的状况，尤其是精神状况，比如说：教师的心理健康问题等，我们社会的关注度就不够，但社会不关注并不代表问题就不存在。

首先，实事求是地讲，教师的心理健康状况不好，这方面已经有很多科研机构进行了相关的研究与调查，有大量的数据与事实证明教师心理健康的状况与我们现行的教育体制弊端是分不开的。有些教师认为自己应该有"责任心",所以常常把学生当成自己的孩子,爱之深而责之切,一冲动急躁就会干下傻事。

有关教育专家认为,在素质教育的春风下,"分分分,学生的命根"虽然已成为中小学生的历史,但"分分分,老师的命根"却依然"紧套"在教师头上,教师的教学质量决定其评优晋级和奖金的发放,甚至关系到个人的"饭碗",而衡量教师教学质量的标准还是学生的考分和升学率,这给教师带来不少心理压力。据调查,有近五成教师认为"工作太累",其中37%的教师每天工作的时间超过8小时,很多教师要每天加班,周六、周日也要加班给学生补课。最近的一项调查显示大多数教师睡眠不足;86.7%的教师认为自己主要的工作是备课、上课、应付检查、对付考试。心理和生理的双重压力加剧了教师心理健康状况趋于恶化。正常的课堂教学之外,不少教师下班之后也不能彻底"下课"。在这种压力下,教师往往将心头的无名之火发泄到无辜的学生身上,导致各种各样施暴行为的发生,甚至铤而走险,走上犯罪的道路。

其次,传统观念和社会现实之间的冲突,心理难以平衡。在转型期内,效率与公平的价值理念与目前教师的实际付出与收入形成了强烈的碰撞。虽然近年来教师的社会地位、物质待遇有了很大的提高,但还远未达到令人羡慕的程度。很多教师与自己的同学、朋友相比,收入、住房都自愧不如,内心很不平衡。超负荷的工作又加重了教师的身心负担,而又由于教育经费投入不足,教师的经济收入相对偏低,社会地位没有得到实质性提高。

再者,教师的心理健康状况与某些学校校长的管理观念和管理方法有关。有相当多的学校规定,校长听课可以"推门就进",还有一些学校在教室里安装了摄像头和监视孔,大多数教师对此比较反感,不愿意接受这种管理方式。"推门就进"实际上是一种特权表现,是对教师极大的不尊重和不信任,而且是一个"意外刺激",有可能干扰教师的讲课。由此,确实有些教师产生焦虑情绪,时时刻刻感到紧张、担心、恐惧,害怕校长认为自己讲课不好而下岗,整天生活在惶恐之中。

我们得承认，多年来，教师一直生活在一种浮华的虚荣里。人们使用的都是"春蚕"、"蜡烛"这样的比喻，塑造着不求回报的牺牲者的形象，教师被神圣化了，这种虚荣有效地激励过一些人，然而这神坛往往也就是祭坛。教师承载了社会、家庭太多的希望和责任，在社会整体道德水平下降的环境中，教师必须承受更高的道德诉求，但从收入、住房、福利待遇到社会地位却是该知识层最低的，这种反差使得教师心理承受的压力几乎濒临神经承受的底线。

有研究表明，有的教师明显用不理智、不科学的方法来发泄，比如："尽力埋在心底"，这容易造成抑郁、忧虑、敌对及强迫症状等；还有如"拿学生撒气"、"同亲人发火"、"摔东西"的转向攻击方式更是不可取的。只有心理健康的教师，才能培养出心理健康的学生。正如一个哲人所说："幸福的人能使他人更幸福，不幸的人会使他人更不幸。"所以，在高度重视学生心理健康的同时，关注教师心理、建立有效的社会预警机制，已成为当务之急。

三、教师心理健康调适方法

（一）维护心理健康的几项措施

1. 增强保健意识，提高自我调节的能力

（1）要增强自我保健意识

教师要建立和增强自我心理保健意识，要认识到心理健康的重要性。心理健康应主要靠自己来维护，因为只有自己才能最好地帮助自己，一切外部的帮助只能起到"助人自助"的作用，都只能通过个人的吸收、内化才能真正发挥作用。

人们的健康60％取决于自己。世界卫生组织指出：每个人的健康与寿命60％取决于自己，15％取决于遗传因素，10％取决于社会因素，8％取决于医疗条件，7％取决于气候等影响。因此，健康长寿的责任主要在自身，自身因素是第一因素。健康应从三方面综合衡量：一是人的自身躯体健康；二是人的心理承受能力；三是适应社会的活动能力。

（2）正确的自我认识是心理健康的基础

心理学研究发现，尽管许多人认为对自己是了解的，但事实上他们并没有很好地了解自己，他们或是对自己估计过高，过于自信；或是对自己估计过低，过于自卑。这两方面都会使人丧失适合自我发展与成功的机会。因此，要学会从多方面、多途径了解自己，要学会从周围的世界中提取有关自我的真实反馈，避免由自己的主观理解带来的误差。

一方面是正确对待自我认识，另一方面还要接纳自己或自我接受问题。一个缺乏一定程度的自我接受的人，绝不可能有真正的成功与幸福。人无完人，每个人难免存在一些不足和不完善的地方，例如：容颜、身材、才能及财产等。自我接受也就是既承认自己的优点，又接纳自己的缺点。他们想创造一个虚构的理想的自我来取而代之，结果使自己的心理受到伤害。另外一种是过分夸大自我形象，认为自己是最完美的，结果高视一切，有恃无恐。这样在现实社会生活中就会到处碰壁，既而造成更深的自我伤害。正确地处理好自我接受的主要方法是：一是要有适当的抱负水平，尽可能使自己的能力与现实接近；二是社会比较的标准要广泛，避免用自己的短处与别人的长处比，否则自己就会陷入更深的痛苦。

许多研究成果表明：愉快、欢乐、适度平稳的情绪状态能使中枢神经活动处于最佳状态，保证体内各系统活动的协调一致，充分发挥机体的潜能；能使机体的免疫系统和体内化学物质处于平衡状态，增强对疾病的抵抗力，提高脑力劳动和体力劳动的效率。而焦虑、紧张、气愤、忧愁的情绪长期存在，会使人惶惶不可终日，使由情绪引起的生理变化久久不能复原。其结果必然是降低人体抵抗细菌和其他引发疾病因素的能力，对人的身心健康造成损伤。中医所说"怒伤肝，忧伤肺，思伤脾，恐伤肾"就是这个道理。所以，加强情绪的自我调节与控制是非常重要的。

2. 积极参加体育锻炼，保持良好的身心素质

人体自身的免疫系统是人体疾病最好的"预防者和医生"。适量的锻炼能促进人体的内循环和内分泌，促进人体脏器机能提升，并维持在一个较高的水平，从而有效地提高人体自身的免疫能力，使其身体强壮，心理更健康。许多名人都酷爱体育运动。

体育锻炼对提高人的生理健康和心理健康水平是一种非常有效而重要的方法。体育锻炼也是人们的一种很重要的需要，不要因为工作很忙，就忽略它，认为它是可有可无的事。所以，当心绪烦闷、痛苦时，不妨去打球、跑步、游泳等，安排适量的运动时间，积极进行体育锻炼，就会避免上述现象的发生，从而超脱自我，愉悦身心。

(1) 体育运动对身体健康非常有利

体育锻炼可以提高人体神经系统的功能，增强神经系统的兴奋性和灵活性，可以促使人的神经系统对外界刺激的反应迅速准确，促进身体各器官协调活动；体育锻炼可以加快人体的血液循环和心脏收缩，从而使心肌发达，心壁增厚，加快身体的新陈代谢速度，同时也能使血管富有弹性，防止硬化；体育锻炼还能加快人体对氧气的吸入和二氧化碳的排出，使呼吸肌发达、增加胸廓活动幅度，加大肺活量，提高呼吸系统的功能；体育锻炼还能提高消化能力，加速身体对营养的吸收，增进食欲。最明显的是，它可以使肌肉发达，富有弹性；增加骨骼的坚固性和韧带的韧性等。总之，体育锻炼可以提高人的各方面的身体素质。

(2) 体育运动对心理健康的重要性

情绪调节作用。体育锻炼可以陶冶人的情操，具有完善个性的作用，可以更好地改善自我形象，调节情绪，使人处于良好情绪状态中。进行体育锻炼可以使人产生流畅、高峰体验、快感，并起到宣泄、中和的作用。

心理按摩作用。体育锻炼可以舒缓肌肉的酸痛，释放心情，快速呼吸。运动能使人体内的内啡肽的含量增加，内啡肽是一种天然的止痛物质，能使人产生快感。

增强自信心的作用。体育锻炼可以使人展现自己的力量和技术。

培养意志品质的作用。体育锻炼可以使人积极向上，不怕艰苦，勇于挑战。

改善人际关系的作用。体育锻炼中的集体项目，可以起到拓展交往范围、克服孤独、与人合作、交流信息的作用。

提高适应能力的作用。体育锻炼可以使人具有更豁达的胸怀，对人际关系更适应。

精神恢复、减轻心理压力的作用。体育锻炼可以使人宣泄情绪，忘却烦恼。出汗有助于缓解紧张情绪。

健脑作用。体育锻炼可以促进大脑发育，增加皮质厚度，加强神经系统兴奋与抑制的交替，使大脑供氧更充分。

丰富生活内容，提高生活质量的作用。体育锻炼可以给人带来欢乐，使人睡眠好，更青春活泼。

医疗作用。作为一些精神病的医治手段，体育锻炼对某些慢性病有一定的治疗作用，它可以使人活力四射，精神面貌焕然一新。美国威斯康辛大学的教授瑞斯特，在运用跑步对沮丧病人进行治疗后得出结论，跑步对于许多消沉者来说非常适合。有关专家研究认为，大多数沮丧者是因为缺乏运动。而跑步是有氧运动，并能增强循环系统的功能。同时，跑步者注意到身体新的感受，分散了注意力，原本因沮丧引起的不适就被忽略了。

(3) 怎样进行体育运动

选择适宜的体育运动项目，教师可以根据自身的条件、目的、需要、不同年龄阶段、不同身体状况、针对伤病康复等，选择有针对性的运动处方。

要适度，因人而异，循序渐进，量力而行。进行体育锻炼千万不能操之过急，要恰当地安排参加体育运动的时间；要自我监督，定期检查；要充分准备，加强运动的保护措施，可以根据工作性质特点，选择适宜项目的激烈程度。

3. 合理安排娱乐与休息，保持充沛的体力和精力

适当的娱乐与休息是身心健康的基本条件，也是紧张的工作和生活中不可缺少的滋润剂。在这个问题上，我们应当建立一种科学发展观，不要简单地认为休闲娱乐是追求享受，一提到休闲娱乐就有"罪恶感"。面对重负，教师可以根据工作规律、自身特点，合理安排工作与休闲娱乐，在放松身心的过程中，使心理得到充分按摩。

休闲又称为娱乐。有人认为休闲是一种生活方式，也有人认为是一种活动。综合多位学者对休闲所下的定义，一般认为，休闲活动是人类日常生活中，运用余暇时间所从事的活动，这种活动可以让我们轻松、满足、

愉快，可以调和情感，促进身心健康，丰富生活经验而不去计较任何利害得失。因此，休闲是人生的润滑剂，它可以滋润人生、平衡身心、充实知识及创造新契机。

对教师休闲的功能，一般认为休闲有两种功能：一是狭义的功能（或消极的功能），即恢复体能、缓解情绪；二是广义的功能（或是积极的功能），即追求积极正面的经验、陶冶心智、丰富生活情趣、开发人的智能、挑战生活。

4. 用音乐来陶冶情感

随着社会的发展，音乐已经成为人们生活中不可或缺的一个内容。人们不仅到音乐厅去聆听音乐，大饱耳福，更多的时候，人们还在家中利用各种高科技的音响设备聆听音乐，增添生活乐趣。优美的音乐在给人们的生活带来各种美妙感受的同时，还提高了人们的文化修养，减轻了由劳动、工作等产生的疲劳，也陶冶了人们的情操，引起了人们无限的遐思，而且对人们的身心健康有许多益处。有很多心理学家把音乐视为一种重要的心理治疗方法。

（二）学会调节，合理解压

人与人之间的矛盾是不可避免的。在生活中谁都会碰上不顺心的事，都会经历挫折失败，都会产生烦闷恼怒、悲怨焦虑、惊慌恐惧等消极的情绪。因为人是有感情的，教师也是人，遇到打击、挫折、不如意的事，不生气没情绪是不可能的。

一般来说，当人遇到不如意的事或遭遇挫折打击时，会有多种不同的行为反应。有时会努力积极去面对，尝试克服困难，但事实上这不是件容易的事，要有极大的勇气和决心，才可以做到。因此，不少人会不知不觉地选择了较容易的途径，用消极的方法去躲避问题、处理问题，以免引起情绪上更大的困扰。这种方法在精神分析学里叫做"防卫机制"。

当然，心理成熟的人会理智地觉察和调控自己的情绪反应，而不是立即直接地作出反应。一个心理健康的人往往能用理智驾驭情感，而不做情感的俘虏。因此，学会调适自己的情绪对于提高心理健康的水平是很有帮助的。常见的调适情绪的方法有以下几种。

1. 及时调适。人们的一些消极情绪、心病，如果不能及时得到派遣、解脱，久而久之也会郁积成为"心灵结石"。随着"结石"越来越多，心理就会不堪重负了，所以要及时调适。

2. 情感转移。把对某一对象的情感或态度转到可以接受的对象身上，减轻精神负担。对某些难以解决的事情暂时避开、回避。

3. 心灵升华。升华最早是心理学家弗洛伊德使用的。他认为可以将人的一些本能的行动，如性欲或攻击的内驱力等一些不为社会所认可的动机或欲望导向、转移、提高到比较崇高的方向，以社会所接纳、赞许的方式表现出来，使其具有创造性、建设性。理想化即升华。替代目标比原来的目标在社会和文化方面的价值更高，这是一种具有建设性的心理防御机制。

4. 合理减压。当个体的动机未能实现时，可以尽量搜集一些合乎自己内心需要的理由，给自己寻找一个合理的解释或者叫做积极的解释，以掩饰自己的过失或不能接受的东西，减轻内心焦虑的痛苦，化解心理冲突，维护自尊免受伤害，树立信心和希望。

5. 合理宣泄。在工作生活过程中，有时觉得"气"不打一处来，感到非常压抑，呼吸都困难。"气不顺"、"想发火"、心里难受，怎么办？别憋着，找个地方、找个值得依赖的人，敞开胸怀，"顺顺气"，把心中的苦闷宣泄、倾诉一番，言所欲言，全都释放出来，进而消除心理压力，也可以叫"交往调适"。

压抑是把不能接受的痛苦、念头、情感、经验从意识中压抑进潜意识之中。情绪的长期压抑是心理变态的根源。为了维护心理健康，要避免消极情绪积存郁结，别压抑自己、别沉默不说。压抑是暂时的，压抑的东西是不会消失的，作为一种能量，它可能会随时爆发或在不知不觉中影响人们的心理和行为。

所以，人们感到压抑时要宣泄。宣泄的过程是释放的过程；是清理的过程；是交流的过程；是反馈的过程；是梳理的过程；是逻辑化的过程。通过感情的充分表露、通过从外界得到的反馈，增加自我认识，从而改变自己不适当的行为。当然要合理宣泄，不可以过分宣泄，以不伤害自己和他人为限度，要考虑时间、地点、方式或对象。

6. 运用语言调节控制自己的情绪。情绪和情感是人们主观意识到的体验。人们不仅能认识到自己的体验，还可以有意识地、自觉地主动运用语言调整自己的体验，改变自己的不良情绪。

教师要运用语言调控自己的情绪，因为语言活动可以通过思维使人把头脑中一些模糊的东西比较清楚地意识到。当产生消极情绪觉得不舒服时，要勇敢地面对，仔细想想，然后问问自己"我现在有什么感觉？我现在的情绪如何？我为什么难过？我为什么会生气？我怎样做才能不生气"，等等，用语言把自己的情绪说出来。当特别愤怒，要失去理智时，马上运用语言自我提醒"生气、着急并不能解决问题，反而会激化矛盾，把事情搞糟"等，先用语言控制住自己过强的情绪，抑制冲动，使自己保持情绪的镇静，再慢慢降低激情的强度，使情绪逐渐趋向平衡或正常。

（三）排除压力，保持健康心态

压力是指有机体在生理或心理上受到威胁时出现的非特异性身心紧张的状态，也可以理解为是个体对于知觉到的生理或心理事件所做出的反应。这种反应往往造成生理或情绪上的伤害或紊乱。压力在某些情况下可能是导致疾病的机制之一。

有的心理学家把压力称之为应激。1914年加农（Cannon）使用应激概念，他发现动物在紧急情形下的生理和情绪反应，并用应激来描述环境中的刺激；1936年加拿大著名内分泌专家、心理学家汉斯塞里（G. Selye）提出"应激"的概念，使应激成为引人注目的研究课题。他认为应激是指有机体对环境的反应。环境的刺激会导致有机体非特异的、一般化的反应，称为一般适应综合症（GAS）。

在心理学上，压力有三种解释：一是指环境中客观存在的某种具有威胁性的刺激，即压力源；二是指人对威胁性刺激所做出的反应，即压力反应；三是指环境中的威胁性刺激，经过个体的认知后带来的一种受压迫的感受，即压力感。其中，认知是情绪产生的中介。因为，即使刺激具有威胁性，如个体不能认知其危胁性存在，对他自然构不成压力。如果个体明知刺激情境具有威胁性，但却有足够的能力和经验克服困难时，对他也不会构成压力。

压力产生的原因可以称为应激源,它是指引发应激反应的环境或个人因素。

生活事件是产生压力的主要应激源。它指生活中发生的大事,如配偶死亡、负面的失业、正面的升迁、退休、离婚、结婚、转学、搬家等,因为它要求个体在行为或生活方式上重新调整适应。其中职业和学业是最常见的应激源。某些职业应激水平较高,如建筑工人、秘书、实验室人员、服务员、机器操作人员、中层管理者、临近考试的学生等。

某些自然环境因素也会导致压力,如拥挤、噪音、空气和水污染。拥挤指个体对人口密度状况的心理感受,过度拥挤会造成攻击性强、复杂工作成绩下降、人际关系退缩、犯罪率上升。

荷尔姆斯和热荷(HolmesandRahe,美,1967)探讨不同生活事件如何影响个体健康,根据与数以千计的被试者晤谈,制定了"社会再适应评定量表(SRRS)",这是最著名的生活事件量表。

量表共有43个项目,每一个有一个压力值,压力值范围从"丧偶"100分到"圣诞节"12分不等。其中24个项目直接与家庭内的人际关系有关,其他的间接与家庭有关。在最高得分的前15个项目中有11个直接与家庭中的人际关系有关,其他4个则强烈地影响家庭的稳定性。

测查对象将检核自己是否遇到这些事件,并根据检核的事件数,将相应的应激数值相加,就可以得知个体的总体应激水平。

表4—1 压力事件及压力量举例

事件	压力量	事件	压力量	事件	压力量
丧偶	100	怀孕	40	与上司争执	23
离婚	73	经济状况变化	38	迁居	20
近亲死亡	63	挚友死亡	37	转校	20
受伤及大病	53	婆媳不和	29	改变社交活动	18
结婚	50	开学	26	改变食物习惯	15
被辞退工作	47	生活情况改变	25		

美国的保罗·高柏瑞在《与压力共处》一文中，认为位居前五位的是：矿工、警察、飞机驾驶员、建筑工人和记者。因为他们属于高风险、高压力、高责任、高竞争、高社会期望值的职业。一般来说，处于高压力下的人容易发生健康问题。

表4—2 职业压力评分表

职业	分数	职业	分数	职业	分数
矿工	8.3	电影制片	6.5	股票经纪人	5.5
警察	7.7	护士	6.5	公车驾驶	5.4
飞机驾驶	7.5	消防人员	6.3	兽医	4.4
建筑工人	7.5	教师	6.3	会计师	4.3
记者	7.5	人事主管	6.0	工程师	4.3
政治人物	7.0	发言人	5.8	美发师	4.3
医生	6.8	推销员	5.7		

（四）压力与生理应激

无论是动物还是人类，在遇到突如其来的威胁性情境时，身体都会自动发出一种类似"总动员"的应激反应。此种本能性的生理反应，在功用上可使个体立即进入应激状态以维护其生命的安全。应该注意的是，个体在应激反应时，生理上所产生的变化不因刺激情境的不同而有差异，而是只要在性质上是危害个体生存安全的，反应都是一样的。

心理学研究表明，如果压力情境持续下去，将对个体的身体产生更大的影响。心理学家汉斯塞里认为压力导致生理应激，也可以叫做一般适应综合症，这一影响过程一般包括三个阶段：

1. 警觉阶段。机体受到外界紧张刺激时，有机体的防御系统会被唤醒，交感神经系统会兴奋，肾上腺素也开始分泌，体温、血压下降，肌肉松弛，以增强力量，准备做出"战斗或逃跑"反应，进行适应性的防御。

2. 抗拒阶段。有机体开始适应环境刺激。通过心律和呼吸加快、血压升高、血糖增加等变化，充分动员人体的潜能，以对付环境的突变。如果个体能够适应刺激,而且刺激持续存在,抵抗期将持续一段时间。这时,虽然个体在外表看上去正常,但机体内部机能却开始出现异常。

3. 衰竭阶段。引起紧张的刺激继续存在,但抵抗应激的能力是有限的。当抵抗能力枯竭时,副交感神经系统异常兴奋,个体适应能力严重下降,精疲力竭,常常出现抑郁、疾病(适应性疾病),甚至死亡。

加拿大生理学家谢尔耶(G. Selye)于1974年提出,压力状态延续能击溃一个人的生物化学保护机制,使人抵抗力降低,易受疾病侵袭。还可导致临床休克,给内脏带来物理性损伤,出现胃溃疡、胸腺退化等症,甚至适应储存被耗尽,导致严重疾病或死亡。

研究结果表明压力导致疾病,要通过自主神经系统、内分泌系统、免疫系统和大脑的复杂生理生化变化,尤其是这些机能系统之间的相互作用。

泽甘斯(Zegans,19$2)总结了很多有关的生理机制,其中包括:
(1)应激生理反应直接破坏机体或机体系统;
(2)反复的应激反应可能导致永久的损伤;
(3)应激反应成为条件化激活反应;
(4)应激生理反应无法终止,形成反射循环。

(五)教师的人格特质与职业道德

一个有道德修养的、有高尚的伦理道德精神的人,同时也应该是一个心理健康的人。这是因为人的生理、心理、精神这三个层面整合地构成完善的人格。心理健康与精神高尚密不可分,这在古今中外的理论中都有论述。波孟说:"心理健康就是合乎某一标准的社会行为,一方面能为社会所接受,另一方面能为本身带来快乐。"其中,前者便是一种社会规范。马斯洛也说过,心理健康的人,应具备"基本哲学与道德原则"。

1. 教师需具备的人格特质

人格特质广泛地影响个体生活、学习、工作的方方面面。需要注意的是,人格特质无好坏之分,只有合适与否之说。人格特质有很强的情境适应性,如外向的教师可能适合与外向的学生交往;而内向的教师更能体察内向学生的心境。前面简单介绍了不同特质的教师感受应激事件的倾向性,这里将以如何有效地与学生交往为出发点,阐述教师在对待学生的过程中较为重要的人格特质。

一个优秀教师除了应当具备高尚的职业道德,合理的知识结构,娴熟的教育技能,健康的身体和良好的心理素质外,还必须具有良好的、适合教育工作的人格特质。具体而言,能成功地得到社会、学生、家长赞赏的优秀教师,应当具备以下人格特质:

(1) 宽容之心

宽容之心包含三层含义:灵活、体察与无偏见。我们对周围世界的了解、对别人的看法和感情,都有赖于我们自身的感觉与情感的参照系。我们的参照系越是固定不变,就越不可能对参照系之外的事物有所体验。如果我们能改变自己的参照系,以适应外界情境的需要和标准,那么,我们就能理解并适应与自己通常的参照系并非完全一致的种种变化,即能够容纳与自己不同的看法与见解、思想与情感,也能够对各种不同的人表示关切。认知参照系的灵活适应引发了个体对他人的体察和无偏见,这就是宽容。对教师而言,宽容能够使他摆脱固定的先入之见,不受自身期待所限,接纳学生的各种不同价值观念、信息与看法,对身体、智力、感知、运动、社交和情绪上各不相同的学生表示关注,从而与他们和睦相处。教师的宽容特质在很大程度上鼓励了学生的独立性、自主性和人格的发展。

(2) 敏感性和移情理解

敏感性通常被定义为,个体对其人际关系中出现的变化能够及时做出情绪反应的特质。这种特质可能导致教师更容易感受到应激,但却是有效教育学生的一个主要因素。敏感的教师常常在学生产生某种需要、情感、冲突及困难时,做出更深入和自发的反应。

移情理解是敏感性的一种特殊表现,指能够深入别人内心并同情他们的情绪反应。移情理解有两个关键特征:第一,个体能够体验到别人当时体验的情感。这种体验在方式、程度以及对个人的意义上都相同。因此,能够移情理解的教师,会使自己在情绪上处于别人的地位。当然,移情理解的作用是短暂的,它并不会使两个人的情感和看法持久地保持一致;第二,发生移情理解的个体能够保持自己的身份,能够清晰地意识到自己并非是真正遭遇状况的人,这是发生移情理解的个体保持理智的根本所在。移情理解使教师能在教学情境中站在学生的角度充分体验他们的看法和情感,从而给予学生一定的建议和指导,帮助他们解决问题。

(3) 情绪的安全感与自信

教师这一职业是个富有挑战性的工作,常常会碰到意外的对抗。情绪上有安全感的教师能够在讲台上从容地面对众多学生的注视,不担心自己在学生面前的举止和表现。当学生在课堂上表现出问题行为的时候,有安全感的教师能够镇静、客观地解决冲突,并安定学生的情绪;相反,情绪不安的教师,常常会和学生个体或群体发生争吵或结下宿怨,从而影响师生之间的人际关系乃至班级气氛。情绪上的安全感是与自信紧密相连的。自信有助于教师处理日常教学中的各种问题,使教师能够超越失败与挫折,不因失败而产生自责和自暴自弃,同时也使他们体验到成功的乐趣,但不会因为沾沾自喜而丧失正确判断事物重要性的能力。自信的教师能适时地引导学生,其在情绪上的成熟感和安全感常常会感染学生,从而成为学生喜欢且乐意追随的楷模。

2. 教师人格特质的形成目标

(1) 健康有活力。身体健康,勤于锻炼;心理健全,求真、崇善、尚美,淡泊宁静,力戒浮躁与杂念;具有良好社会适应能力,能融于社会;精神饱满有激情,工作雷厉风行不拖拉;热爱生活,富有朝气,用微笑面对学生,以活力感染学生。

(2) 自制有热心。严于律己,勇于解剖;善于控制自己的感情,自觉约束自己的行为;增强自律意识,学会自我调节;工作极端热忱,不专横粗暴,不讽刺、体罚、训斥、辱骂学生;以身作则,服务学生;热心社会公益事业。

(3) 宽容有爱心。心胸宽广,坦诚磊落,勇于承认不足,宽厚谦让,经得起批评;关爱每位学生,既要锦上添花,更要雪中送炭;要用欣赏的眼光看待学生,激发长处,鼓励进步;信任人、尊重人,但不苛求于人;豁达大度,乐观向上,多一份体谅、少一份冷漠,多一份理解,少一份争执。

(4) 文雅而端庄。衣着得体,举止大方,谈吐文明,生活整洁,作风正派;自尊、自重、自爱、自信、自强、自立、自主;自我教育,自我完善;有文人风范。

(5) 广闻而博学。兴趣广泛,博采众长,批阅千古,采英掇华;不拘泥于所学专业,不局限于手中所长,要学而广,钻而深;崇尚技艺、能文能武。

(6) 细致而耐心。大局着眼,小事入手;敏于观察学生动态,善于发现学生长处,学会关心学生生活,虚心倾听学生意见,积极疏导学生心理,努力完善学生人格;发扬求实精神,养成严谨作风,树立利他观念。

(7) 诚实而可靠。虚心谨慎,诚实劳动,真诚待人,与人为善;信守诺言,注重形象,坚持原则,言行一致;不谋求私利,不弄虚作假,公字当头,责字在先。

(8) 好学而进取。敏锐感受信息,广泛积累知识;去伪存真,去粗取精,去陈取新;学会阅读,学会实践,学会反思,学会研究,学会写作;有较高的人生追求目标,有恒心、有韧劲,孜孜求索,终身学习。

(9) 合作而创新。和睦互助,团结协作,相互支持,相互谅解;克服偏见,取长补短;解放思想,推陈出新;勤于思考,敢于实践。

总之,教师只有具有形成人格的目标,只有具备应有的人格特质,才能胜任新世纪赋予的教育重任,才能培育出优秀的学生。

(六) 理性——情绪疗法

理性——情绪疗法是由美国心理学家艾里斯创立的,这种疗法对于心理失调的原因和机制的解释集中表现在它的"ABC 理论"中。

1. "ABC 理论"

A 代表诱发事件;B 代表当事人在遇到诱发事件后产生的信念,即对事件的评价和解释;C 代表当事人的情绪和行为结果。理性——情绪疗法认为,当事人对诱发事件所持的信念 B 是情绪和行为 C 的直接原因,而诱发事件 A 只是情绪和行为的间接原因。艾利斯把信念区分为理性信念和非理性信念。引起情绪、行为失调的是非理性信念。

2. 找出非理性信念

"ABC 理论"认为有 11 种非理性的信念会导致人的认知和情绪出现问题。

(1) 自己绝对要获得周围的人,尤其是其中重要人物的喜欢和赞许。

(2) 要求自己是全能的,要求自己在任何场地、任何时候都不能失败。

(3) 世界上有很多无用的、邪恶的人,对他们应该排斥,给予严厉谴责和惩罚。

(4) 当生活中出现不如意的事情时,就有大难临头的感觉。

(5) 人生路上充满艰辛,人生的责任和压力太重,应设法逃避现实。

(6) 人的不愉快都由外在环境造成,因此,人是无法克服痛苦和困惑的。

(7) 对危险和可怕的事物应高度警惕,时刻关注,随时准备它们的发生。

(8) 一个人以往的经历决定了自己的行为,而且是永远无法改变的。

(9) 人是需要依赖他人而生活的。因此,总希望有一个强有力的人让自己依附。

(10) 人,应十分投入地关心他人,为他人的问题伤心难过,这样自己的情感才能得到寄托。

(11) 人生中的每一个问题,都要有一个精确的答案和完满的解决方法,一旦不能如此,就非常痛苦。

3. 非理性信念的特征

非理性信念有三个明显的特征,即"绝对化要求"、"过分概括化"和"糟糕至极"。

"绝对化要求"是非理性信念最突出的特点。该信念常与"必须"和"应该"这类词联系在一起,"必须如此",不可通融。按照对己、对他人、对社会环境这个维度,所有非理性信念可以分为三类:

(1) "我必须干得不错,必须赢得他人的赞赏,否则我就是个糟糕的人。"

(2) "他人必须像我希望的那样友好、周到地对待我。"

(3) "我的生活环境、条件必须样样合意，使我能轻松、迅速、方便地得到一切我想要的东西。"

"过分概括化"是一种以偏概全、以一概十的非理性思维方式的表现。一方面表现为对自身的非理性评价；另一方面表现为对他人的非理性评价，即别人稍有过错就认为他很坏，一无是处，导致一味地责备他人，并产生敌意、愤怒等情绪。

"糟糕至极"是一种认为如果一件不好的事发生将是非常可怕、非常糟糕，甚至是一场灾难的想法。"糟糕至极"常常与人们对自己、对他人及周围环境的绝对化要求相联系而出现。一旦在人们的绝对化要求中认为的"必须"和"应该"的事物并不如他们所想的那样发生时，他们就会感到无法接受、忍受这种现实，他们就会认为事情发展糟糕透了。

4. 用理性信念替换非理性信念

用积极、现实的理性信念替代绝对化的非理性信念是调节不良情绪和行为的关键。建议采用下列步骤来实施这一改变过程：（1）确认产生烦恼的事件；（2）回顾事件发生时自己的每一个念头，看看它们是如何影响自己的，从中找出不合理信念；（3）用积极、现实的陈述抵抗不合理、消极的信念。

在实施过程中，可以采用如下一些具体的技术：

（1）理性信念辨析。对学生有关于自己、他人以及周围世界的非理性信念提出质疑，通过辩论动摇他们的这些非理性信念，进而用合理的信念取代。

（2）认知家庭作业。对非理性信念提出质疑从而使学生改变非理性信念需要一个过程。布置认知家庭作业，就是为了促进来访者在面谈咨询以后继续进行思考。

（3）合理情绪想象。通过想象来体验自己所不适应的情境，用想象来替代现实，然后再去适应现实。其关键是用理性思维指导想象中的行为，用认知去指导行为、调整情绪，从而逐步消除负性情绪，使积极情绪状态占据主导地位。

5. 几种错误的思维

认知疗法是与理性——情绪疗法非常相似的一种心理治疗方法，二者对照可以加深我们对不合理认知的理解。

（1）非此即彼，又称黑白分明、极端化或对立分割性思维：用两分法看待事物而不是将事物看做一个连续体。例如：没有全面成功就意味着失败。

（2）灾难化，又称算命：消极地预测未来而不考虑其他的可能结局。例如：我会心神不安的、我会彻底没用的。

（3）使不合格或打折扣：毫无理由地否定自己的积极经历、事迹或素质。例如：那项计划我完成得不错，但那并不意味着我很有能力，我只是运气好而已。

（4）情绪推理：因为感觉很强烈（实际上是相信）就认为某件事合乎现实，无视或轻视反面的证据。例如：尽管我工作中很出色，但我仍然觉得自己失败。

（5）贴标签：给自己或别人贴上固定的大标签，不顾实际情况下结论。例如：我是个失败者，他一无是处。

（6）最大化/最小化：在评价自身、他人或一件事时，不合理地夸大消极面、缩小积极面。例如：得了个"中等"，说明我多么不足；得了高分并不说明我聪明。

（7）精神过滤：不看整体，仅将注意力集中于消极的细节上。例如：考试中得了一个低分（也有好几个高分），这说明我干得糟透了。

（8）度人之心：坚信自己懂得别人的心思，而不考虑其他可能性。例如：他在想，我不懂这项计划中的重点。

（9）以偏概全：远远超出现有处境，得出一个更大范围的消极结论。例如：（因为在会上不舒服）我不具备交友的本钱。

（10）个性化：相信别人都是因为自己才消极行动，而不考虑其他更有可能的解释。例如：修理工对我粗暴无礼都是因为我做错了事。

（11）"应该"和"必须"陈述，也叫命令式：有一个精确固定的观念认为自己和别人应该怎么做，高估了不这样做的严重后果。例如：要出错的话就太可怕了,我应该时时尽力。

(12) 管状视力:只见事物的消极方面。例如:孩子的老师什么事也做不好,他教学工作迟钝而且糟糕。

6. 心理减压法

你有没有感到快要被逼疯了,或者来自工作和家庭的压力让你喘不过气来,那么,在压力威胁到你的健康之前,想想办法,营救自己吧!

(1) 一次只担心一件事情。女人的焦虑往往超过男人,哈佛大学的研究人员对166对夫妇进行了6个星期的研究,发现:因为女人们更爱方方面面地考虑问题,所以女人们比男人更经常感到压力,自己会考虑自己的工作、体重,还有每个家庭成员的健康,等等。

(2) 每天集中精力几分钟。比如现在的工作就是把这份报告打好,其他的事情一概抛在脑后不去想。在工作的间隙,你也可以花上20分钟的时间放松一下,比如,仅仅是散步而不考虑你的工作;仅仅专注于你周围的一切,比如你看见什么、听见什么、感觉到什么、闻到什么气味,等等。

(3) 说出或写出你的担忧。记日记或与朋友一起谈一谈,至少你不会感觉孤独而且无助。美国的医学专家曾经对一些患有风湿性关节炎或气喘的人进行分组,一组人被要求用敷衍的方式记录他们每天做了的事情;另外的一组被要求每天认真地写日记,包括他们的恐惧和疼痛。结果,研究人员发现:后一组的人很少因为自己的病而感到担忧和焦虑。

(4) 不管你有多忙碌,一定要锻炼。研究人员发现在经过30分钟的踏脚踏车的锻炼后,被测试者的压力水平下降了25%。上健身房、快走30分钟,或者在起床时进行一些伸展练习都行。

(5) 享受按摩的乐趣。不只是传统的全身按摩,还包括足底按摩、修指甲或美容,这些都能让你的精神松弛下来。

(6) 放慢说话的速度。也许每天你的桌上都摆满了要看的文件,你的右手在接听电话、左手还要翻看资料。你要应付形形色色的人,说各种各样的话。那么你一定要记住,尽量保持乐观的态度,放慢你的速度。

(7) 不要太严肃。不妨和朋友一起说个小笑话,大家哈哈一笑,气氛活跃了,自己也放松了。事实上,笑不仅能减轻紧张,还有增进人体免疫力的功能。

（8）不要让否定的声音围绕自己，把自己逼疯。老板也许会说"你这不行那不行"，实际上自己也是有着许多优点的，只是老板没发现而已。

（9）让自己彻底放松一天。读一篇小说、唱歌、啜茶，或者干脆什么也不干，坐在窗前发呆。这时候，关键是你内心的体味，一种宁静、一种放松。

（10）至少记住今天发生的一件好事情。不管你今天多辛苦、多不高兴，回到家里都应该把今天的一件好事情同家人分享。

第三节　各类关系中的道德规范

一、教师与教师之间的道德要求

（一）正确处理教师之间关系的意义

第一，教师之间的团结合作是教育目的统一性的要求。

第二，教师之间的团结合作是教育发展规律的要求。

第三，教师之间的通力合作是实现教育目标的保证。

第四，教师之间的团结合作是教师完善自我，提高综合素质的最佳途径。

（二）教师与教师关系中的道德要求

第一，克服各种错误倾向。

第二，建立新型的协作关系。

第三，教师间要互相尊重和相互支持。

二、与领导关系中的道德要求

（一）对学校领导干部的道德要求

一是要更新观念，重新认识领导干部与教师的新型平等关系。

二是要深入基层，到教学第一线了解教师的情况，学生的情况，不能高高在上。

三是要关心教师的工作、生活和学习，充分发挥他们在培养人才和学校发展中的作用。

四是领导干部要以身作则，为全校师生树立良好的教育领导者形象。

五是要克服独断专行，唯我最高的长官意志，充分发挥民主。

（二）对教师的道德要求

一是要尊重领导，服从领导，忠于职守。

二是要为学校的发展出力献策。

三、与同事的道德规范

协调好教师与教师、教师与学校领导、教师与教辅人员的关系是教师道德规范的一个重要方面，是实现教育目的的重要环节。教师之间关系的道德规范主要有：关心集体，维护集体利益；团结协作，共同进步；尊重同事，杜绝"文人相轻"等现象。

四、教师团队推进课程教学

国际上提出的"同伴互助"，提倡教师在工作上形成伙伴关系，通过共同研习和示范教学以及有系统的教学练习与回馈等方式，彼此学习和改进教学策略，提升教学质量。也有研究认为，教师的团队工作可以分为：教师作为一个小组或几个小组检查学生的学习状况（如共同研究学生的作业和评价数据）；教师把检查的结果和他们的教学结合起来进行分析（如教学实践）；他们不仅要提高个人的教学工作水平，还要提高教师整体的教学水平（如形成教学团组）。那种注重个性化或彼此对立的学校文化环境，容易导致教师之间缺乏合作，各自为政。

显然，强调教师之间的合作精神是教师专业团队工作的核心。其鼓励一种来自于教师内部相互促进教学成长的合作形式，而不是来自于外部或行政式的评价方式，其更容易为教师所接受，并且激发教师在教学创新方面的内在潜能和动力。这不仅仅体现教师合作的方式，而且也是一种学校促进教学的有效内部组织方式。

五、教师之间合作的益处

心理支持：能有人与我们共同分享成功或分担问题总是一件好事。

产生新想法：我们的同事是教学信息和灵感的来源。

示范协作：我们需要展示给学生——在我们说协作有益时，我们自己也在力行我们所倡导的信念。

汲取力量：作为一个集体，我们可以获得更多的成绩。

减少工作负担：通过分享计划和资料，共同努力，我们可以减轻自己的负担。

增强动机：与同事合作可以鼓励我们尝试多种方法来促进学生的学习。

支持变革：当个人试图单独实施革新时，往往不会发生重大的变化。调查表明，当教师集体参与时，教育改革会更成功。

六、教师之间的关系

由于学校的传统评价是对教师个体进行评价，而忽视了对集体工作的评估。在这种评价体系中，同级科任教师之间形成的是竞争对手关系。在这种关系下，教师间很难形成合作互助的伙伴关系，在集体备课时，各留各的高招；在讲课时，各唱各的调；评课时，你好我好大家好。要增强伙伴互助的实效性，就要把互助组与教师个体的考核进行有机结合，并充分发挥教师工作考核的激励作用。在考核时，既重视集体的进步，又关注教师个人的成长。这种捆绑式评价机制既可以避免大锅饭，又可以避免个人英雄主义。同时，同伴之间要讲究交流和表达技巧，多一点商讨，少一点定性，在合作交流中，教师要逐步养成尊重他人、欣赏他人和悦纳他人的态度，使得每一次互助都是一次平等的对话及心灵的撞击与理念的升华。

七、不同学科教师之间的关系

为了处理好不同学科教师之间的关系，教师间有必要在以下几个方面达成共识：

1. 不允许教师搞"傲慢学科",不允许教师企图以贬低或轻视其他学科来提高自己所教学科的威信。

2. 教师有责任维护其他学科教师所教课程在学生心中的地位和重要性。

3. 在自己的课堂上对学生的要求要有分寸,同时也要关心学生准备其他课程的条件。

4. 教师关心自己的学科,应该从提高教学技巧,完善本学科的教学方法上下功夫。只有这样,不同学科教师之间才能真正建立互相尊重、互相配合的关系。

八、相同学科教师之间的关系

1. 在处理相同学科教师之间的关系时,应注意以下问题:

要改变"同行是冤家"的不良风气,树立同行相亲相助的新风。大家都为着共同的事业和共同的目标而努力工作,教师之间团结协作、互相帮助和取长补短。

2. 要反对资料封锁或知识保密的不道德行为。有的教师为了保持自己在同学科教学中的"优势地位"而将有价值的经验和资料占为己有,对别人进行信息、知识和资料的封锁。这样做既有害于教师集体的建设,又有损于本学科的教学质量。因此,为了学科教学质量的提高,承担同一学科教学任务的教师应加强彼此之间的信息沟通,以求得共同的进步和发展。

九、不同年龄教师之间的关系

为了处理好不同年龄教师之间的关系,提高青年教师的教学水平,不少学校都进行了有益的探索,如实行以老带新或新老教师搭配,结成"师徒"关系,针对各自特点提出不同要求,这是一种成功的尝试。老教师要完成双重任务:教好学生,带好新教师。为此,要求老教师做到四个在前:挑重担在前,出主意在前,趟泥水在前,堵漏洞在前。对于青年教师要采取大胆使用和具体指导相结合的方法,高标准、严要求与适当照顾并提供方便相结合的原则,即教学质量标准要高,不能因为是青年教师而降低标准；工作责任心要强，不能因为是青年教师其缺乏经验而对他们放松要求。老教师严谨治学精神和一丝不苟的工作态度，都给青年教师以深刻影响。新教师朝气蓬勃，虚心向上，对老教师又起到一种促进作用。这样新老教师的团结增强了，教学质量提高了，学校良好的校风和传统也得到了继承和发扬。

十、真诚帮助年轻的教师

真诚无私地帮助缺乏经验的年轻教师，帮助他们改进教育和教学工作的方式与方法。

如何帮助缺乏经验的年轻教师？这是很值得探讨的问题。

帮助缺乏经验的年轻教师应从实际出发，既要坚持原则，又要收到好的效果。首先，要考虑到一个集体所形成的工作传统与习惯，如果在这个集体里公开地批评是共同的惯例，那就可以把这种形式当作规范，如果在另一个集体中这种批评会引起被批评者的逆反心理，那就应该改变方式与方法。其次，批评的程度和方式应当以批评问题本身的内容为基准，如某个教师身上存在不能容忍的错误，就应严厉些；无关紧要的小毛病就可宽容些。当然，还应该考虑到被批评者的个性特点。总之批评要因人而异，因事而异，一切从实际出发。

十一、不同水平教师之间的关系

不同水平教师之间的关系主要是指优秀教师、先进教师与一般教师之间的关系。它需要一些道德要求来调节有经验的、老练的教师和缺乏经验的同事之间的关系。

1. 作为优秀教师，应该注意以下几点：

（1）不允许由于自己教学水平高，而对比较缺乏经验和能力的人持不尊敬的态度；

（2）应该无私地帮助比较缺乏经验的同事，帮助他们改进教学方法；

（3）不允许企图对自己在教学上的新发现保密，以便在技巧上保持对自己同事的个人优势；

（4）不允许靠着自己在教学上的贡献、经验和技巧而要求学校给自己以特权或者享受特殊条件。这些应该引起优秀教师的注意。

2. 作为一般教师，应该提倡这样的道德规范：

（1）必须特别关心和尊重精通业务的教师，尽力支持他们的工作和在教育上的探索；

（2）不允许对优秀教师抱嫉妒和敌视的态度；

（3）应该向优秀教师学习，创造性地吸收他们的成功教学经验。

对优秀教师的评价也要有分寸，避免把优秀教师偶像化，而使他们陷入自我欣赏和脱离群众与固步自封的境地。

十二、不同观点的教师之间的关系

在教育和教学的理论与实际问题上，有的教师常常认为只有自己的观点才是正确的而否定其他教师的观点，这就有意无意地恶化了集体工作的质量。教育是一项复杂的工作，如果对意见不同的教师持不友好的态度，就难以开展有益的创造性的探索。

持不同观点的教师应在以下问题上达成共识：

1. 要支持自己同事的教育探索和他们在改进教育与教学方法上的探索。

2. 要关心自己同事的探索，对他们要善意地提出批评并提供自己的知识和经验来帮助他们。

3. 坚决与破坏自己同事威信，并给教育和教学事业带来损害的教师的不良行为作斗争。

十三、不同分工教师之间的关系

从事不同年级教育和教学工作的教师之间，要注意搞好教育上的过渡和衔接，妥善地送往迎来。班主任要极力支持科任教师工作，经常向其了解学生的思想和学习情况，听取他们对班级管理的意见，并注意在学生面前维护科任教师的威信。科任教师则应主动配合班主任工作，经常向班主任反映班上的情况，协助班主任做好学生的思想及转化工作。

附录：

师德修养案例鉴赏

前面的章节中阐述了时代赋予教师职业道德的新的内涵，本章中编者集师德修养的真实案例，供读者朋友做为鉴赏，使大家可以从中发现新时期师德价值观的真实所在。

案例1

为了那双无助的眼神

新学期，转来一个很"特别"的孩子——小A，引起了王老师的注意：她头发凌乱，还长了虱子，面黄肌瘦，衣服脏得已看不出原来的颜色。"这孩子怎么这样脏？"王老师不禁皱起了眉头，下了课，王老师发现同学们都躲着她，她也红着脸往角落里靠。王老师把她叫出教室，说："怎么脏成这样子？让你的父母带着你去理发……"小A抬头看了王老师一眼，两眼满含委屈。

一连几天，她没理发。到底怎么回事呢？王老师决定去家访，在小A的带领下王老师到了她家。说是家其实房子又破又矮，和村里其他人家比起来很不谐调。王老师敲了敲门，一个头发散乱的女人来开门，眼神有些呆滞——这正是小A的母亲，推门进去屋里乱七八糟，从谈话中王老师发现小A的母亲有些精神不太正常，说话语无伦次，小A在一旁怯怯的看着王老师，那无助的眼神让王老师明白了一切。

第二天，王老师带着小A到理发店把她的头发剪了，她高兴的像小鸟一样跳来跳去，久违的微笑回到了孩子的脸上，晶莹的泪珠也顺着脸颊滚落下来，滚进了王老师的心里："孩子你不孤独，还有老师呢。"

周三下午的班会上王老师以"我们都是班里的一员"为题，根据小A的情况让孩子们讨论怎样帮助她，怎样让她成为我们的伙伴，怎样让她笑得最灿烂。孩子们的交流很热烈，也让王老师很感动，一颗颗纯真的心散发着金子般的光芒。

在大家的帮助下，小A变了，洗衣、洗头、洗澡基本上都能自理了，和同学们相处得非常融洽，眼睛里总闪着的快乐与幸福！

爱与责任是教育的双翅，没有责任办不好教育，没有爱同样没有教育。有人把师爱比作春雨，滋润孩子的心田；有人把师爱比作阳光，温暖孩子的心房。师爱是一种发自灵魂的芬芳，是一种深入脊髓的甜蜜。多年的教育实践使王老师深深体会到：爱生是师德的核心。要搞好教育，就必须打开学生的心门，走进学生的心灵，做学生的知心朋友，当你用心去爱你的学生，你将收获不仅仅是讲台上那一束束美丽的山花，耳旁那一声声清脆的"老师，您好"……更多的是一种为人师的幸福与自豪！

案例2

让"宽容"撑起孩子那片天

记得一次，一位妇女出现在教室门口。询问之下才知道是班上小B的妈妈，只见她一脸的无奈。下课后在办公室听她讲述：小B已几次偷家里的钱了，每次十几元，家里也严厉地说过他，因怕同学们瞧不起他，就一直没和老师说。可这次家里丢了一百多元，怎么问他也不承认，只有求助于老师了。

了解情况后，张老师拖着沉重的步子回到教室，许多问题在张老师的脑海里萦绕，张老师找了几位班干部，他们告诉张老师，其实这件事已经在班里传得沸沸扬扬，有同学看见小B兜里有一百多元钱，还买玩具送给几位要好的同学。

晚上，张老师彻夜难眠，想着用什么方法才能让他打开心扉说实话，并让他改掉这个坏习惯，想来想去还是决定用宽容为他创造一个机会。

第二天早上，张老师把小B叫到办公室，他始终低着头，我们都沉默着，3分钟后他小声说道："不是我拿的？怎么不怀疑妹妹？"张老师笑了笑，说："老师在你心中是什么样？""非常好，我们都很尊敬您！""但是老师要告诉你，从小到大老师也犯过错，成长道路上也有一些小插曲，但这影响不了主旋律。'人非圣贤，孰能无过'呢，老师给你讲两个小故事吧。"张老师拿出一本《弟子规》，小B似乎很感兴趣，张老师指着书上的"身有伤，贻亲忧。德有伤，贻亲羞。""用人物，须明求。倘不问，即为偷。"给他讲解着含义及相关的故事，小B听得连连点头，张老师看到了希望，最后张老师说："犯错误不怕，只要重视犯错之后的态度，有勇气从错误中走出来，爸爸妈妈会原谅你的。"张老师向他投去期待的目光，他顿时低下了头。轻声说道："看到别的同学有钱花，我很羡慕，向爸爸妈妈要他们肯定不会给，我就留心妈妈把钱放在哪，趁父母不在时再拿，这次拿的多，我就送同学们玩具，现在我知道错了。""小B，虚荣心让你拿了家里的钱，但这钱来得不易呀，你妈妈每天推着车去卖水果，风里来，雨里去供你上学，这是血汗钱啊！""老师我真的知道错了……"孩子已经泣不成声了。"有承认错误的勇气是最难得的，以后要做个品学兼优的好孩子！"小B坚定地点点头。

出乎意外的是几个星期后的一节主题班队课——争做诚实的孩子，他说班里丢过的几次东西也是他拿的，希望同学们给他一个改过的机会，他的话音刚落，全班掌声响起，从学生们的掌声中，从学生们的眼神里，张老师读懂了一切。是啊，对学生绝不能掉以轻心，无论他品质有多不好，都不要轻言放弃，因为每一个孩子都是家庭的希望和祖国的未来，让每个孩子都能健康成长是教师的责任。

案例3

爱 的 力 量

一次意外，鲜血从小C的眼角滴下来，王老师赶紧把孩子送到医院，孩子眼中的惊恐让王老师至今难忘，医生给缝了两针，她比同龄人要坚强，比王老师想像的要坚强，王老师紧紧握着那双冰冷的手，苍白的脸转向王老师问："老师，会留下疤吗？"王老师轻轻摇摇头，看着病床上瘦弱的身体，孩子啊，你让老师如此心痛！

打了针后，王老师送小C回家。家中没有人，从孩子那王老师了解到她是抱养来的，后来妈妈又生了个弟弟，她只要不听话就会无端挨打。的确在她身上还留有好几处疤。她说这几日她的父亲出了点意外在住院，但她的话中充满了怨恨，王老师才意识到为什么她那么易怒，那么敏感，那么坚强。王老师给她买了点吃的，看着她睡着才离开。

路上王老师想了很多，即使不是亲生的或有太多的错，父母也要宽容，不能让孩子的童年血泪斑斑啊！孩子你的眼里也不能只有恨，也要知道感恩与包容啊！

接下来几天，王老师陪着她按时换药，给她补课，从她的眼神里王老师知道她的"心"在改变。几天后她的父母回来了，王老师与他们剖析了她现在的心理状态及作为养父母今后应该怎样做，最后达成共识，从学校和家庭出发，让她感受"爱"。以后的日子，王老师一如既往地在生活上给予她帮助，嘘寒问暖，并细心观察她平时表现，抓住点滴进步去燃起她爱的火花。在无尽的爱的感召下，她变了，变得乖巧和懂事了，对父母的'孝'也让她更懂得去为别人着想。

爱的力量如此巨大，王老师用师爱为学生引路，用师爱谱写一曲最美的歌。

子曰："爱之，能勿劳乎？忠焉，能勿诲乎？"爱与责任是师德之魂，作为一名教师，王老师会时刻牢记"师德的核心是爱生、师德的底线是责任"，让我们以良好的师德，共同撑起教育的蓝天，共同托起明天的太阳！

案例4

让爱成为人类最美好的语言

张老师认为：爱是人类最美好的语言。在教育中老师的爱是孩子最宝贵的营养。孩子是非常敏感的群体，可塑性也是非常大的，他们需要的并不多，一个甜甜的微笑、一个轻轻的抚摸，一种赞许的目光……这都可以使孩子认识自己、肯定自己并从此充满自信，从而感到快乐和幸福。因此，她每天都以微笑面对孩子，她的微笑就象灿烂的阳光一样洒向每个孩子的心田。"功夫不负有心人。"孩子们在张老师爱的抚慰下，个个都从原来的任性、幼稚到懂事、健康，成为人见人爱的好孩子。他们也给老师回报了十分出色的礼物：凡参加各级各类比赛，均取得非常优异的成绩，扎实的教育技能，同样也赢得了孩子的无限崇拜与热爱，他们无不自豪地说："我们张老师是最棒的！"

张老师为人师表，师德高尚，在与孩子一起成长的岁月里，她尊重每一个孩子，关心爱护所有的孩子，做到一视同仁，并善于捕捉每一个孩子身上的闪光点，以"成功教育"的教育思想指导自己。春夏秋冬，她一直用自己的爱心、耐心和细心，让孩子们在享受着童年的乐趣中，健康快乐地成长。

曾有人这样问她："对于教师而言，什么是幸福？"她微笑着回答："学生的喜欢，家长的信任是一个教师的最大幸福。"在十多年的教学生涯中，很多已上中学的孩子，每当节假日来临时，都会寄来贺卡向她问候，还有家长特意来看望她以表达她的感激之情，好多老师也都特别羡慕地对她说"张老师，就数你的学生最好了，还记得她小学的老师。"张老师常说："只有真正付出了爱，才会得到最真挚的回报。"虽然孩子毕业走了，但是她的朋友却成倍成倍地增多，因为不光是孩子，家长们也都跟她成了非常要好的朋友。正如张老师所说的那样，这就是作为一名教师的幸福所在吧！确实，作为一名人民教师，是无法用学生的考试成绩来衡量她的工作，而孩子与家长的认可应该是最好的肯定吧！

"用爱心，托起明天的太阳"，张老师是这样想，也是这样做的。她说："我的手掌虽小，但我要尽力托起祖国明天的太阳；我的身躯并不伟岸，但我会努力用爱心撑起这一片蓝天。"……

案例 5

用爱心谱写深情之歌

教育事业是爱的事业，李老师爱事业、爱学校、爱学生。想学生之所想，急学生之所急，像关心自己的孩子一样，无微不至地关爱学生。给学生多一点关爱，多一点帮助，多一点鼓励，多一点耐心。富有情感的思想教育,随风潜入夜,润物细无声。用心去拥抱生活,用爱去点燃希望。

有一天早上,他在办公室里批改作业。这时,办公室里的电话铃声响了,他接起电话是学校门房间打来的叫他下去,说是他们班有一位学生不肯进校门。他匆匆下楼,赶到门房间一看,是班上的一位女同学,流着眼泪站在校门外,她爷爷在批评她,拉她进门,她死活不肯进来。他先问她爷爷怎么回事。她爷爷说,早上孩子肚子有点不舒服,带她看完医生,打好针吃好药,送到校门口,她却不肯进校上学,问原因她也不说。于是,他蹲下身子拉着她的手,问她为什么,她闭口不答。继而他拍拍她的肩膀说:"你不来,我会想你的,你想我吗?"她点了点头。"好孩子,听我的话,去上学好吗?"她有点了点头。于是他一手牵着她,一手拎着她的书包,走进了教室。

"你不来,老师会想你的。"这一句富有情感的话打动了她的心,让她感受到老师对她的关心和爱护,同时,也激起了她对老师的爱和依恋,因而,她就跟随老师走进了学校,走进了课堂,走进了孩子们中间。当走进教室时,又让同学们鼓掌欢迎,让她体会到所有同学的热情,消除她内心的恐惧感和寂寞感,以及一种自卑的心灵。

从此,她天天高高兴兴地到学校上课,微笑又洋溢在她的脸上。孩子多可爱啊!每每看到孩子们幸福快乐,他是多么的充实啊!

李老师撒向学生的都是爱,给自己子女的关心却是太少了。有一年,他儿子不巧在上学路上摔坏了脚,给自己的学习和生活带来了很多不便,正需要父亲的关心和帮助。但他把精力和时间都用在学生身上,对儿子关心很不够,难怪他儿子总是说:"你心里只有学生,哪有我。"

李老师就是这样把爱融进了学校,献给了所有学生,让一批批优秀学生带着幸福的微笑离开校园。

案例 6

爱心无痕蕴芬芳

她是一名普通而平凡的教师,普通如一株小草,平凡如一朵小花。但小草也能为大地添几许春色,小花也能为人间吐几缕芬芳。她是浦江某小学的美术兼心理辅导教师曹老师。她待人接物时的温文尔雅，教育学生时的亲切耐心，都不是一般教师能及的。她以自己那种独特的魅力感染着周围的老师和学生们。

作为一名美术教师，她努力使学生在轻松愉快、趣味的氛围中掌握新知识，为学生提供自主选择的学习机会。为了激发学生对美术的兴趣，在课前的导入部分上下了很大功夫，引导学生积极参与活动的欲望，激发兴趣。在授新课过程抓住重点或难点，运用讨论、欣赏及尝试等教学方法，帮助学生掌握新知，让学生在轻松愉快的课堂气氛中学有所得，学有所乐。她积极尝试运用了现代多媒体技术，解决了传统工具不能解决的问题，把复杂的过程进行简单化，留给了学生更多的操作时间和空间。曹老师在教学过程中重视培养学生的创造性思维，注意发展学生个性，多进行创作性的训练活动，挖掘想象力，培养创造力。

在学校龙文化特色活动中，曹老师更是立下了汗马功劳，不知道有多少个双休日和节假日，曹老师是在学校里度过的，指导学生画龙，她动手制作龙，尤其是我们学校两条获国际创意金奖的龙柱，更是不知倾注了她多少汗水，为了赶制这条龙柱，她与学校的其他几位老师和学生，放弃了暑假休息的时间，在闷热的美术教室里，常常一干就是整整一天，有好几次甚至晚饭也是在学校里草草解决。开学初每个班级要布置教室，曹老师更是忙前忙后，无论谁请她帮忙从不推托，总是尽她可能的热心地帮助你，与她搭班的班主任更是感受深切，与曹老师搭班真是太幸运了，很多事情曹老师都比你想得周到，什么事都提前帮你做好了。

2006年学校任命曹老师负责学校的心理健康教育，这对她来说这是一个陌生的领域。她一边教学一边认真参加市区的心理辅导班的培训，并且利用休息时间自学有关心理健康教育方面的知识，很快的适应并胜任了这份工作。经她辅导转变的学生不计其数，孩子们一有空，便往开心屋跑，他们喜欢这位像他们的妈妈一样和蔼可亲的老师。

有一次，曹老师正在二（4）班专心上课，突然听到一个学生说"李××呕吐了"时，教室里突然非常安静，没有一个人说话，有的干坐着，有的看着李××同学，有的看着老师。那时，曹老师看到李××同学的书桌上、袖子上已经都是赃物,苍白的脸色,渴求的目光,难受的表情。她连忙三步并作两步跨到李××跟前。此时,她多么希望有个学生能过来帮一把,可是,没有一个学生过来。突然,一个声音传入她的耳中:"老师,给你餐巾纸。"她回头一看,是余××同学。曹老师顾不得多想多说什么,接过餐巾纸抽出两张赶紧帮李××擦起来,可是实在是呕吐物太多了,她从前面的课桌里找来了一块抹布,擦掉了桌上的赃物,可李××的手上、袖子上还是很脏,更让她不安的是其他同学还是无动于衷。当时,她心里急死了,怎么没有一人上来帮忙,也没有其他同学递纸巾呢?他们怎么没有一点同情心呢?于是曹老师一边擦一边说:"李××同学今天身体不舒服,现在肯定很难受,现在非常需要大家的帮助,曹老师已经把桌上的赃物擦掉了,哪些小朋友现在愿意帮助李××擦掉身上的赃物呢?"马上有两位学生举手说:"老师,我愿意。"曹老师说:"谢谢!可是,现在非常需要纸巾,一张两张根本不够,需要好几张,怎么办呢?"马上又有几位学生递上纸巾,说:"老师,给。"她连忙说:"非常感谢你们的帮助。这样吧,我们每位同学拿出一张餐巾纸来帮助李××同学,好吗?""好!"一张张雪白的餐巾纸递到她的手中,有的甚至还是两张三张。

在处理本课的偶发事件过程中,她始终用她的言行来感化学生,告诉学生:当别人有困难的时候我们要多替别人想想,多关心、帮助需要帮助的人,做人不能太自私。

为了教育事业,曹老师她任劳任怨;为了她的孩子们,她含辛茹苦,她是芸芸众生中的普通一员,但是她却在书写着一个大写的"人"字。

案例7

在平凡中闪光的师爱

师爱是一种无私的奉献。爱得越深,奉献得越多。教师献给学生的是她的知识、智慧及时间和精力,他们所企盼的只是学生茁壮成长并早日成才,这种爱是高尚的和纯正的。苏霍姆林斯基曾说过:"教育技巧的全部奥秘在于如何去爱护学生。"

在某小学丁老师的抽屉里,放着一张并不精美的贺卡,每当看到它,就会让她想起一名特殊家庭成长的女孩——小怡。

2003年八月下旬，在对学生进行入学教育时，丁老师发现教室里有一个空座位。她查找了一下那位没来的学生的信息表，发现这张表格只有家庭住址一栏——某某队。放学后她费了好大劲，总算找到了这名学生的家，呈现在眼前的是一间破旧的平房，正在她发愣之际，身后传来了"你是谁？"的声音，回头一看，只见一位70多岁的老人，手里提着一个黑马甲袋，正用怀疑的眼光注视着丁老师。"我是小怡的班主任，今天她怎么不来学校呀？""噢，是老师，你进来坐吧！"丁老师跟着老人走进了她的家，环顾四周给人一种辛酸的感觉，连一张象样的台子也没有。"妹妹，快出来！看谁来了？"在奶奶的招呼下，走出一个长得清秀的小女孩，她亲热地依偎在奶奶身旁，默默听着老师与奶奶的谈话："小怡是抱养的，在她两岁时，我老伴和儿子相继病故，加上小怡的妈妈是弱智，一家人的生活重担都落在我的身上，现在我们主要靠村里的救济和她捡破烂为生，因为上学的钱还没有凑齐，所以没去学校。"听着老人的述说，丁老师的心为之一颤：多不幸的家庭，多可怜的孩子，我要帮助她，让她拥有和其他孩子一样学习和生活的权利。

第二天，丁老师把小怡家的情况向学校领导作了反映，并为她提出申请补助。校领导不但为她减免了学费，还为她提供免费午餐。傍晚，丁老师买了几件崭新的衣服、学习用品和一些食品赶到小怡家，当老师把这一好消息告诉她们祖孙俩时，老人的眼里噙满了泪花，小怡的脸上也绽开了灿烂的笑容。

面对这个可怜的孩子，具有十多年班主任经验丁老师认为要让小怡跟其他小朋友一样学习和生活，目前最关键的是不能让年幼的小怡产生自卑心理，内心应该充满自信。可是由于家庭的缘故，小怡除了动手方面外，其他方面起点均较低，接受新事物的能力较差，加上家里没人辅导，没几天，她就和大家拉开了一段距离。鉴于小怡的特殊情况，丁老师通知她奶奶，放学后每天有老师义务辅导她完成作业，然后直接送她回家。这样既顾及到孩子的学习，又照顾了年迈的老人。日复一日，年复一年，在丁老师的辅导下，孩子终于迎头赶上了同学们。从此小怡像变了一个人似的，性格开朗活泼起来，也能严格要求自己了，学习也努力了。正当丁老师为小怡的学习进步感到高兴时，却发现孩子的礼节方面比较欠缺。在一次结对活动中，丁老师看见小怡接过志愿者大哥哥送的礼品时，竟没说"谢谢"。丁老师马上进行引导，轻轻告诉她：得到了别人的帮助应该向人表示感谢。孩子听了立刻跑回去，向大哥哥真诚地说了声"谢谢"。

在生活方面，丁老师时时做她的母亲，无微不至地照顾她，春、秋游给她垫上费用，为她买好食物；六一节到了，为她送上礼物；春节到了，带她到自己家里住几天，让她感受生活的快乐。4年来，丁老师对她的关爱从未间断过，平时多和她谈心，了解她的内心世界，抚平了她内心的自卑。爱是关心，爱是细心照顾，爱是理解，爱是信任，所有的爱都不求回报的，因为爱是无私奉献。

老师的关爱，像涓涓细流无时不在滋润着孩子的心田，孩子渐渐长大了，也渐渐懂事了。2006年的教师节，丁老师收到了一份珍贵的礼物——一张小怡亲手做的贺卡，贺卡上写了"丁老师，祝愿你天天快乐，一生平安。你永远的学生"。丁老师捧着这张贺卡，喜极而泣，这哪是一张贺卡，这分明是学生一颗滚烫的心啊！

精诚所至，金石为开。春天播下师爱的种子，秋天必定结出尊师的硕果。更重要的是"师爱"如无声的春雨在不知不觉中滋润着学生们的心灵，实现了爱的迁移，教给了学生们如何爱别人。

爱，是人类最美的情感，没有情感的教育是苍白无力的。小怡的健康成长让丁老师明白：特殊家庭学生的教育更需要爱，作为班主任要多和他们交流，多给他们关爱，让他们同享蓝天下的爱。爱学生，学生才会爱老师；爱学生，学生才能服老师。师生之间有了浓浓的情感，教育才能顺利地进行，这种爱在他们身上会变为积极进取的人生态度，成为奋发向上的精神力量。虽然丁老师如今不再担任小怡的课任老师，但爱还在延续，爱永不终止，因为丁老师的爱给予了更多需要帮助的学生，丁老师在学生的心田中撒下爱的种子，给予阳光、雨露，这种子就在孩子们的心中生根并发芽，让爱的幼苗长成祖国的参天大树。

平凡中见真情，让师爱在平凡中闪光！

案例 8

迷雾挡不住的爱

还记得 2008 年 1 月初，那几场弥漫了整个江浙沪皖等地区的迷雾吗？也许，它给你的影响是造成了上班上学以及生活上的不便，其他的也许对你来说并没什么重大的影响。但让我们来看看，那几天通往江浙皖的高速全线封闭，等待过关的车辆排成了长队，焦急等待的滋味我想每个人都尝过，要是心中牵挂着某件事更是让人焦急万分。那时的你也许在上班的路上，心中抱怨着迷雾为何不散，但你可知有一个人，更是恨不得长上翅膀飞回学生们的身边。

她，就是我们的丁老师，一个文静、纤弱的女教师。由于回安徽老家参加本科考试，大雾那几天她正在家中，眼看着考完试要回上海了，可这样的大雾天，高速不通怎么办？家里人都劝她，晚几天不要紧和学校再续假，相信学校会理解的。婆婆更是苦苦相劝，好不容易回家，多待几天和家人聚聚多好，老人家还说了句"你看，这是天也要留你，你就安心留下吧！"是呀，也许这是天意安排，让很少回家的她好好和家人相聚，共享天伦之乐，这何尝不是她的心声，但她心里还牵挂着那群孩子，马上要期终考查了，复习工作一刻不能落下呀！况且，其他两位帮忙代课同事的工作任务也很重，这样多待几天会影响孩子的正常复习，加重同事的工作量，她实在不愿！

后来她告诉我，其实借助天意，她也可以任性的留下，她想这么做，但等她静下心来时，眼前总是浮现了班里孩子的脸，好像总有孩子的声音在耳边响起"丁老师，你什么时候回来？"这促使她做出了决定：乘长途车走国道回上海。

对于生活在上海的我们来说，到外地旅游都是乘火车或飞机，即使是汽车也是几个小时的短途，所以，我们很难想象乘长途车有什么艰难？更别说是危险。可对于往返于江浙沪等地区的人们来说，感受更深切吧。

当她把决定告诉家人时，几乎人人反对，婆婆更是拉着她的手激动的不让她走，家人都说这样的天气走国道肯定堵车，那种滋味可不要受，况且，路上的时间比走高速肯定长，大雾就更说不清了，司机要是疲劳驾驶那安全都无法保证，哪有比命还重要的事？在家人的不解，甚至在婆婆带着埋怨的眼神注视下，她毅然乘上了长途车，被家人说中了，甚至情况更不乐观。一路上车子是停的时候多，走得时候少，一停一走使人的五脏六腑都在翻江倒海，而神经还高度紧张，因为一路上有好多辆车都发生了车祸。原本10多小时的车程，用了30多个小时，还不敢多吃东西，更别说喝水。可以想象，当时的乘客是怎样的一种状态。

事后她说，当时的情况真的很难用语言形容，只有亲历过的人才会明白。我说，也许我没有亲历，但我可以想象，30几个小时对于一个弱女子来说意味着什么。

就是这个弱女子，在回上海后第一件事不是回家调养，而是在第一时间出现在了学校。当时，我见到她的第一反应是惊讶，因为上午同事还说这样的大雾天，肯定是回不来了。第二反应是疑惑，她是怎么回来的。记得当时，她幽默的回了我一句，"我是长翅膀飞回来的！"看着她手上拿着书走向教室时的纤弱身影，听到教室里传来孩子欢呼的声音，当时我就被一种莫名的情绪左右了，我的视线模糊了。

事后我知道，那是一种感动、敬佩，我不是个爱感伤的人，更不是轻易被感动的人，但我承认，那一刻，我真的被她——一个普通的女教师感动了，更被深深地折服了。

也许，有人说这好像是电视剧中的情节，但我可以坚定的告诉每一个人，不！这是发生在我们身边的真实事例，是一位纤弱的女教师演绎的爱的故事。

什么是爱？

这让我想起了那首正大的广告歌：爱是LOVE，爱是奉献……

我想说，爱是老师最朴实的行动，爱让老师变得勇敢伟大，爱让我们的孩子快乐成长，爱，让丁老师冲散了重重迷雾，来到了孩子们中间。

也许在我们看来，我们的一切行为很平常，用丁老师的话说"这，没什么。路上苦了点，但见到孩子们后，我也不知为什么，满身的不适会消失，是学生们给了我力量！"教师对学生的爱，不是基于亲缘关系的爱，也不是出于个人需求的功利的爱,而是一种出自崇高目的,充满科学精神,持久而深厚的爱。

是呀,我们心中充满了爱,爱给予了我们力量!!

案例 9
"绿叶"的爱

她是某小学的二年级组长李老师,在多年与孩子们的接触中,李老师都坚持每天用她的方式与每个孩子交流:给学生一句关切的话语;一个肯定的眼神;一个友好的微笑;一个暗示的手势……让孩子从这些无处不在的小细节中感受到老师对他的关爱。

班中有个小浩小朋友是个智力低下的男孩。他不知道要遵守上课纪律,想说就说,想走出来就走出来了。他也不会表达,只能听懂别人简短的问题,连生活中的常识也分不清。老师们对小浩的我行我素的行为有点发愁,他不但脱离老师的视线,而且还会影响其他小朋友的正常活动。可李老师却没有放弃他,而是非常耐心地与孩子交流。李老师利用他母亲来校,主动了解小浩在家的情况,空闲的时候他留心观察他的一举一动,一有机会,就和他聊天,跟他一起玩,渐渐地李老师发现,要是直截了当地告诉他:你做得不对,应该怎样,他是不会听的,如果你轻轻地在他耳边说两句悄悄话,并用手摸摸他的头,握握他的手,他就会安稳下来。午餐时,李老师告诉他要多吃蔬菜,不能一味地吃肉,这样身体才会长得更好。每天放学排队离校时,李老师总是牵着小浩的小手一起走,直到把孩子交到家长手里。小浩的母亲看到了,激动地说:"老师,谢谢您,孩子在您班,我们家长非常放心。"

李老师不仅在教育孩子的方法上有自己的好办法,而且会处处以自己的爱关心着班内的学生。2007年4月的一天傍晚,由于是别的老师给孩子们放学,小浩因放学时没有看到家长来接他,就自己走了。结果家长来没有接到,就打电话向李老师报告情况,已回家的李老师一听,马上出来和家长一起找,直到晚上7点左右,小浩才由路人送回了家。从今以后,李老师就和每个科任老师打好招呼,放学时要把孩子交到家长手中。很快,母亲节到了，李老师收到小浩家长送的一束鲜花，并附有一张卡片："老师，您像妈妈一样照顾我，谢谢您！祝您节日快乐！"这一句普普通通的话，是对一位老师师德最高的评价。

李老师的故事很平常，我想每一位老师都有着许多鲜为人知的感人故事。教育事业就是叶的事业，每一名教师都是一片绿叶，孕育着未来的花朵。我很荣幸自己是其中一片叶子。有句话说得好："花的事业是甜蜜的，果的事业是珍贵的，让我们来干叶的事业吧。因为叶总是谦逊地垂着她的绿荫。"

案例 10

矢志不渝的爱心耕耘

小明是个外地孩子，学习成绩很差，但他的智力并不差，这是怎么回事？顾老师通过了解、观察，发现主要原因是他的家庭环境不好。父亲忙着做生意，整天早出晚归。母亲天天搓麻将，连正常的三餐都不能保证，更别提学习。于是顾老师抽空一次又一次去家访，晓之以理，动之以情，他的父母终于被真情感动。母亲再三保证，孩子在家，不再搓麻将了。他父亲也说，生意再忙，也要挤出时间多陪陪孩子。由于环境改善，小明能安心地学习了，学习成绩有了明显提高。

顾老师用爱心去浇灌学生，了解学生，转化学生，做到不让一个学生掉队。小鑫——一年级的新生，入学不久，顾老师发现孩子的行为习惯很差。上课自言自语，作业拖拖拉拉；下课调皮捣蛋，时常搞些恶作剧，小朋友们都不愿和他玩。于是，顾老师走访了他的家，通过交谈，了解到小鑫的父母中年得子，非常宠爱，他是家里的小皇帝。找到了问题的症结后，顾老师同小鑫父母做了一次长谈，家长过分地溺爱孩子，很可能害了孩子。小鑫父母表示要改变这种教育方法，感谢顾老师及时地和他们联系，否则真是不堪设想。一个多月过去了，小鑫有了明显的进步。

顾老师的爱，总是及时地出现在学生有困难的时候，当学生的思想因为疑惑而陷入迷惘时，当学生的情感因为受了挫折而恐惧不安时，当学生的心灵受了打击而一蹶不振时，她总是用她那无私的爱帮助学生点一盏灯，指引方向，寻一把钥匙，开启心锁，送一些鼓励，找回自信。三尺讲台上顾老师拥有了一份无悔的青春。

案例 11

对不起，老师去拿

今天有我的数学课，我就开始想怎样才能把所有孩子的注意力都吸引到我这来呢？我准备了教具，但光靠教具还是不够的。我灵机一动，对呀，孩子们喜欢表演，那我不如就好好利用一下孩子爱表演的心理特点。在上课之前我就对孩子们讲："今天要是小朋友们在这节活动课上能够认真听，并积极参与活动和上好这节数学活动课，那下课之前老师就请一些小朋友到前面来表演，其他小朋友也都有机会，我们可以利用吃完晚饭的时间来进行表演。"其实我在课前并没有准备好头饰。活动课结束的时间到了，这节课小朋友们都很积极的参与到活动中来了。可是到了户外活动的时间了，我就许诺说明天老师带头饰来请小朋友表演，第二天我却把自己说过的话忘到九霄云外去了，早操活动后回到教室里"萱萱"直着嗓子对我说："老师你怎么没带头饰来呀！"顷刻间孩子们议论到："是呀，老师怎么忘了？老师真没记性。老师是不是骗人呀。"这话声音很小，但还是钻进了我的耳朵里，望着孩子们我红着脸说："对不起，老师去拿。"

案例 12

成为学生真正的朋友

冬天刚刚过去，天气并不暖和。课间操的进行曲已经响了，准备好下节课前的内容，向操场走去。之前我对孩子们的要求是，精神抖擞，激扬青春，站要军姿，做操要用力。不过有的时候我的心会软，这几乎害了我。

我站在班级的队尾，注视着每个孩子的一举一动。王××的军姿站的最好，体委李××的作操动作并不完美，当然，他是刚刚走马上任的，他可能还需要时间适应。男生都不错！女生呢？林×和王××在该跳的时候怎么不跳呢？

我急不可待地走到队伍的前面去问她们了，为什么不跳？身体原因？跳起来不好看？

在她们短暂的沉默后没有应答，队伍开始准备往班级行进了。我又得把注意力转到队列走的是否整齐上。

回到班级，我在全体同学面前让她俩用了3分钟时间表面接受了我的批评，看得出，在心里她们还是抵触的。怎么办？我短暂的思考了一下。

我提问了两个人，在提问王×的时候，他说："我发现了一个问题，做间操的时候，林×和王××在该跳的时候不跳。"我赶紧接过了这个话题，我意识到这是他的机会。

我微笑着和王×以及全班同学说："王×发现的是我刚刚提到的两个同学的缺点。不过，我相信这两位同学在经过我和王×同学的提醒之后，明天就会改正的。"

就这样，我看见了两个孩子的表情温和了许多，明天，我相信她们可以做得很好。

铃声响了，我象往常一样带着严肃的表情走进教室。是预铃，不过从开学我的要求就是预铃要在座位上坐好了，并且要把下一节课的书摆到桌面上，何况我们学校正在大张旗鼓的搞课间一支歌活动。

在这个节骨眼上，马××又没在座位上，他匆匆的正从外面赶回来。面对全体同学，我控制了一下自己的心情，算是温柔的明知故问，还没打铃呢？快4年了，孩子们互相有了一定的感情，于是有人说，上节课老师压堂了。哦？我看了一眼班长王××，他冲我点了点头，于是我原谅了他。

他，就是我第一个要写的孩子。他爱动，爱笑，反叛，冲动，没有好的行为习惯。抽烟，玩游戏，上网，不能及时完成作业，上课睡觉。最近我才知道，他唱歌很好听，毽子踢得也很好，本质也很好。还是说说我们之间发生过的事情吧。

首先要说明我们之间的第一层关系，我是他的班主任，他是我的学生。所以我们之间有着直接的矛盾，上学的第一天，那正是我正班风的最好时机，他就成了靶子，我在讲话的时候，他在说话。班主任是不能忍受这样的事情的，我当上班主任之前就是这么想的。第一天，我们的战争就开始了，我用了最简单直接的方法，罚站。之后我带着狠狠的表情对全班的同学表述了在学校表现的种种要求。他们接受的很快，马××当然也不例外，他记住了。当然，在这之后的一段时间，一直到现在，他都没有彻彻底底的贯彻我的这些要求。

开学第二天，全班的劳动，他又没有来。我感受到了危机，我得叫他的家长来，我必须把他的问题扼杀在摇篮中。他的父母在外地工作，很辛苦，给我介绍了很多孩子原来的情况。看来，他的恶习真的很多，可是我的忍耐是有限的。

冲突很快就来了，是正面的冲突。第一次和校服有关。经过一个学期，他长个子了，但是校服还是那么大，这也成为了他不穿校服的理由，可是学校不允许，我也容忍不了，当着其他孩子的面，我没有控制住自己，闹得很不愉快。第二次是自习课的事情。我习惯看见的是孩子们安安静静的上自习。可是那次开会回来，他从门口正要出去，我很气愤的把门撞到了他的身上。于是，又形成了一次激烈的冲突。

那段日子，我真的很希望这个人从教室里面消失。可是，我是个教师，我知道当个班主任不是那么容易的，我得尽快想个办法。语重心长的谈话我们已经进行了很多次，但是收效甚微，我谈到他的父母，他哭过。我谈到他的未来，他诚恳的向我保证过。我谈到我们是朋友，让他学会换位思考，他今天想到了，明天又忘了。可是，这是我对这个孩子唯一行之有效的教育方法。直到现在，我们还在时不时的沟通着，什么时候他真的能长大呢。

特别是到初四以后，他的表现比以前更差了，有时不能按时完成作业，上课有时睡觉。经常与他谈话聊天、和他谈理想、谈人生、谈生活和未来，并和他交朋友。他和我谈了很多他家里的事，他家庭不和，在他不到 13 岁前，就有过两次非常难忘的经历，两次与死神擦肩而过，这对他的身体、心里都造成很大的伤害。了解这些后我用父爱去关心他，使他的各个方面都有了明显的提高，学习成绩也有了明显的提高。

功夫不负有心人，付出总有回报，经过 4 年的教育，他幸运的考上高级中学。

总而言之，我相信自己在今后的教育生涯中一定会不断提高认识，规范自己的行为，随着时代的前进，不断地更新自我，以身作则，率先垂范，真正做到热爱学生，关心学生，建立平等的师生关系，做到仪表端庄、举止文雅，以自己的言行和人格魅力来影响学生。

案例 13
教会学生面对挫折，懂得爱

晓清的家以前在山区，家里因为种桃成了富裕户。为了让孩子有更好的学习环境，她父亲托人找关系把家搬到了现在的地方。在搬迁的过程中，户口本上晓清的那页丢了，到这边也就没落上户口，她父亲认为孩子还小，户口暂时没大用，暂时就搁下了。晓清因为没户口，与父母吵闹，学习也没了兴趣。

为了让晓清尽快从没有户口的阴影中走出来，张老师来到了晓清的家中，和晓清的父亲商讨补办户口的方法。张老师找到了学校，请校长出面与派出所联系，把晓清的户口补上了。

户口问题解决了，张老师认识到晓清的心理承受能力太差了，为了消除她这种一遇到挫折就悲观失望的情绪，多次和她聊班上其他同学的不幸，让她感觉到不是所有的人都完美顺利，没有挫折，她也聊起了她们家的这次搬迁。

她们家为了这次搬迁不仅花掉了家中所有的钱，而且还欠了亲戚的钱。为了还钱，她的父母每天早出晚归，她都理解，所以一直在努力学习，张老师感到她真是个懂事的孩子，就鼓励她："其实你们家做出的决定，不都是为了你能有个好将来吗？看来你的父母是非常爱你的，这一点足够了，作为孩子，你要理解家长的一番苦心；生命对每个人来讲只有一次，我们要学会珍惜。暂时没有户口确实是件难事，但要和高位截瘫的体操运动员桑兰比起来，和海伦·凯勒比起来你幸福多了，因为你不仅有爱你的父母，还有健全的肢体，何必为暂时没有户口本而想不开呢？难道你生命的价值只是一个户口吗？"

附 录

晓清听了张老师的一席话，显然明白了许多，动情地对张老师说："以前爸妈为了让我能有出息，只要学习上的事，没有不答应的，我原来不知道户口有这么重要，当听您说没有户口不能考学时，我觉得爸妈对我的关心都是假的，这么重要的事他们为什么不去做呢？我觉得这事肯定办不成了，所以就不想活了。"

"老师要告诉你的是，人生没有过不去的坎，退一步想，即使户口补不上，还会有其他办法的，这时，你不应该去抱怨，而是应该主动去帮他们想办法，这才是积极的态度。现在问题不是圆满地解决了吗？但在今后你要学会面对挫折，在挫折面前积极主动地去寻找解决问题的办法，学会向老师、同学求助，大家一起想办法解决，同时要学会做生活的强者。"

在交谈的过程中，她频繁的点头对张老师的话表示认同。为了使她在挫折面前经得起考验，张老师在平时的学习和工作中采取给她"压担子"的方法，为了使她能够与更多同学交往，张老师让她担任课外活动小组长；在元旦来临之际，让她配合班干部，去筹划、组织联欢会；在三八节前夕，让她组织学生做好"为父母做一件事"的活动……通过参加一系列活动，她能够和班上的同学融洽相处了。

在课外，张老师利用一些活动，来进一步培养她的爱心。张老师让她学会感受爱，并和她一起观看《大宝真情互动》节目，通过观看节目让她感受到节目中的主人公对生命、对生活的热爱，以及对亲朋好友的那种真挚、无私的爱等；张老师还让她去感受周围亲朋好友对她的爱，最后通过让她每天帮助一个需要帮助的人，或为父母或家人做一件事来表达她的爱……

学生反馈：通过对晓清的教育和锻炼，她不仅从没有户口的阴影中走出来变得自信自强了，而且与同学的关系有了很大的改善，开始主动与同学交往，对班上的一些集体活动由原来的旁观者变成了积极的参与者，性格比以前开朗了。在校园里经常看到她与其他同学结伴而行，很少再看到她独来独往的身影了。

案例 14

逾越生命的奉献

在陕西省某县有一段让人感动、令人落泪的真情故事。故事的主人公——申老师，是一位特殊的山村教师。

说他特殊，是因为他从 18 岁开始就扎根大山深处任教，整整 23 个春秋奉献出的不仅仅是青春与热情，还经历了常人无法想像的苦难，因为送晚归的学生回家，几次不慎落入深沟，使右股骨形成一个巨细胞肿瘤，倾家荡产的治疗最终仍落下了终身残疾，但他仍然坚持拄着双拐站在讲台上。23 载育出桃李无数，然而因家境贫寒，她的女儿却手捧录取通知书辍学回了家。

申老师所在的山村，四周被层层叠叠的高山紧紧包围着，群山雄壮起伏，道路宛如纽带般系在山腰，随山就势，九曲十八盘，山道崎岖不平，怪石成堆。这里是山西的边界，离河南地界不到五公里，是晋、豫、冀三省交界处。

他从 18 岁就走上了教坛，成为村小学的教师。

那是 1979 年，他本来学习特别优秀，却因家里兄妹多，高中毕业就辍了学，回到村子里当了一名代课教师，后因教学成绩十分突出的他被聘为正式教师，接着又被委任为小学校长。

他整整在讲台上站了 23 年春秋，几乎没有走出过这个小县，唯一一次走出此县就是看病。

那是 2002 年 5 月 17 日夜，当他安排完期中考试的事项回家时，不慎落入两米多深的坑中，他的腿疼得再也撑不住了，去医院检查后被确诊为"右股骨巨细胞肿瘤"。多少年了，无论在那个村子里教学，晚自习后他都要将学生一个个送回家，因为农村的夜黑得伸手不见五指，他曾多次误跌深沟，但每一次跌倒后他都忍着剧痛爬起来。这一次，他被跌得失去了知觉，被人抬进了北京，因为股骨巨瘤切除，风险大，手术大，稍有不慎就会终身以轮椅相伴，当时国内有几例手术成功。然而手术需要的是昂贵的费用，钱从哪来？

附 录

  在北京住院准备手术前，申老师的妻子四处借钱，最终靠贷款勉强凑够了手术费，2002年8月3日，手术整整进行了7个小时，万幸的是，手术成功了。

  然而令人想不到的是，在伤口还没有完全愈合的情况下，他就闹着要出院。用他的话说："本来靠微薄工资支撑的家庭，更是雪上加霜，手术费用使债台高筑，子女面临失学，已经到了无法维持日常生活的地步。对于一般人而言，面对如此深重的打击折磨，会对生活失去信心，借故请假弃职。"我不！想到领导的关爱，家长的信任，学生的期待，暑假结束后，我要在开学时，拄着拐杖站在讲台上。"

  医生劝不住，亲人拦不住，很快他从北京回了村里，结果没有愈合的伤口，已经完全裂开，鲜血染湿了紧裹着的被褥，止不住血流，不得不再次进市医院接受治疗。此时家境已经到了吃饭都困难的地步，镇联合学区纷纷捐款，用爱心呼唤这位难得的好老师。当他再次走进手术室后，申老师已经感到自己完了，泪水模糊了的双眼前，而眼前晃动着的全是学生的身影……

  然而，只要心中信念永不灭，生命永远是美丽而坚强的，2002年底，申老师靠着双拐支撑着身躯走进了教室。这一次生与死的考验，前后间隔不到4个月。采访中记者几次问他："你为什么会如此热爱教育？"他说："你热爱自己的生命吗？"记者说："热爱。"他说："对于我来说，农村教育与我的生命同等重要，我就如热爱着她的生命一样热爱农村教育。"

  其实，他的腿病早在1999年已经明显出现症状，但他始终带病工作，在另一小学工作期间，该校被列为全镇普九验收的试点校，他带领老师们彻夜奋战，受到省验收组的一致好评。2000年9月他被调到现在的小学任教时，该村包括七个小自然村，村村都有好学生，村与村间相隔最远五公里，年幼的学生放学后必须走过深山沟才能到家，这始终是申老师的一块心病，于是他多次找到村委，找到学区，一心想创办寄宿制小学。要知道在当时除中学外，寄宿制小学在此县只有一所。白天上课忙，他就利用晚上四处跑，开家长会，召集村干部开会，最后达成共识，他又亲自监工，既当教师，又当小工。

2002年7月,一所漂亮的寄宿制小学落成,准备剪彩之时,他却走进了医院。采访中他说:"当时腿疼得厉害,但我一直在坚持,咬着牙坚持,我想看着这些山里娃高兴的走进新教室的情景,然而坚持到最后还是跌倒了。"

这就是申老师,一位让人感动的山村教师。儿子正在读初中二年级,女儿今年初中毕业后,成绩特别优秀,分别收到了华北科技学校、山西临汾幼师、山西运城卫校等多所学校的录取通知书,因为没钱,只好辍学回家,申老师说:"我教了23年学,但对于自己的女儿,我真的无奈,债台高筑,再优秀也供不起她呀!只好让她辍学回村去打工,能为家里挣一分算一分吧。妻子患有高血压病,拼命种几亩薄地,日渐显得苍老,我对不住我的妻子与儿女!"当提到他的家里,申老师再次落下了泪。谁说男儿有泪不轻弹,只是不到伤心处啊。

这就是申老师,为了乡村教育摔断了双腿,累病了妻子,没有积蓄供她的儿女上学,却在他的教育下走出一批批英才,有的考上大学,有的成为乡村致富的带头人。

参 考 文 献

[1] 吕德雄. 陶行知师德理论及其当代价值 [M]. 北京：人民出版社，2010.

[2] 浦卫忠，周敏. 高校师德建设理论与实践 [M]. 北京：北京理工大学出版社，2009.

[3] 崔培英. （学前教育）师德常识 [M]. 郑州：郑州大学出版社，2009.

[4] 安云凤，吴来苏. 高校师德教育与修养 [M]. 北京：首都师范大学出版社，2008.

[5] 申继亮. 师德心语——教师发展之魂 [M]. 北京：北京师范大学出版社，2006.

[6] 卫荣凡. 高校教师师德自律论 [M]. 北京：中国社会科学出版社，2008.

[7] 王毓珣，王颖. 教师新师德六项修炼 [M]. 重庆：西南师范大学出版社，2009.

[8] 檀传宝. 走向新师德——师德现状与教师专业道德建设研究 [M]. 北京：北京师范大学出版社，2009.

[9] 杜时忠. 新世纪 新师德（修订版）[M]. 武汉：湖北教育出版社，2009.

后 记

教师职业道德，简称师德，是一个老生常谈的话题，又是一个魅力不衰的话题，这是因为教师职业道德具有永恒性，又具有时代性，时代不断地赋予它新的内涵。

"爱生、奉献"是教师师德的精髓，因为它是由教育这个专门培养人的职业所固有的本质属性和本体功能所决定的。教育同时有具有为社会服务的工具功能，教师为所属社会担负着培养特定要求的人的责任，因此教师师德的内涵也随着社会的变迁而发展，随着教育性质及培养目标的变化体现出时代性。

由于编者在教育领域研究水平有限，本书缺陷与错误在所难免，敬请读者和专家赐教，提出您宝贵的意见和建议，以激励我们进一步研究和探索，为教育的良性发展贡献余力。

本书在编写过程中参阅了大量的资料，在此一并向所有曾经帮助过本书编写和出版的朋友们表示诚挚的谢意！由于时间仓促没来得及与原编著者联系，请相关作者看到后及时与我联系。

编 者